U0510589

国家社科基金一般项目“民族村寨旅游可持续发展的动力机制研究”（批准号：15BMZ053）

民族村寨旅游可持续发展的动力机制研究

邓辉　著

中国社会科学出版社

图书在版编目（CIP）数据

民族村寨旅游可持续发展的动力机制研究/邓辉著．—北京：中国社会科学出版社，2023.5

ISBN 978-7-5227-2041-8

Ⅰ．①民…　Ⅱ．①邓…　Ⅲ．①民族地区—乡村旅游—旅游业发展—研究—中国　Ⅳ．①F592.7

中国国家版本馆CIP数据核字(2023)第106654号

出 版 人　赵剑英
责任编辑　李斯佳　刘晓红
责任校对　周晓东
责任印制　戴　宽

出　　版　中国社会科学出版社
社　　址　北京鼓楼西大街甲158号
邮　　编　100720
网　　址　http://www.csspw.cn
发 行 部　010-84083685
门 市 部　010-84029450
经　　销　新华书店及其他书店

印　　刷　北京君升印刷有限公司
装　　订　廊坊市广阳区广增装订厂
版　　次　2023年5月第1版
印　　次　2023年5月第1次印刷

开　　本　710×1000　1/16
印　　张　17.75
插　　页　2
字　　数　283千字
定　　价　96.00元

摘　要

作为民族地区一种特殊的乡村旅游，民族村寨旅游随着乡村旅游的发展和扶贫攻坚战略的实施，得到了迅速发展，逐渐成为推动民族地区经济和社会发展的重要突破口和主要抓手。经过几十年的发展，民族村寨旅游由点到面、由小到大，在促进民族地区经济增长、民生改善、脱贫致富和扩大就业等方面发挥了非常重要的作用，使许多民族旅游村寨提前实现了整体脱贫并迈向小康社会。但是，旅游是一把“双刃剑”，民族村寨旅游在促进民族地区经济发展的同时，由于开发不当，也给不少民族村寨造成了生态环境破坏、民族文化认同感失落、民族文化被过度商业化利用、社区居民不能获得公平的参与机会与利益分享、各利益主体之间矛盾日趋激化等诸多问题。这些问题的存在与蔓延，已经成为影响民族村寨旅游发展的严重障碍。不少民族旅游村寨在经历了一段红红火火的发展之后，便开始出现危机甚至走向了衰落。如何破解民族村寨旅游发展中的诸多问题，保证民族村寨旅游又好又快地发展，已经成为一个非常紧迫的现实问题。2020 年，既是脱贫攻坚的收官之年，也是全面建成小康社会的关键之年。民族村寨在实现整村脱贫之后，仍然面临着如何防止返贫和消除相对贫困的艰巨任务。与此同时，党的十九大提出了乡村振兴的重大战略决策，民族村寨旅游如何对接和助力乡村振兴，实现民族村寨旅游和乡村振兴的协同发展，仍面临着许多新的问题与挑战。因此，无论是从继续发挥民族村寨旅游的积极作用和破解其发展中所存在的诸多问题的角度，还是从审视和解决新时期民族村寨旅游所面临的新问题、新挑战的角度，民族村寨旅游可持续发展问题都是一个非常紧迫而有意义的研究课题。而开展民族村寨旅游可持续发展动力机制研究，则是系统分析和揭示民族村寨旅游可持续发展的动力需求、动力状况及赋能对策的有益探索，是关于民族村寨旅游可持续发展的首要性的关键问题研究，具有重要的理论与现实意义。从理论上讲，开展本书研究，可以构建一套较为完整的民族村寨旅游可持续发展的动力系统及动力机制模型，以丰富相关理论研究。从实践上来讲，开展本书研究，则可为民族村寨旅游提供破解现实问题、获取发展动能的有效方案，推动民族村寨旅游又好又快地发展。

本书研究坚持政策与问题双导向，坚持理论与实践相结合，以现有文献和民族村寨旅游发展现实为研究基石，充分运用系统论、可持续发展理论、系统动力学理论等多学科理论和文献研究、重点访谈、问卷调查、统计分析及建模分析等多种方法，紧紧围绕“民族村寨旅游可持续发展的必要性”“民族村寨旅游可持续发展的内在诉求与外显标志”“民族村寨旅游发展的影响因素”“民族村寨旅游可持续发展的动力系统”“民族村寨旅游可持续发展的动力机制与保障对策”五大问题开展研究，并获得了相应的研究结论与成果。

（1）民族村寨旅游可持续发展的必要性研究。本书研究以可持续发展理论为指导，通过对民族村寨旅游发展的现状分析与问题揭示，提出了促进民族村寨旅游可持续发展的五大必要性，即脱贫致富和同步小康建设的需要；民族文化保护与传承的需要；生态文明与美丽乡村建设的需要；乡村振兴与农业农村现代化建设的需要；破解困局与村寨旅游高质量发展的需要。

（2）民族村寨旅游可持续发展的内在诉求与外显标志研究。本书研究基于对相关文献的扎根分析和专家意见征询，首先构建起民族村寨旅游可持续发展的内在诉求和外显标志的指标体系，然后运用重点访谈和问卷调查的方法，选择 15 个民族旅游村寨为样本进行了数据采集与相应的实证分析。在研究中，我们选择利益诉求和条件诉求两个维度进行分别揭示与比较。通过实证分析与讨论，得出民族村寨旅游可持续发展的利益诉求依重要程度大小主要表现为经济增长、社会进步、文化传承和环境优化四大方面，具有明显的功利性与现实性特征。条件诉求依重要程度大小主要表现为观念可持续更新、资源可持续利用、文化可持续传承、外力可持续推动、产品可持续吸引、产业可持续支撑、资本可持续投入、产业可持续支撑、环境可持续保障八个方面，具有明显的理性思维特征。两相比较，条件诉求是最基本的前置性诉求，只有条件诉求满足之后，利益诉求才有可能满足。条件诉求更能反映民族村寨旅游可持续发展的基本诉求。至于外显标志的揭示，通过实证分析与讨论，认为民族村寨旅游可持续发展的外显标志按照受访者感知的敏锐度强弱依次表现为：人气与口碑、规模与效益以及环境与氛围。分析和揭示民族村寨旅游可持续发展的内在诉求与外显标志为进一步分析民族村寨旅游发展的影响因素和揭示民族村寨旅游可持续发展的动力因子提供了基础性信息与依据。

（3）民族村寨旅游发展的影响因素研究。开展本书研究是进一步探寻民族村寨旅游可持续发展的动力因素并构建其动力系统的前提与基础。本项研究中，我们跳出了已有研究的笼统思维或问题揭示的传统视角，引入可持续和非可持续的概念，努力从民族村寨内、外和可持续发展正、逆视角来系统探寻民族村寨旅游发展的影响因素。本书研究基于文本分析，分别从可持续和非可持续的角度，构建起民族村寨旅游发展影响因素指标体系，并选择以 10 个民族旅游村寨为样本，进行数据采集。然后分别进行一般性统计分析与层次分析，并用层次分析的结果来纠正统计分析中的偏差，最后得出：影响民族村寨旅游可持续发展的因素依重要程度大小主要表现为：与时俱进的思想观念与创新精神、村寨自然与人文景观丰富且具有特色、民族文化得到有效保护传承与合理利用、不断高涨的人气和源源不断的游客来访、政府政策支持与引导性资金投入、良好的口碑与深刻的旅游体验、社区参与程度、产业发展良好、高效有序的经营与管理、村寨聚落环境优美且有特色、村容村貌整洁卫生、良好的品牌效应与市场影响。影响民族村寨旅游非可持续发展的因素依重要程度大小依次表现为：村寨普通没有特色与核心吸引物、民族文化得不到保护并遭到破坏、政府关注和支持不够、没有产业支撑、生态环境破坏、村民社区参与程度不高、旅游体验感差、村民思想保守落后、没有外来资本投入或外来资本投入不够、缺乏科学的管理与运营。这些可持续和非可持续影响因素的揭示，为进一步从中探寻影响民族村寨旅游可持续发展的动力因素（动力因子）和阻碍因素（阻力因子）提供了依据。

（4）民族村寨旅游可持续发展的动力系统研究。要研究民族村寨旅游可持续发展的动力机制，必先构建民族村寨旅游可持续发展的动力系统。本书研究中，我们提出了有效动力的观点，认为推动民族村寨旅游可持续发展的真正动力并不是单纯的动力所为，而是动力克服阻力之后的有效动力。构建民族村寨旅游可持续发展的动力系统，不应该只追求由动力因子所构成的动力系统，而应该以构建更加完整、更具价值的有效动力系统为目标。基于此认识，本书研究分别从相关文献和前面有关实证研究中，探寻民族村寨旅游可持续发展的动力因子和阻力因子，并按照“动力因子→动力”“阻力因子→阻力”的生成规律，分别构建起民族村寨旅游可持续发展的动力系统和阻力系统框架结构模型。然后在此基础上，遵循“动力—阻力→有效动力”的基本思维，构建起民族村寨旅游可持续发展的有效动力系统框架结构模型。该模型表明：民族村寨旅游可持续发展的有效动力系统是一个包括动力和阻力在内的复杂的巨型系统。在该系统中，动力系统主要表现为由来自村寨内外的思想引领力、产品吸引力、产业支撑力、环境保障力、文化根基力、机制协同力、社区促动力、市场拉动力、政府引导力、中介促进力 10 个子动力交互作用所形成的合动力系统。阻力系统则主要表现为由思想阻力、产品阻力、文化阻力、环境阻力、资金阻力和机制阻力 6 个子阻力所形成的合阻力系统。

（5）民族村寨旅游可持续发展的动力机制与保障对策研究。本书以民族村寨旅游可持续发展的有效动力系统框架结构模型为基础，运用系统动力学的基本原理与方法，进一步构建起民族村寨旅游可持续发展动力机制因果互动结构模型，并从结构、功能和因果互动关系三个方面进行了机理分析。认为：从结构上讲，推动民族村寨旅游可持续发展的动力系统是一个包含动力和阻力在内的巨型复杂系统。在该系统运动中，各种动力和阻力交互作用、彼此制约，形成了相互抗衡、此消彼长的力量作用态势。当动力大于阻力并成功克服阻力时，这种动力方为有效动力。只有有效动力才是推动民族村寨旅游可持续发展的真正动力。反之，当阻力大于动力并抵消动力时，那么这种动力为无效动力。这时各种阻力会成为阻碍民族村寨旅游可持续发展的主要力量。从功能上讲，系统中的各种动力和阻力均扮演着不同的角色，发挥着不同的功能。其中，民族文化根基力是民族村寨旅游发展的一种本底性动力，它构成了民族村寨旅游发展的本底基础。思想引领力是统领和指引民族村寨旅游可持续发展的一种方向性动力，是民族村寨旅游的风向标，具有战略性的引领功能。市场拉动力、产品吸引力、环境保障力、社区促动力和产业支撑力5种动力，都属于一种支撑性动力。其中，市场拉动力和产品吸引力是直接影响民族村寨旅游发展的、不可或缺的核心支撑力。政府引导力、中介促进力和机制的协同力则构成了民族村寨旅游可持续发展的一种支持性动力，主要起保障或促进作用。从因果互动上来看，合动力与有效动力之间表现为正强化因果关系，合阻力与有效动力之间表现为负减弱因果关系。合动力与合阻力，以及各子动力与相应的子阻力之间，均表现为负减弱性的互为因果关系。至于各子动力之间，或各子阻力之间，或存在“一因一果”“一因多果”正强化因果关系，或存在“一因一果”正强化因果互动关系。基于上述机理分析与揭示，为保证民族村寨旅游可持续发展动力机制的高效运行，我们提出了与时俱进，强化思想引领；突出特色，打造精品名牌；固本强基，善待民族文化；坚守本底，强化环境保障；促进融合，夯实产业支撑；创新机制，强化多元协同六大保障对策。

本书研究成果最重要的学术价值在于从可持续和非可持续发展角度分析和揭示了影响民族村寨旅游可持续发展的动力和阻力因素，并遵循“动力—阻力→有效动力”的基本思维，构建了一套较为完整的民族村寨旅游可持续发展的动力系统及动力机制模型，丰富和完善了旅游发展动力机制的理论分析框架。本书成果的应用价值突出表现在能为民族旅游村寨及时破解发展问题并获取新的动能提供有效方案，促进民族村寨旅游又好又快和可持续发展。

关键词：民族村寨旅游；可持续发展；动力机制

Abstract

As a special kind of rural tourism in ethnic minority areas, ethnic village tourism has gained rapid development with the development of rural tourism and the implementation of poverty alleviation strategies, and has gradually become an important breach and main point to promote the economic and social development of ethnic minority areas. After nearly 40 years of development, ethnic village tourism has grown from point to surface and from small to large, playing a very important role in promoting economic growth, improving people's livelihood, getting rid of poverty and becoming rich and expanding employment in ethnic minority areas, making many ethnic tourism villages realize overall poverty alleviation ahead of time and move towards a well-off society. However, tourism is a double-edged sword. While promoting the economic development of ethnic areas, ethnic village tourism, due to improper development, also causes many problems such as ecological environment damage, loss of ethnic cultural identity, excessive commercialization of ethnic culture, unfair participation opportunities and benefit sharing of community residents, and increasingly intensified conflicts among various interest subjects. The existence and spread of these problems has become a serious obstacle to the development of tourism in ethnic villages. After experiencing a period of flourishing development, many ethnic tourism villages begin to face crisis and even decline. How to crack the ethnic problems in the development of ethnic village tourism, guarantee ethnic village tourism to develop fast and well, has become a very urgent practical problem. The year 2020 is the final year of poverty alleviation and a crucial year for building a moderately prosperous society in all respects. Ethnic villages still face the arduous task of how to prevent their return to poverty and eliminate relative poverty after the whole village has been lifted out of poverty. At the same time, The 19th Communist Party of China National Congress put forward a major strategic decision on rural revitalization. There are still many new problems and challenges in how to coordinate and contribute to rural revitalization and realize the coordinated development of ethnic village tourism and rural revitalization. Therefore, the sustainable development of ethnic village tourism is an urgent and meaningful research topic from the perspective of continuing to play the positive role of ethnic village tourism and solving many problems existing in its development, and from the perspective of examining and solving new problems and challenges faced by ethnic village tourism in the new era. The research on the dynamic mechanism of the sustainable development of ethnic village tourism is a beneficial exploration to systematically analyze and reveal the dynamic demand, dynamic situation and enabling countermeasures for the sustainable development of ethnic village tourism. It is also a key research on the primary importance of the sustainable development of ethnic village tourism, which has important theoretical and practical significance. Theoretically, this research can build a set of relatively complete dynamic system and dynamic mechanism model for the sustainable development of ethnic village tourism, so as to enrich relevant theoretical research. From a practical point of view, this research can provide an effective solution to solve practical problems and gain development momentum for ethnic village tourism, so as to promote ethnic village tourism to develop fast and well.

This research adheres to the dual orientation of policies and problems and the combination of theory and practice. Based on existing literature and the reality of tourism development in ethnic villages, it makes full use of multi-disciplinary theories such as system theory, sustainable development theory, system dynamics theory, and many methods, such as literature research, key interviews, questionnaires, statistical analysis, modeling analysis. The research focuses on five major issues, including "the necessity of sustainable development of ethnic village tourism", "the internal appeal and explicit symbol of sustainable development of ethnic village tourism", "the influencing factors of ethnic village tourism development", "the dynamic system of sustainable development of ethnic village tourism" and "the dynamic mechanism and guarantee countermeasures of sustainable development of ethnic village tourism", and the corresponding research conclusions and results are obtained.

(1) Research on the necessity of sustainable development of ethnic villages tourism. Guided by the theory of sustainable development, this research puts forward five necessities to promote the sustainable development of ethnic village tourism by analyzing and revealing the current situation and problems of ethnic village tourism development, namely: poverty alleviation and the need of synchronous well-off construction; The need of national culture protection and inheritance; The need of ecological civilization and beautiful countryside construction; The needs of the country revitalization and modernization of agriculture and rural areas construction; The need to overcome difficulties and develop with high quality.

(2) Research on the internal appeal and explicit symbol of sustainable development of ethnic villages tourism. Based on the grounded analysis of relevant literature and expert opinion consultation, this research first constructed the internal appeal and explicit indicator system for the sustainable development of ethnic villages tourism, and then selected 15 ethnic tourism villages as samples for data collection and corresponding empirical analysis by means of key interviews and questionnaires. In the research, we choose two dimensions of interest demand and condition demand to reveal and compare them respectively. Through empirical analysis and discussion, it is concluded that depending on the degree of importance, the interest demands of sustainable development in ethnic villages tourism are mainly manifested in four aspects, including economic growth, social progress, cultural inheritance and environmental optimization, with obvious utilitarian and realistic characteris-

tics. According to the degree of importance, the requirements are mainly manifested in the sustainable updating of concepts, the sustainable use of resources, the sustainable inheritance of culture, the sustainable promotion of external forces, the sustainable attraction of products, the sustainable industry support, the sustainable capital investment, the sustainable industry support, and the environment Eight aspects including sustainable protection. It has obvious rational thinking characteristics. In comparison, the conditional appeal is the most basic prepositional appeal, and only after the conditional appeal is satisfied, can the interest appeal be satisfied. In comparison, the conditional appeal is the most basic prepositional appeal, and only after the conditional appeal is satisfied, can the interest appeal be satisfied. The condition appeal can better reflect the basic appeal of the sustainable development of ethnic village tourism. As for the revelation of explicit signs, through empirical analysis and discussion, it is believed that the explicit signs of the sustainable development of ethnic village tourism in accordance with the sensitivity perceived by the interviewees are in turn manifested as popularity and public praise, scale and benefit, and environment and atmosphere. Analyzing and revealing the internal appeal and explicit symbol of the sustainable development of ethnic village tourism provides basic information and basis for further analyzing the influencing factors of ethnic village tourism development and revealing the driving factors of the sustainable development of ethnic village tourism.

(3) Research on the influencing factors of tourism development in ethnic villages. This research is the premise and foundation to further explore the driving factors of sustainable development of ethnic village tourism and to construct its driving system. In this study, we break away from the existing research of general thinking or problem reveals the traditional perspective, introduce the concepts of sustainable and non-sustainable, and strive to systematically explore the influencing factors of tourism development in ethnic villages from the perspectives of internal, external and positive and inverse sustainable development. Based on text analysis, this study constructed an in-

dex system of factors affecting ethnic villages tourism development from the perspectives of sustainable and non - sustainable, and selected 10 ethnic tourism villages as samples for data collection. Then general statistical analysis and analytic hierarchy process are respectively carried out, and the deviations in statistical analysis are corrected with the results of analytic hierarchy process. Finally, it is concluded that the factors affecting the sustainable development of tourism in ethnic villages are mainly shown as follows: ideas and innovative spirit of keeping pace with the times, rich and distinctive natural and cultural landscapes of villages, effective protection, inheritance and rational use of ethnic culture, rising popularity and continuous tourists, government policy support and guiding capital investment, good public praise and profound tourism experience, community participation, good industrial development, efficient and orderly operation and management, beautiful and distinctive environment of villages, clean and hygienic appearance of villages, good brand effect and market influence. The factors affecting the non-sustainable development of tourism in ethnic villages are, in order of importance, as follows: villages have no characteristics and core attractions; ethnic culture is not protected and destroyed; insufficient government attention and support; no industrial support; ecological environment destruction; villagers´community participation is not high; tourism experience is not good; villagers´thoughts are conservative and backward; no foreign capital investment or foreign capital investment is not enough, lack of scientific management and operation. The revelation of these sustainable and non-sustainable influencing factors provides a basis for further exploring the driving factors (driving factors) and hindering factors (resistance factors) that affect the sustainable development of tourism in ethnic villages.

(4) Research on the dynamic system of sustainable development of tourism in ethnic Villages. In order to study the dynamic mechanism of the sustainable development of ethnic village tourism, we must first construct the dynamic system of the sustainable development of ethnic village tourism. In this study, we put forward the viewpoint of effective driving force, believing

that the real driving force to promote the sustainable development of ethnic village tourism is not the pure driving force, but the effective driving force after the driving force overcomes the resistance. To build the dynamic system for sustainable development of ethnic village tourism should not only pursue the dynamic system composed of dynamic factors, but should aim at building a more complete and more valuable effective dynamic system. Based on this understanding, this study explores the dynamic factors and resistance factors of the sustainable development of ethnic village tourism from relevant literature and previous empirical studies, and constructs the framework structure model of the dynamic system and resistance system for the sustainable development of ethnic village tourism according to the generation law of "dynamic factor→dynamic" and "resistance factor→resistance". Then, following the basic thinking of "dynamic-resistance→effective dynamic", the frame structure model of effective dynamic system for sustainable development of tourism in ethnic villages is constructed. The model shows that the effective dynamic system for the sustainable development of ethnic village tourism is a complex giant system including dynamic and resistance. In this system, the dynamic system is mainly represented as a dynamic system formed by the interaction of 10 sub-forces, including the thought leading force, product attraction force, industrial support force, environmental protection force, cultural foundation force, mechanism synergy force, community promoting force, market pulling force, government guiding force and intermediary promoting force, which come from inside and outside the village. The resistance system is mainly manifested as a combined resistance system formed by six sub-resistances including ideological resistance, product resistance, cultural resistance, environmental resistance, capital resistance and mechanism resistance.

(5) Research on dynamic mechanism and guarantee countermeasures of sustainable development of tourism in ethnic villages. Based on the effective dynamic system framework model of sustainable development of ethnic village tourism, this study further constructs the causal interaction structure model of the dynamic mechanism of sustainable development of ethnic village tourism

using the basic principles and methods of system dynamics, and analyzes the mechanism from three aspects of structure, function and causal interaction. It is believed that, structurally speaking, the dynamic system to promote the sustainable development of ethnic village tourism is a huge and complex system including dynamic and resistance. In the motion of the system, various forces and resistances interact with each other and restrict each other, forming a counterbalance and counterbalance of forces. When the force is greater than the resistance and the resistance is successfully overcome, the force is the effective force. Only effective driving force is the real driving force to promote the sustainable development of ethnic village tourism. On the contrary, when the resistance is greater than the force and counteracts the force, then the force is ineffective. At this time, all kinds of resistance will become the main force hindering the sustainable development of ethnic village tourism. In terms of function, all kinds of dynamic and resistance in the system play different roles and play different functions. Among them, the foundation of national culture is a background driving force of the development of ethnic village tourism, which constitutes the background foundation of the development of ethnic village tourism. The thought leading force is a kind of directional power to guide and guide the sustainable development of ethnic village tourism. It is also the weathervane of ethnic village tourism and has a strategic leading function. There are five kinds of driving forces, namely, market driving force, product attraction, environmental protection force, community driving force and industry supporting force, all of which are supporting forces. Among them, market pull force and product attraction are the indispensable core supporting force that directly affects the development of ethnic village tourism. The governmental guiding force, intermediary promoting force and cooperative force of mechanism constitute a supporting force for the sustainable development of ethnic village tourism, which mainly plays a role of safeguarding or promoting. The resultant force and effective force show a positive strengthening of causality, and the resultant resistance and effective force show a negative weakening of causality. From the point of view of causal interaction, the relationship between the syndynamic and the syndynamic resistance, as well as between each subdynamic and the corresponding subresistance, shows a negative weakening mutual causal relationship. As for the causality among the forces or among the resistances, there is either "one cause and one effect", "one cause and many effects" positive reinforcement causality, or "one cause and one effect" positive reinforcement causal interaction. Based on the above mechanism analysis and revelation, in order to ensure the efficient operation of the dynamic mechanism of sustainable development of ethnic village tourism, we put forward the idea of advancing with The Times and strengthening the guidance of thought. Highlight characteristics, create high-quality goods brand; Strengthen the foundation, treat national culture; Adhere to the background, strengthen environmental protection; Promote integration and consolidate industrial support; Innovation mechanism, strengthen multiple coordination and other six guarantee countermeasures.

The most important academic value of the research results lies in analyzing and revealing the factors affecting the sustainable development of ethnic village tourism from the perspective of sustainable and non-sustainable development, and following the basic thinking of "power-resistance→effective power", a set of relatively complete dynamic system and dynamic mechanism model for the sustainable development of ethnic village tourism is constructed, enriching and perfecting the theoretical analysis framework of the dynamic mechanism of tourism development. The application value of the results of this study is highlighted in that it can solve the development problems of ethnic tourism villages in a timely manner and provide effective solutions to obtain new driving forces, so as to promote the good, rapid and sustainable development of ethnic tourism villages.

Keywords: ethnic village tourism; sustainable development; dynamic mechanism

目　录

第一章 绪 论

第一节 研究背景

民族村寨旅游是围绕解决民族地区贫困问题而出现的一种特殊乡村旅游。贫困既是阻碍人类社会发展进步的重大难题，也是自人类诞生起就必须长期面临的社会现象。尽管随着科学技术的进步和社会生产力的提高，人类的物质财富得到了极大的提升，世界范围内的贫困人口有所下降，但反贫困依然是全人类共同面临的挑战。我国既是世界上人口最多的发展中国家，也是一个农村人口占全国人口70%的农业大国，扶贫任务十分艰巨。在我国，贫困人口最集中的地区在西部、在民族地区，而民族地区贫困人口最集中的地区又在乡村、在民族村寨。西部民族地区不仅集中了我国绝大部分贫困人口，也是我国贫困程度最深、扶贫任务最艰巨的地区。据国家民委经济发展司2018年6月统计数据显示："全国120个民族自治县（旗）中，贫困县有72个，占比高达60%。"[①] 在《中国农村扶贫开发纲要（2011—2020年）》所划定的"14个集中连片特困地区中，有11个分布在民族地区"[②]。在2016年国务院扶贫开发办发布的《国家扶贫开发工作重点县名单》确定的"592

---

① 《120个自治县（旗）经济社会发展形势如何？大数据告诉你》，2018年6月8日，搜狐网，https：//www. sohu. com/a/234610286_100017691，2020年12月28日。

② 《中共中央国务院印发中国农村扶贫开发纲要（2011—2020年）》，2011年12月1日，中国政府网，http：//www. gov. cn/gongbao/content/2011/content_2020905. htm，2020年9月5日。

个国家扶贫开发工作重点县中，有 263 个位于民族自治地方，占 44.4%”[①]；同时，“在扶贫开发整村推进的 3 万个贫困村中，民族自治地方就有 13158 个村，占 43.9%”[②]。可见，民族地区，尤其是民族地区的乡村是我国扶贫攻坚的重中之重。“消除贫困，改善民生，实现共同富裕，是社会主义的本质要求，是我们党的重要使命。”[③] 改革开放以来，我国扶贫开发工作取得举世瞩目的成就，走出了一条中国特色扶贫开发道路，成功地使 7 亿农村贫困人口摆脱贫困，谱写了人类反贫困历史上的辉煌篇章。为了进一步落实党的十八大所提出的到 2020 年全面建成小康社会的宏伟目标，2015 年，中共中央、国务院作出了《关于打赢脱贫攻坚战的决定》，提出“到 2020 年必须让剩余的 7000 多万农村贫困人口全部摆脱贫困”[④]。这既是中国共产党对中国人民的庄严承诺，也是全面建成小康社会最艰巨的任务，必须坚决打赢这场脱贫攻坚战。

为了摆脱贫困，走上共同富裕的道路，我国许多民族地区很早就开始了艰难而卓有成效的探索。其中，发展民族村寨旅游，实行旅游扶贫，已经成为许多民族地区脱贫致富和振兴民族地区经济的不二选择和重要突破口。作为民族地区一种特殊的乡村旅游，从 20 世纪 80 年代开始，随着乡村旅游的发展和扶贫攻坚战略的实施，民族村寨旅游也开始由点到面，由贵州向云南、四川、重庆、广西、湖北、湖南、海南等省（区、市）发展，逐渐成为民族地区经济社会发展的中坚力量。经过几十年的发展，民族村寨旅游在促进民族地区经济增长、民生改善、脱贫致富和扩大就业等方面发挥了非常重要的作用，使许多民族旅游村寨提前实现了整体脱贫并迈向小康社会。例如，贵州从 20 世纪 80 年代开始就着力发展以民族村寨旅游为主要特色的乡村旅游，并率先在全国提出

① 郭纹廷：《西部少数民族地区脱贫攻坚的困境及对策研究》，《天津师范大学学报》（社会科学版）2019 年第 5 期。

② 王冬丽：《社会主要矛盾的变化对民族地区精准扶贫工作提出新要求》，《中国民族报》2018 年 8 月 17 日第 7 版。

③ 《中共中央国务院关于打赢脱贫攻坚战的决定》，2015 年 12 月 7 日，中国政府网，http：//www.gov.cn/xinwen/2015-12/07/content_5020963.htm，2020 年 12 月 30 日。

④ 《中共中央国务院关于打赢脱贫攻坚战的决定》，2015 年 12 月 7 日，中国政府网，http：//www.gov.cn/xinwen/2015-12/07/content_5020963.htm，2020 年 12 月 30 日。

了“旅游扶贫”的思路。经过几十年的发展，“民族村寨旅游业不仅成为了贵州旅游业的重要支撑，而且实现 89.7 万贫困人口增收脱贫”①。在湖北，我们通过对恩施州近 20 个民族旅游村寨的实地调查，发现这些旅游村寨都比一般村寨提前 2—5 年实现了整村脱贫。

但是，民族村寨旅游在促进民族地区经济发展的同时，由于受各种条件的影响和制约，以及因脱贫心切而出现的不当开发，也给不少民族村寨造成了生态环境破坏、民族文化认同感失落、民族文化被过度商业化利用、社区居民不能获得公平的参与机会与利益分享、各利益主体之间矛盾日趋激化等诸多问题。这些问题的存在与蔓延，已经成为影响民族村寨旅游发展的严重障碍。不少民族旅游村寨在经历了一段红红火火的发展之后，便开始出现危机甚至走向了衰落。如何破解民族村寨旅游发展中的诸多问题，保证民族村寨旅游又好又快地发展，已经成为一个非常紧迫的现实问题。2020 年，是脱贫攻坚的收官之年，也是全面小康社会建成的关键之年。民族村寨在实现整村脱贫之后，仍然面临着如何防止返贫和消除相对贫困的艰巨任务。与此同时，党的十九大提出了乡村振兴的重大战略决策，民族村寨旅游如何对接和助力乡村振兴，实现民族村寨旅游和乡村振兴的协同发展，仍面临着许多新的问题与挑战。因此，无论是从继续发挥民族村寨旅游的积极作用和破解其发展中所存在的诸多问题的角度，还是从审视和解决新时期民族村寨旅游所面临的新问题、新挑战的角度，民族村寨旅游可持续发展问题都是一个非常紧迫而有意义的研究课题。而开展民族村寨旅游可持续发展动力机制研究，则是系统分析和揭示民族村寨旅游可持续发展的动力需求、动力状况及赋能对策的有益探索，是关于民族村寨旅游可持续发展的首要性的关键问题研究，具有重要的理论与现实意义。从理论上来讲，开展本书研究，可以构建一套较为完整的民族村寨旅游可持续发展的动力系统及动力机制模型，以丰富相关理论研究。从实践上来讲，开展本书研究，则可为民族村寨旅游提供破解现实问题、获取发展动能的有效方案，推动民族村寨旅游又好又快地发展。

---

① 罗阳：《振兴乡村旅游服务脱贫攻坚》，《贵州日报》2020 年 5 月 20 日第 9 版。

第二节 研究动态

关于民族村寨旅游可持续发展的动力系统与动力机制的研究成果，目前国内能查到的直接研究成果仅有两篇论文，一篇是吴学成等发表在《生态经济》2014 年第 1 期的《民族村寨旅游发展的动力机制系统研究》。该文认为，“民族村寨旅游发展动力机制系统是指采用推动、引导、吸引、支持和调控等机制来推动民族村寨旅游发展的各种力量的总和”。“主要是由民族村寨旅游的需求、供给、中介和支持四个子系统构成。”“民族村寨旅游发展动力机制系统内各子系统之间是紧密联系、相互作用的，它们共同作用形成了民族村寨旅游系统运行的层次与结构。”① 另一篇为 2013 年曹承娥撰写的硕士论文《民族村寨旅游发展动力机制研究》，该文研究认为，“民族村寨旅游发展是由内推力、外拉力和支持力三种动力共同作用的结果，其中内推力主要由聚落意象、传统建筑、生态环境、民风民俗、村寨居民、区位特性、基础设施、旅游设施、服务设施、人文环境、服务水平等因子生成，外推力主要由文化体验、体验价值、目标优选等因子生成，支持力主要由政府、旅行社、交通运输业、新闻媒体、社会组织等因子生成”②。尽管直接的研究成果不多，但与之相关的研究还是有一定基础的。下面，我们将分“民族村寨旅游”和“旅游发展动力”两部分来梳理与本书研究相关的动态。

一 民族村寨旅游研究

有关民族村寨旅游方面的研究主要以国内为主，国外相关研究并不多见。

（一）文献研究扫描

选取中国知网（CNKI）资源数据库，采用主题为“民族村寨”“民族村寨旅游”“民族旅游村寨”的模糊数据检索方式，检索时间设定在 2002 年 1 月 1 日至 2020 年 12 月 31 日，共检索到国内有关民族村寨旅游的相关研究文献共 1148 篇，如图 1-1 所示。在现有 1148 篇文献

---

① 吴学成等：《民族村寨旅游发展的动力机制系统研究》，《生态经济》2014 年第 1 期。

② 曹承娥：《民族村寨旅游发展动力机制研究》，硕士学位论文，中南民族大学，2013 年。

中，学术性期刊占总文献数比重达 73.1%，发文数量达到 839 篇；硕博士论文占比 21.3%，共 245 篇；报纸和会议占比 5.4%，共 62 篇。且 2015 年至今共有文献 548 篇，占总文献比重达到 47.7%。

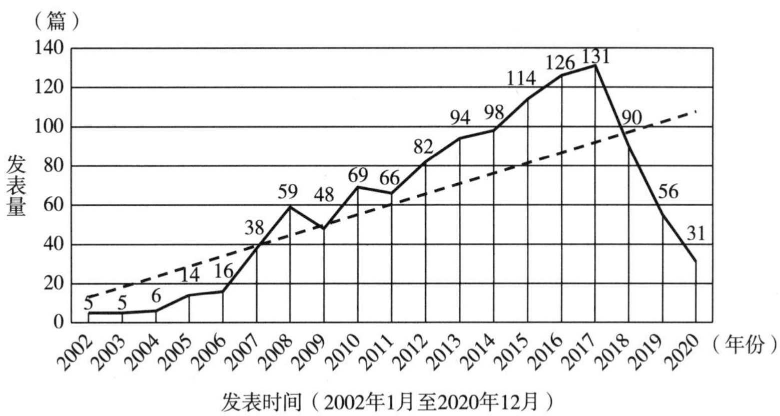

图 1-1 民族村寨旅游相关文献发表年份分布

为了确保文献的有效性，我们通过对已获得的文献进一步筛选，剔除重复以及无效文献 287 篇（其中包括 106 篇硕博士论文，166 篇期刊，15 篇报纸、会议、图书等），最终获得 861 篇有效文献，其中有效期刊数量达 673 篇，占比 78.2%，如图 1-2 所示。

图 1-2 民族村寨旅游有效期刊发表年份分布

鉴于现有研究成果已颇具规模，我们通过有效的数理统计分析，得出其研究现状呈现如下三个特征：

1. 学术性明显

在 673 篇有效学术性期刊中，核心期刊载文 228 篇，占全部期刊的比重为 34%；且核心期刊中 CSSCI 期刊载文 196 篇，占比 86%，如图 1-3、图 1-4 所示。这表明“我国民族村寨旅游的研究一开始就十分注重学术性，并将学术水平定格在较高水平”①。

2. 阶段性明显

纵观国内民族村寨旅游研究的发展历程，大致可以分为四个阶段。民族村寨旅游各阶段的重要研究主题及篇数见表 1-1。

（1）萌芽探索阶段（2002—2006 年）。

每年发文量均不超过 10 篇，研究重点围绕民族村寨旅游基础理论、开发模式以及村寨文化保护等少数几个方面，关于民族村寨旅游的研究处于萌芽探索阶段。

（2）稳定发展阶段（2007—2011 年）。

从 2007 年开始，学者对民族村寨旅游的研究逐渐活跃起来，研究成果不断增多。本阶段学者对民族村寨旅游的研究开始趋于系统，研究关注点放在了民族村寨旅游开发模式、文化保护、问题与对策、社区参与及可持续发展等重点问题。

（3）快速发展阶段（2012—2015 年）。

2012 年以后，民族村寨旅游发文数量呈直线上升的趋势，相关研究不断增多，研究主题与领域也不断拓宽。除了原有的问题与对策、开发模式、社区参与、文化保护等核心问题得到加强以外，出现了旅游扶贫、利益分享、保障机制等新的研究方向。

（4）调整巩固阶段（2016—2020 年）。

民族村寨旅游研究开始向全方位、多领域、多视角方向转变，研究成果不断多元化，不仅在已有的问题与对策、开发模式、社区参与、村寨保护等核心问题上更为深入，而且民族村寨旅游扶贫成为本阶段重点

① 邓辉、王健：《我国民族村寨旅游研究综述——基于 CITESPACE 软件和 CNKI 数据库》，《武汉商学院学报》2017 年第 3 期。

关注的话题之一。

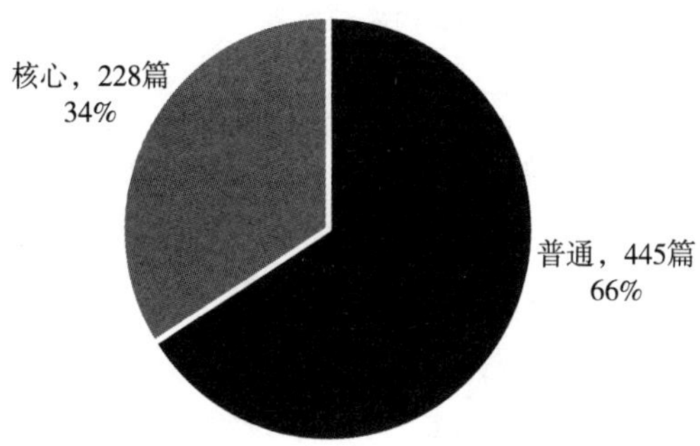

图 1-3 普通期刊与核心期刊统计

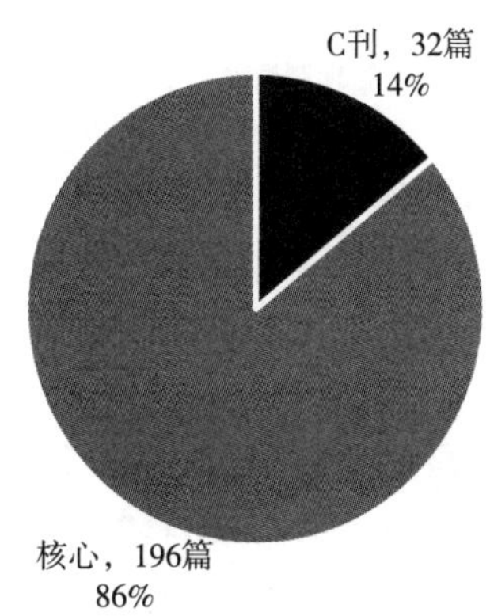

图 1-4 核心期刊与 C 刊统计

表 1-1 民族村寨旅游研究重要主题（篇数）统计

阶段	年份	研究主题（篇数）
萌芽阶段（5年）	2002	基础理论研究（1）；开发模式（1）；旅游影响（1）
	2003	开发模式（1）；问题与对策（1）
	2004	开发模式（1）；问题与对策（2）；旅游影响（1）
	2005	开发模式（4）；基础理论（1）；可持续发展（2）；社区参与（1）；旅游影响（1）
	2006	开发模式（7）；可持续发展（2）；社区参与（1）

续表

阶段	年份	研究主题（篇数）
稳定发展阶段（5年）	2007	开发模式（8）；问题与对策（2）；可持续发展（2）；基础理论（2）；社区参与（1）；影响因素（1）
	2008	开发模式（16）；基础理论（8）；民族文化保护（5）；社区参与（4）；问题与对策（4）；可持续发展（2）；影响因素（1）；旅游影响（1）
	2009	开发模式（13）；可持续发展（4）；社区参与（4）；问题与对策（3）；基础理论（2）
	2010	开发模式（11）；社区参与（11）；民族文化保护（5）；基础理论（5）；问题与对策（3）；可持续发展（2）；利益分享（1）
	2011	开发模式（8）；社区参与（5）；利益分享（5）；问题与对策（4）；可持续发展（1）；基础理论（3）
快速发展阶段（4年）	2012	开发模式（2）；可持续发展（7）；问题与对策（3）；社区参与（3）；民族文化保护（6）；利益分享（2）；旅游影响（1）；基础理论（1）；村寨管理制度（1）；旅游扶贫（1）
	2013	开发模式（4）；民族文化保护（8）；社区参与（7）；利益分享（7）；问题与对策（5）；旅游影响（3）；基础理论（3）；旅游扶贫（1）；可持续发展（1）
	2014	民族文化保护（16）；问题与对策（12）；社区参与（10）；开发模式（4）；利益分享（3）；旅游影响（3）；动力机制（2）；可持续发展（1）
	2015	民族文化保护（16）；开发模式（12）；旅游扶贫（7）；旅游影响（6）；利益分享（5）；问题与对策（3）；可持续发展（3）；社区参与（2）；基础理论（2）；村寨法治（1）
调整巩固阶段（5年）	2016	开发模式（13）；民族文化保护（9）；旅游扶贫（9）；利益分享（8）；旅游影响（6）；社区参与（4）；问题与对策（7）；治理（3）；基础理论（2）；可持续发展（1）
	2017	民族文化保护（23）；开发模式（13）；旅游影响（6）；问题与对策（5）；旅游扶贫（4）；社区参与（3）；可持续发展（3）；利益分享（1）；动力机制（1）
	2018	开发模式（10）；民族文化保护（10）；问题与对策（9）；旅游扶贫（5）；基础理论（3）；旅游体验（2）；旅游影响（2）；动力机制（2）；可持续发展（1）
	2019	旅游扶贫（9）；问题与对策（9）；开发模式（7）；可持续发展（5）；民族文化保护（4）；旅游影响（4）；利益分享（1）
	2020	开发模式（2）；旅游扶贫（4）；问题与对策（3）；民族文化保护（2）；旅游影响（2）；社区参与（2）；可持续发展（2）；利益分享（1）；空间演变与驱动机制（2）；营销策略（1）

3. 区域性明显

就国内民族村寨旅游研究的区域范畴而言，现有研究成果多集中在贵州、广西、云南、四川等地，尤其以研究贵州民族村寨旅游的成果最多，如图 1-5 所示。

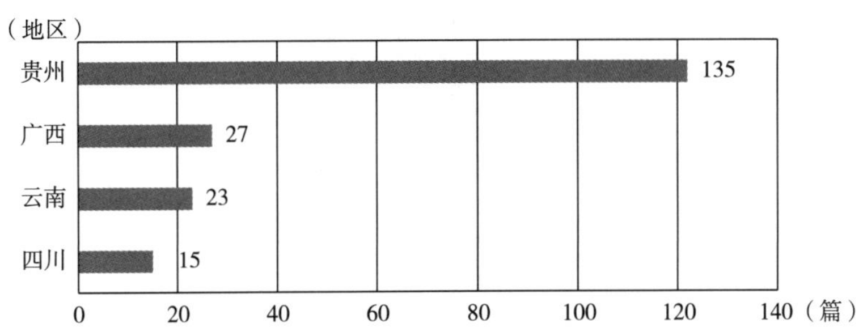

图 1-5　各区域发文数量统计

（二）研究热点分析

通过对民族村寨旅游研究的文献动态扫描，可以发现国内民族村寨旅游研究已经进入到规模化研究阶段，其研究领域也逐渐全面化、专业化。为了更进一步地了解和把握民族村寨旅游研究热点和主要内容，这里引入 CiteSpace 可视化工具对民族村寨旅游研究相关成果进行分析。依据 CiteSpace 可视化软件进行自动聚类分析，从原始文件关键词中提取聚类命名术语，得到关键词聚类图谱，如图 1-6 所示。图谱中统计出的最主要的聚类包括“民族村寨、民族村寨旅游、旅游开发、社区参与、旅游扶贫、特色村寨、民族文化、可持续发展、旅游发展、西江苗寨、贵州”等。图中聚类的字号越大，表示该主题的研究规模越大，越是属于民族村寨领域的研究热点话题。

结合 CiteSpace 统计结果以及对相关文献的手动检索，我们还得到了民族村寨旅游研究领域高频主题统计表（见表 1-2，取前 10 位），统计发现旅游开发模式研究、村寨文化保护研究、问题与对策研究出现频次较高。同时，我们基于文章发表年份，对民族村寨旅游研究总论、专论以及个案分别进行了统计，发现民族村寨旅游研究中个案研究占比近 50%，文章较为丰富，如表 1-3、图 1-7 所示。

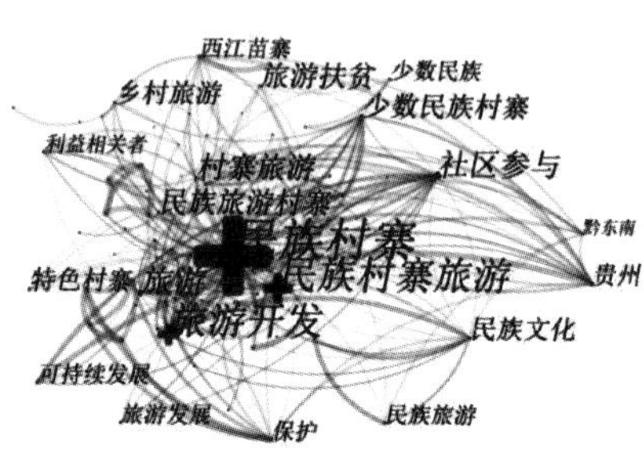

图 1-6　民族村寨旅游研究关键词聚类图谱

表 1-2 2002—2019 年民族村寨旅游研究重要主题频次统计（前 10 位）

序号	主题	频次（次）	首次出现年份（年）
1	旅游开发模式研究	158	2002
2	村寨文化保护研究	94	2005
3	问题与对策研究	75	2003
4	社区参与研究	58	2005
5	旅游扶贫研究	43	2012
6	旅游影响研究	40	2004
7	可持续发展研究	38	2005
8	利益分享研究	34	2010
9	基础理论研究	29	2002
10	动力机制研究	5	2014

表 1-3　2002—2019 年民族村寨旅游研究总论、专论及个案统计　单位：篇

年份	总论	专论	个案
2002	1	1	1
2003	1	1	1
2004	1	1	2

续表

年份	总论	专论	个案
2005	5	1	2
2006	2	5	3
2007	3	5	9
2008	15	8	18
2009	10	5	14
2010	13	5	22
2011	11	5	14
2012	7	8	27
2013	18	7	26
2014	20	12	30
2015	22	10	34
2016	36	14	29
2017	24	14	31
2018	12	11	26
2019	6	18	28
2020	5	6	10
总计	212	137	327

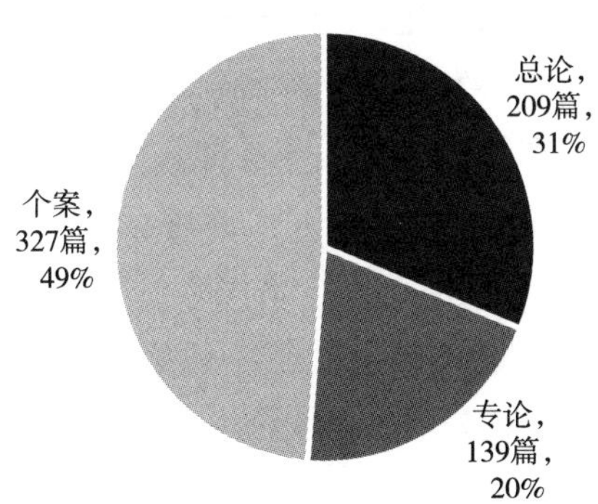

图 1-7 民族村寨旅游研究总论、专论及个案统计

基于上述聚类可视化分析以及相关内容梳理，可以将我国民族村寨旅游研究的热点和主要内容归纳提炼为如下五大方面：民族村寨旅游基础理论研究、问题与对策研究、开发模式研究、民族文化保护与可持续发展研究、社区参与及利益分享研究等。

1. 基础理论研究

有关民族村寨旅游的基础理论研究主要涉及民族村寨旅游的概念、特点及类型等。金颖若认为民族文化村寨是民族文化旅游最好的物质载体，作为一种旅游资源，它是全面、系统、集中、原生态的民俗展示，是活生生的正在运行、发展着的民俗①。罗永常指出，民族村寨旅游是将民族村寨作为旅游目的地，以村寨丰富的人文资源和优美的自然环境为旅游吸引物，以体验原生态民族文化，满足旅游者求新求异心理动机的旅游活动，具有吸引物和活动空间的乡村性、民族性、地方性和民间性、文化交融性、参与性、层次性、环保性等特点②。黄亮揭示了民俗博物馆、生态博物馆和文化生态村这 3 种发展理念的内涵、特点以及对于少数民族村寨发展旅游的启示③。

2. 问题与对策研究

许多学者通过对少数民族村寨典型案例的研究，揭示出民族村寨旅游发展过程中存在的种种问题，并提出了相应的对策。罗永常将我国民族村寨旅游发展存在的主要问题高度概括为四大方面：民族文化认同感失落，传统民族文化走向衰退和消亡；价值观的改变和传统社会结构的崩溃；民族传统文化的粗俗化；“旅游扶贫，越扶越贫”现象。为此，他提出了确立社会性旅游发展观、确立参与式发展理念、提高旅游产品文化品位、提高规划和管理水平等发展对策④。杨昌儒、潘梦澜基于对贵州民族村寨的调查研究，指出贵州民族村寨旅游存在观念、产品及经营方法三大问题⑤。刘旺等提出在少数民族村寨旅游开发中产生了类似于公共资源利用过程中的“公地悲剧”现象，这导致了旅游资源及环境的退化⑥。贺丹以民俗文化的地域特色为切入点，从旅游者的心理、

---

① 金颖若：《试论贵州民族文化村寨旅游》，《贵州民族研究》2002 年第 1 期。

② 罗永常：《民族村寨旅游发展问题与对策研究》，《贵州民族研究》2003 年第 2 期。

③ 黄亮：《浅析少数民族村寨旅游发展理念》，《资源开发与市场》2009 年第 7 期。

④ 罗永常：《民族村寨旅游发展问题与对策研究》，《贵州民族研究》2003 年第 2 期。

⑤ 杨昌儒、潘梦澜：《贵州民族文化村寨旅游发展问题与对策研究》，《贵州民族学院学报》（哲学社会科学版）2004 年第 5 期。

⑥ 刘旺等：《少数民族村寨旅游开发中的“公地悲剧”及其对策研究——以丹巴县甲居藏寨为例》，《开发研究》2008 年第 1 期。

民族文化村寨旅游产品、民俗旅游商品、旅游管理与经营四个方面提出了民族村寨旅游开发的措施与对策①。许建针对湘西民族村寨旅游发展问题，从提高旅游产品品位、建立实地旅游民族村、建立 ECCTV 民族村寨旅游发展模式等方面探讨了民族村寨旅游发展对策②。林菁通过对广西民族村寨的分析，从资源协调、品牌效应及可持续发展等方面提出了有针对性的对策③。熊礼明、周丽洁认为我国民族村寨旅游发展存在传统价值观冲击、社区参与度较低、开发项目雷同以及对当地环境造成破坏等主要问题，并提出了针对性建议④。袁尧清等认为靖州苗族侗族自治县地笋苗寨旅游发展过程中存在旅游产品结构单一、原生态化环境退化、旅游形象和品牌主题不明确等问题，并提出强化政府主导功能、坚持可持续传承发展理念、整合村寨旅游资源体系、强化基础设施建设等措施⑤。

3. *旅游开发模式研究*

黄萍、王元珑对国内外民族旅游开发的一些案例进行研究，并结合四川旅游资源特色，提出了建立文化生态村的可持续民族旅游发展模式⑥。张华明、滕健在对比几种民族村寨旅游开发模式基础上，以勐景来的成功为案例，提出了以保护开发为前提、公司起主导作用、有鲜明特色主题、村民普遍受益的多赢“CCTV 式”开发模式⑦。刘洪丽基于村寨旅游相关利益者的研究，提出了“政府主导、社区居民主体、企业参与、旅游者合作、其他利益相关者监督响应”的新模式⑧。邓辉通

---

① 贺丹：《民族文化村寨旅游开发建设对策探讨——以贵州省为例》，《广西民族研究》2009 年第 4 期。

② 许建：《湘西民族村寨旅游发展问题与对策》，《合作经济与科技》2011 年第 24 期。

③ 林菁：《广西少数民族村寨旅游可持续发展对策探析》，《旅游纵览（下半月）》2015 年第 14 期。

④ 熊礼明、周丽洁：《乡村振兴背景下我国民族村寨旅游发展探讨》，《长沙大学学报》2019 年第 6 期。

⑤ 袁尧清等：《民族村寨旅游发展问题及对策探讨——以靖州苗族侗族自治县地笋苗寨为例》，《商业经济》2020 年第 8 期。

⑥ 黄萍、王元珑：《创建四川民族文化生态旅游可持续发展模式研究》，《西南民族大学学报》（人文社科版）2005 年第 8 期。

⑦ 张华明、滕健：《民族村寨旅游开发的 CCTV 模式——以西双版纳“中缅第一寨”勐景来为例》，《贵州民族研究》2006 年第 3 期。

⑧ 刘洪丽：《基于利益相关者的村寨旅游开发模式研究》，《消费导刊》2008 年第 17 期。

过对恩施枫香坡侗族村寨旅游的考察，指出旅游统筹、景村同建、产业整合驱动是民族村寨旅游发展的创新模式①。谢萍、朱德亮从人类学角度认为，民族村寨旅游可持续发展的内涵主要包括资源的可持续性、经济的可持续性和社会的可持续性，进而提出了民族村寨旅游可持续发展模式②。颜燕以海南中部地区少数民族村落为例，分析了基于“互联网+民宿”的三种发展新模式及应用对策，为“互联网+”时代背景下少数民族村落的永续发展提供了一定参考③。杨乙元、张昌爱以农村“三变”改革与民族特色村寨体育旅游融合发展背景为出发点，构建农村“三变”改革与民族特色村寨体育旅游融合发展的主导型、从属型、对称型和附生型的主要模式④。

4. 民族文化保护与可持续发展研究

在文化传承与保护方面，何明认为民族文化保护与开发的关键在于立足民族文化本身及其持有者⑤。李金发认为传统和现代的合理整合，经济发展和文化传承并重，保护和开发并行，是当前整合民族村寨文化的一种有效手段⑥。李忠斌、郑甘甜指出少数民族特色村寨建设中民族文化的开发利用存在明显的短期行为和较突出的破坏性开发问题，并就此提出了文化保护与发展的策略⑦。李强基于过度开发的视角，分析了贵州少数民族村寨旅游开发对民族传统文化的破坏及原因，并提出了有针对性的对策⑧。杨军辉、李同昇认为民族旅游地的文化“公地悲剧”

---

① 邓辉：《转变发展方式背景下特色民族村寨发展模式的调整与转型——以湖北省恩施市枫香坡侗族村寨为例》，《中南民族大学学报》（人文社会科学版）2012 年第 5 期。

② 谢萍、朱德亮：《论人类学视角下民族村寨旅游可持续发展模式》，《贵州民族研究》2014 年第 6 期。

③ 颜燕：《基于互联网+民宿的村落发展新模式研究——以海南中部地区少数民族村落为例》，《现代商业》2016 年第 30 期。

④ 杨乙元、张昌爱：《农村“三变”改革与民族特色村寨体育旅游融合发展路径研究》，《六盘水师范学院学报》2020 年第 32 期。

⑤ 何明：《当下民族文化保护与开发的复调逻辑——基于少数民族村寨旅游与艺术展演实践的分析》，《云南师范大学学报》（哲学社会科学版）2008 年第 1 期。

⑥ 李金发：《旅游经济与民族村寨文化整合——以云南红河州慕善彝村为例》，《西南民族大学学报》（人文社会科学版）2011 年第 3 期。

⑦ 李忠斌、郑甘甜：《论少数民族特色村寨建设中的文化保护与发展》，《广西社会科学》2014 年第 11 期。

⑧ 李强：《贵州少数民族村寨文化保护思考——基于过度开发视角的分析》，《贵州民族大学学报》（哲学社会科学版）2015 年第 3 期。

效应迫切需要构建民族文化补偿机制[①]。黄成华认为民族村寨在进行民族文化开发中，面临着文化认同的危机，为此提出了一系列解决对策[②]。何梅青认为建立科学合理的利用—保护预警系统是推动民族村寨传统文化可持续发展的重要保障[③]。周纯燕、易慧玲以广西三江侗族自治县的程阳八寨为例，通过文献研究及实地调研等方法，分析并揭示了文化保护与旅游开发的互动机制，并从其内部机制与外部机制出发提出了对策建议[④]。

在民族村寨旅游可持续发展方面，王雯雯从资源、品牌、利益、协调、发展环境等方面提出了广西少数民族村寨旅游可持续发展的对策[⑤]。徐永志认为民俗风情是民族村寨旅游可持续发展的着力点[⑥]。肖琼从经济学的角度探讨了村寨旅游环境问题，提出解决旅游村寨环境问题的基本路径[⑦]。谢萍、朱德亮基于民族村寨社会居民的感知和诉求，探讨了民族村寨的旅游可持续发展模式问题[⑧]。周连斌、罗琳构建了社区生态系统层、社区利益系统层和旅游发展潜力层的民族村寨社区旅游评价指标体系，为民族村寨旅游可持续发展评价提供了重要依据[⑨]。罗剑宏、叶卉宇通过对民族旅游村寨可持续发展的必要性进行分析，并将其与传统发展模式进行比较，从系统层面出发，指出了我国民族旅游村

---

① 杨军辉、李同昇：《民族旅游地游客民族文化补偿认知与支付意愿——以贵州西江千户苗寨为例》，《干旱区资源与环境》2016 年第 5 期。

② 黄成华：《旅游驱动下民族村寨的文化认同研究》，《贵州民族研究》2016 年第 1 期。

③ 何梅青：《民族旅游村寨传统文化利用—保护预警的比较研究——以青海小庄村和拉斯通村为例》，《湖北民族学院学报》（哲学社会科学版）2017 年第 6 期。

④ 周纯燕、易慧玲：《少数民族特色村寨文化保护与旅游开发互动机制研究——以广西程阳八寨为例》，《农村经济与科技》2020 年第 31 期。

⑤ 王雯雯：《广西少数民族村寨旅游可持续发展对策研究》，《科技资讯》2006 年第 18 期。

⑥ 徐永志：《民俗风情：民族村寨旅游可持续发展的着力点》，《旅游学刊》2006 年第 3 期。

⑦ 肖琼：《民族村寨旅游环境困境及路径选择》，《广西民族研究》2009 年第 4 期。

⑧ 谢萍、朱德亮：《论人类学视角下民族村寨旅游可持续发展模式》，《贵州民族研究》2014 年第 6 期。

⑨ 周连斌、罗琳：《民族村寨社区旅游可持续发展评价研究》，《湖南财政经济学院学报》2015 年第 3 期。

寨经济、社会和生态方面的现实困境，并提出了相应的解决对策①。任友以贵州省石阡楼上千年古寨为例，指出其在乡村振兴战略背景下民族村寨旅游可持续发展存在的问题、现状，探索了民族村寨旅游可持续发展研究的价值和原则，并对石阡楼上千年古寨可持续发展提出了优化路径②。

5. 社区参与及利益分享研究

在社区参与方面，罗永常以社区参与理论为指导，深入调查了雷山郎德上寨社区参与旅游的实际情况，并有针对性地提出了郎德村社区参与旅游发展的一般途径与方法③。张洁、杨桂华基于云南两个民族村寨的调研，指出社区经济和旅游业发展水平、景区优势旅游资源、社区居民对旅游开发认知、对政府的信任度及民族传统习俗等，是影响社区村民参与旅游积极性的五大因素④。刘韫则通过社区参与中相关问题的分析，指出以市场为导向、政府为主导、社区为核心，借助非政府组织等外部推动力量是落实和深化社区参与的重要途径⑤。叶春等探讨了社区参与民族村寨旅游可持续发展的评估方法⑥。曹兴平揭示了旅游参与动机对旅游发展决策意愿具有显著正向影响⑦。邓辉、刘素基于个案研究探讨了民族村寨旅游中社区参与的问题与困境，提出了促进社区参与的途径与对策⑧。金红磊、和慧英以特色旅游村寨玉湖村为研究对象，探讨了农村社会组织成为少数民族特色村寨保护与发展的引导者和组织者

---

① 罗剑宏、叶卉宇：《民族旅游村寨可持续发展困境及路径探讨》，《中华文化论坛》2016 年第 10 期。

② 任友：《民族村寨旅游可持续发展研究》，《合作经济与科技》2018 年第 24 期。

③ 罗永常：《试论民族村寨旅游的特征与开发原则》，《黔东南民族师范高等专科学校学报》2005 年第 6 期。

④ 张洁、杨桂华：《社区居民参与旅游积极性的影响因素调查研究》，《生态经济》2005 年第 10 期。

⑤ 刘韫：《困境与选择：民族村寨旅游的社区参与研究》，《青海社会科学》2008 年第 2 期。

⑥ 叶春等：《社区参与视角下民族村寨旅游可持续发展评估》，《生态经济》2009 年第 9 期。

⑦ 曹兴平：《民族村寨旅游社区参与内生动力实证研究》，《贵州民族研究》2016 年第 3 期。

⑧ 邓辉、刘素：《民族村寨旅游中社区参与状况的调查与思考——基于武陵山区两个民族旅游村寨的比较研究》，《中南民族大学学报》（人文社会科学版）2017 年第 1 期。

的路径，避免旅游带来的生态破坏和污染，防止民族文化资源的世俗化，并就如何参与村寨保护与发展提出了科学性建议①。

在利益分享方面，任耘构建了民族村寨旅游开发中的利益相关者图谱，将民族村寨旅游发展过程中的利益分享问题研究推向了深入②。李乐京探究了民族村寨各利益主体间产生利益冲突的根本原因，并针对其根本性原因寻求冲突产生的协调机制，为民族村寨旅游业的可持续发展提供对策③。孙九霞、吴丽蓉以龙脊梯田景区作为案例地，运用深度访谈等研究方法，深入探讨了政府、旅游公司、外来投资商、社区和普通村民等各利益主体之间的利益关系④。李湮从内外、主客两个大的角度分析了民族旅游社区利益保障制度的构建框架⑤。王洪涛等深入研究了民族村寨旅游开发中的社区利益补偿问题和成因，并以此提出具有参考和借鉴价值的利益补偿对策与建议⑥。罗永常构建了社区合理增权与有效参与机制，以期能够保障社区利益相关者主导地位并协调好各利益相关方利益，让“合理增权、有效参与、利益协调”成为相辅相成的良性循环，充分抵御和克服旅游负面影响⑦。

（三）研究评述

通过“对民族村寨旅游研究的动态扫描和研究热点分析，我们可以得到如下认识”⑧。

第一，从研究历程来看，我国民族村寨旅游研究真正始于21世纪

---

① 金红磊、和慧英：《社会组织参与少数民族特色村寨保护：实践价值与应对策略》，《黑龙江民族丛刊》2020年第4期。

② 任耘：《基于利益相关者理论的民族村寨旅游开发研究——以四川理县桃坪羌寨为例》，《贵州民族研究》2013年第2期。

③ 李乐京：《民族村寨旅游开发中的利益冲突及协调机制研究》，《生态经济》2013年第11期。

④ 孙九霞、吴丽蓉：《龙脊梯田社区旅游发展中的利益关系研究》，《旅游论坛》2013年第6期。

⑤ 李湮：《谈民族村寨旅游社区利益保障制度系统的研究结构》，《旅游纵览（下半月）》2015年第4期。

⑥ 王洪涛等：《民族村寨旅游开发中社区利益补偿问题研究》，《南宁师范大学学报》（哲学社会科学版）2019年第6期。

⑦ 罗永常：《合理增权、有效参与与利益协调——基于多理论场域的民族村寨旅游发展再思考》，《贵州民族研究》2020年第8期。

⑧ 邓辉、王健：《我国民族村寨旅游研究综述——基于CITESPACE软件和CNKI数据库》，《武汉商学院学报》2017年第3期。

初，2002 年以后相关研究日渐增多，2007—2011 年，保持着相对稳定的研究态势。从 2012 年开始，随着乡村旅游的再度升温，作为一种特殊的乡村旅游形式，民族村寨旅游得到了更多的关注与推动，相关的研究逐渐增多，成为民族旅游研究的一个新亮点。

第二，从研究内容上看，民族村寨旅游的研究从一开始就坚持了理论与实践并进的原则，既探讨民族村寨旅游发展的基础理论，又关注民族村寨旅游发展的实际问题，在研究早期集中破解民族村寨旅游基础理论的前提下，后期对民族村寨旅游发展的现实问题给予了更多的关注与探讨。其讨论热点主要集中在问题与对策、旅游开发模式、民族文化保护与可持续发展、社区参与及利益分享等几个重点领域，并取得了可喜的成绩。但从民族村寨旅游发展的整体来看，相关理论与实践的系统研究尚有较大的空白与空间，有待进一步努力。

第三，从研究地域范畴看，现有研究主要集中在贵州、广西、云南等西南民族地区，其中尤以贵州为最，四川、宁夏、新疆、西藏等省区略显薄弱。这些都说明我国民族村寨旅游研究仍处于初级阶段，研究较为薄弱，无论从深度还是广度都有待于进一步深入。

第四，从研究方法上看，现有研究成果更多地侧重实证分析、个案研究和定性研究，相关的理论研究、系统研究和定量研究并不多见。同时，鉴于民族村寨旅游研究视角及侧重点的差异，相应的比较研究也遇到了一定的困难，这使其研究成果未能发挥更好的示范与普适作用，但现有的研究成果仍然为我们开展本书研究奠定了一定的理论基础。

二　旅游发展动力研究

（一）国外研究

在国外，关于旅游发展动力方面的研究，始于对旅游动机的研究，然后演进到对整个旅游系统动力的探讨。Lewin 和 Hull 从旅游动机产生的角度探讨了旅游行为的动因问题，并分别提出了期待价值理论和驱力理论。期待价值理论注重外在的环境即诱因，认为个体对目标的价值期待决定着行为的产生。驱力理论注重内在的需要即内因，认为如果人体机能产生需要，则会产生自身的驱动力，且驱动力的强弱与个体需要的程度有关①。Tolman 在吸纳 Lewin 和 Hull 观点的基础上，认为人们的旅游动机是由内在动机和外在动机构成的②。英国学者 Dann Graham M. S. 将 Tolman 的观点应用到旅游领域，形成了旅游活动的推—拉动机理论，认为个体由于不平衡或紧张引起的动机或需求产生推的因素，旅游者对目的地及吸引物的价值认识产生了拉的因素③。美国学者 Crompton 等对推—拉动机理论进行了发展与深化，研究了影响推—拉动机的众多因子④。后来，随着系统论思想广泛传播与应用，不少学者开始研究旅游整个系统的动力问题。Leiper 首先将系统论的方法运用到旅游研究，提出旅游系统由旅游者、旅游业、旅游客源地、旅游通道和旅游目的地 5 个要素组成⑤；Clare Gunn 等构建了旅游功能系统模型，并指出“供给子系统”和“需求子系统”是旅游系统中两个最基本的子系统⑥。Laws 主要从旅游目的地发展动力产生的角度进行了阐释，认为旅游发展的动力主要以市场推动为主。室谷正裕主要从旅游系统的角度对旅游目的地的吸引力和魅力度进行了探索与阐释，并从资源赋存、活动菜单、食宿设施、空间快适四个方面建立了旅游地魅力度评价体系。Butler 提出了旅游地生命周期理论，认为旅游目的地演进过程一般要经历探查、参与、发展、巩固、停滞和衰落或复苏六个阶段，呈“S”形曲线，并表现出明显的周期性。他同时指出，在旅游目的地演进的每一个阶段，它都要受到吸引力因素、效应因素、需求因素和环境因素的作用而促进或减缓旅游地旅游业发展⑦。

（二）国内研究

在国内，关于旅游发展动力方面的研究虽然比国外稍晚一些，但一

---

① 杨洋等：《乡村旅游发展动力机制研究——黄山市实证分析》，《资源开发与市场》2011 年第 10 期。

② 张宏梅、陆林：《近 10 年国外旅游动机研究综述》，《地域研究与开发》2005 年第 2 期。

③ Dann Graham, M. S., “Anomie, Ego-enhancement and Tourism”, *Annals of Tourism Research*, Vol. 4, No. 4, 1977, pp. 184-194.

④ John L. Crompton, “Motives of Visitors Attending Festival Events”, *Annals of Tourism Research*, Vol. 24, No. 2, 1997.

⑤ Leiper, N., *Tourism Management*, Collingwood, VIC: TAFE Publications, 1995.

⑥ Turgut Var, Clare Gunn, *Tourism Planning: Basics, Concepts, Cases*, Philadelphia: Taylor & Francis, 2020.

⑦ 参见吴必虎《区域旅游规划原理》，中国旅游出版社 2001 年版。

开始，我国学者就注重了旅游发展动力的系统研究。这些研究归纳起来主要包括两大方面，一方面是从整体或理论上探讨旅游发展的动力系统或动力机制，另一方面则是从具体类型、具体领域来开展旅游动力系统或动力机制方面的研究，主要涉及城市旅游、乡村旅游、区域旅游合作，以及生态旅游、低碳旅游和休闲农业旅游等，尤以有关城市旅游和乡村旅游方面动力系统或动力机制的研究相对较多。如果从时间维度来划分的话，21 世纪前十年以旅游发展动力机制理论和城市旅游发展动力机制研究相对较多，近十年则以探讨乡村旅游发展动力机制相对活跃。至于旅游区域合作、生态旅游、低碳旅游等方面动力问题的研究只是零星点缀而已。比较重要的研究成果梳理如下。

1. 旅游发展动力机制理论研究

我国学者彭华在旅游发展动力机制方面做了开创性的研究。1999 年，彭华在学术界首次对旅游发展动力系统和旅游发展驱动机制进行了界定与阐释。她指出："旅游发展动力是一个由旅游消费牵动和旅游产品吸引所构成的，并由中介系统和发展条件所联系的互动型动力系统。其系统主要由需求系统、引力系统、中介系统、支持系统构成。"① 此后，钟韵等通过对经济发达地区旅游发展动力系统初步研究，主要从旅游供给角度构建起区域旅游动力系统，该系统主要包括吸引系统、支持系统和中介系统三个子系统，各子系统内又包括各种影响旅游发展的动力要素②。

袁国宏、郭强从旅游适应性主体和旅游活动基本矛盾的角度，对旅游发展动力系统进行了定位及构成与结构分析。他们认为："旅游动力系统是旅游系统的战略子系统"。③ "旅游动力系统是由旅游者、旅游产业、目的地政府、客源地政府、旅游社区五大适应性主体活动的基本矛盾构成的系统，各子系统之间彼此相互联系，形成了众多的关系。"④ 这种错综复杂的关系的集合就构成了旅游动力系统的结构。他进一步指

---

① 彭华：《旅游发展驱动机制及动力模型探析》，《旅游学刊》1999 年第 6 期。

② 钟韵等：《经济发达地区旅游发展动力系统初步研究：概念、结构、要素》，《地理科学》2003 年第 1 期。

③ 袁国宏、郭强：《旅游动力系统结构研究》，《商业研究》2011 年第 3 期。

④ 袁国宏等：《旅游动力系统的状态与权变管理》，《软科学》2008 年第 10 期。

出，旅游动力系统既是由旅游活动各适应性主体的根本动力构成的，也是由各适应性主体的活动矛盾所构成的。如果用数学上的集合符号来表示，则分别表示为：旅游动力系统=（旅游者活动的根本动力，旅游产业活动的根本动力，目的地政府活动的根本动力，客源地政府活动的根本动力，旅游社区活动的根本动力）①。

2. *乡村旅游发展动力系统与动力机制研究*

杨军从系统动力源的角度指出旅游系统主要由旅游主体（旅游者）、旅游客体（旅游吸引物）、旅游媒体（旅游产业）和旅游支持体（政府等）4 个部分构成。他认为“城市居民、农民、旅游业、政府在乡村旅游中的基本诉求，形成了乡村旅游的需求动力、供给动力、营销动力和扶持动力，构成了乡村旅游发展的核心动力系统”。同时他提出反向性、乡村性、本土性、市场性与一体化、现代化、产业化、小康化是乡村旅游动力系统的 8 个驱动因子②。叶红通过对成都市乡村旅游实践研究，认为促进成都市乡村旅游发展的动力因素主要有：市场需求、市场供给、营销策略和政府促进四大类。其中，市场需求是乡村旅游的拉动力量；市场供给是乡村旅游发展的推动力量；政府驱动和营销促进也是乡村旅游发展的重要力量③。潘顺安系统论述了中国乡村旅游发展动力机制，得出需求和供给是乡村旅游发展的基本动力，分析了乡村旅游的需求子系统、供给子系统、媒介子系统和出行子系统④。刘涛、徐福英根据系统动力学和推—拉理论，以“三农”问题为切入点，探讨了新农村建设背景下乡村旅游可持续发展的动力问题。他认为，新农村建设中乡村旅游可持续发展的动力可分为内、外两个方面。其中，内力主要表现为三种“压力”，即农民增收压力、农村就业压力和农业现代化发展压力。外力则主要表现为市场拉动力以及由政府政策和产业要素

---

① 袁国宏、郭强：《旅游动力系统结构研究》，《商业研究》2011 年第 3 期。

② 杨军：《中国乡村旅游驱动力因子及其系统优化研究》，《旅游科学》2006 年第 4 期。

③ 叶红：《乡村旅游发展的动力机制研究——以成都市乡村旅游发展为例》，《农村经济》2007 年第 10 期。

④ 潘顺安：《中国乡村旅游驱动机制与开发模式研究》，博士学位论文，东北师范大学，2007 年。

所产生的推动力[①]。杨洋等基于对乡村旅游文献的梳理和总结，提出核心景区驱动力、资源内生动力、城镇促动力和交通促动力是推动乡村旅游发展的四种动力[②]。陈坤秋等认为乡村旅游发展动力机制由外生动力机制和内生动力机制两大系统组成。外生动力是除去乡村本身，外界给予乡村旅游发展的动力，外生动力机制系统主要由市场拉动力、政府引导力、企业推动力、专家（学者）创新力、城市辐射力等诸多方面有机构成；内生动力则是指乡村自身促进乡村旅游发展的因素，内生动力机制系统包括谋求发展的驱动力、资源和条件的策动力、乡村的学习力、乡村的创造力、乡村对外生动力的响应力等[③]。

3. 城市旅游发展动力系统与动力机制

这方面的研究主要代表与主要观点如下：彭华借鉴利珀提出的人的需求+吸引物+信息的旅游吸引系统，提出了由旅游消费牵动和旅游产品吸引构成，并由中介系统和条件支持系统所联系的城市动力系统结构模型[④]。龚伟对国内城市旅游驱动机制研究进行了综述，得出吸引物驱动论、需求驱动论、城市发展驱动论、系统驱动论、驱动阶段论几种观点[⑤]。王旭科在其博士论文中阐述了城市旅游发展的体制动力模式、市场动力模式、形象动力模式和社会动力模式，并以泰安市为例进行了实证分析[⑥]。

4. 其他相关研究

其他相关研究主要涉及区域旅游合作、生态旅游、低碳旅游等方面的动力问题，其成果呈个位数的零星状态。其中，具有代表性的学者及观点主要有：

贾玉成认为，旅游区域一体化的动力具体包括内部推动力、外部推

---

① 刘涛、徐福英：《新农村建设中乡村旅游可持续发展动力研究》，《安徽农业科学》2010 年第 4 期。

② 杨洋等：《乡村旅游发展动力机制研究——黄山市实证分析》，《资源开发与市场》2011 年第 10 期。

③ 陈坤秋等：《乡村旅游发展动力机制研究》，《特区经济》2014 年第 8 期。

④ 彭华：《关于城市旅游发展驱动机制的初步思考》，《人文地理》2000 年第 1 期。

⑤ 龚伟：《国内城市旅游驱动机制研究综述》，《桂林旅游高等专科学校学报》2006 年第 3 期。

⑥ 王旭科：《城市旅游发展动力机制的理论与实证研究》，博士学位论文，天津大学，2008 年。

动力和阻碍力。内部推动力从旅游需求与旅游供给两个方面进行了阐释，外部推动力从公权界定的驱动和一体化正外部性效应的诱导两个途径来进行解释，制约因素主要受制于市场壁垒、补偿欠缺两个方面[①]。邓超颖、张建萍运用系统动力学理论探讨了生态旅游可持续发展的动力系统问题，认为生态旅游可持续发展动力系统主要由需求系统、吸引系统、中介系统、支撑系统以及监管系统 5 个子系统构成，其动力因子可归纳为推动力、吸引力、传送力、支撑力以及鞭策力 5 种主要力量[②]。周连斌基于系统论和可持续发展理论探讨了旅游与环境问题，指出低碳旅游发展动力机制系统是指采用引导、激励、吸引和控制等机制来促使旅游利益相关者自愿参与推动低碳旅游发展各种力量的总和。一方面，旅游需求力和吸引力的增强少不了支持系统和管理系统的支持和激励；另一方面，支持系统和管理系统也是基于供需系统的存在而存在，它们引导和保障了低碳旅游的健康发展方向[③]。

（三）研究评述

通过上述文献回顾与梳理，我们可以得到如下一些基本认识与研究启示。

1. 理论研究相对薄弱，但研究思路可以借鉴

综观国内外有关旅游发展动力问题的研究，国外学者偏向从某一个角度，如旅游动机、旅游需求、旅游供给、旅游目的地吸引力等方面来探讨旅游发展动力问题。中国学者则更多地从旅游系统的角度来进行思考与探究。但到目前为止，无论是从研究的视角来讲，还是从研究的理论依托来说，国内外都没有形成相对完善的理论体系和研究范式，尤其是关于民族村寨旅游发展的动力问题目前还只能说处于刚刚开始的阶段。旅游发展动力系统本身就是一个非常复杂的巨大系统，它涉及的动力因子很多，动力运行的机理也很复杂，因此，单从某一个角度或某一子系统来研究都无法揭示其整体的格局与运行的规律。不过，已有的

---

① 贾玉成：《旅游区域一体化动力机制研究》，《改革与战略》2005 年第 6 期。

② 邓超颖、张建萍：《生态旅游可持续发展动力系统研究》，《林业资源管理》2012 年第 6 期。

③ 周连斌：《低碳旅游发展动力机制系统研究》，《西南民族大学学报》（人文社会科学版）2011 年第 2 期。

研究，从最初的个体旅游行为动因研究到现代旅游活动产生的动力研究，再到旅游供需研究、旅游目的地系统研究，最后到旅游系统的整体研究，这样一个不断演进的研究过程，为揭开旅游发展动力系统的整体面纱积累了认识，探寻了方向，奠定了基础。尤其是伴随着这些研究的展开、深入而呈现出来的许多理论，如期待价值理论、驱力理论、动机理论、推拉理论、旅游地生命周期理论，以及后来的系统论和系统动力学理论等，都为后续的研究提供了非常好的研究滋养与研究启迪。

2. 研究领域相对狭窄，但研究成果启迪良多

从目前已有的相关研究来看，现有的成果虽然也涉及旅游发展的动力理论和城市旅游、乡村旅游、生态旅游、低碳旅游、休闲农业旅游，以及旅游产业、区域旅游合作等诸多方面的动力问题，但这些研究又相对集中于有关城市旅游和乡村旅游动力问题的研究，这两部分的研究成果几乎占到了旅游发展动力问题研究总成果的七成以上。人们在探讨城市旅游、乡村旅游动力构成和动力机制等方面的诸多视角和见识，都为我们开展民族村寨旅游可持续发展的动力机制问题提供了许多有益的借鉴。例如，从城市旅游、乡村旅游供需的角度、内外因素的角度来揭示动力因子、构建动力系统的思维，以及从旅游活动相关利益主体的角度来分析和构建旅游动力系统的尝试，都对我们开展本书研究提供了很好的思路与框架。

3. 研究方法相对单一，但新方法运用更值得关注

据课题组初步统计，目前现有的相关研究，80%以上都属于定性研究，尤其是相关案例研究占据了相当大的部分，系统的实证研究和相关的应用模型构建相对偏少。但就是现有的这些研究成果，也可为我们开展本书研究提供不少启迪。例如，对现有文献所包含的信息进行扎根分析或主成分分析，可以为相关实证研究奠定基础。尤其是近些年来部分学者运用系统思维和系统动力学理论所开展的相关实证研究和所构建的相关模型，都对本书研究提供了很好的方法论指导。

第三节 研究价值

一 学术价值

本书研究最重要的学术价值在于深化和完善旅游发展动力机制理论分析框架，建构民族村寨旅游可持续发展的有效动力系统及动力机制框架模型。

相对于已有研究，本书研究独到的学术价值在于：

（1）紧紧围绕民族村寨旅游可持续发展的动力机制这一主题，运用多学科理论开展多角度、多层面的系统研究，同时在研究方法上努力将理论思辨与实证分析、定性研究与定量研究有机结合。

（2）在研究重心上，本书研究基于系统思维，努力从民族村寨内、外因素和可持续发展正、逆视角系统探寻影响民族村寨旅游可持续发展的动力因素和动力生成、阻力因素和阻力形成等问题，并将民族村寨旅游非可持续发展的因子及阻力问题作为本书研究的一个突破口和创新点。

（3）在构建民族村寨旅游可持续发展的动力系统时，引入有效动力的思想，跳出从单一动力视角来构建动力系统的传统思维，试图从动力和阻力两个角度来构建民族村寨旅游可持续发展的有效动力系统及动力机制模型，为民族村寨旅游可持续发展提供了相对系统的动力理论支撑。

二 应用价值

本书研究最重要的应用价值在于及时破解民族村寨旅游发展难、发展慢和发展不可持续的现实困局，并获得新的发展动能，以促进民族村寨旅游又好又快发展。

民族村寨旅游开发虽然给民族地区带来了许多积极影响，但同时也面临着诸多困惑与问题。一方面，民族村寨旅游从一开始就面临着观念、资金、人才、交通等方面重重困难，步履维艰。另一方面，在民族村寨旅游开发中，许多地方盲目跟风、随意“复制”，重开发、轻保护，以牺牲环境、文化为代价，片面追求经济效益，导致民族认同感的失落和民族文化的变异，加快了特色民族村寨的退化与消失。这种困局或现象显然不是民族村寨旅游发展的初衷与正常轨迹，必须加以破解与消除。动力问题既是民族村寨旅游可持续发展亟须解决的首要问题，也是破解目前民族村寨旅游现实困局的关键所在。本书将以系统论为指导，以旅游可持续发展为目标，通过探寻民族村寨旅游可持续发展的动力因素与动力机制，构建民族村寨旅游可持续发展的完整动力系统，这对于及时破解民族村寨旅游发展中所面临的发展难、发展慢和发展不可持续的现实困局，探寻又好又快可持续发展的新路子具有重要现实价值。

第四节　研究内容

一　主要思路

本书研究将以系统论为指导，以民族村寨旅游可持续发展为目标导向，坚持政策与问题双导向，坚持理论与实践相结合，以现有文献和民族村寨旅游发展现实为研究基石，充分运用系统论、可持续发展理论、系统动力学理论等多学科理论和文献研究、重点访谈、问卷调查、统计分析及建模分析等多种方法来展开研究。首先，通过实地调研，在充分了解和把握民族村寨旅游发展现状、问题的基础上，探讨民族村寨旅游可持续发展的必要性问题。其次，通过实证分析，进一步探讨和揭示民族村寨旅游可持续发展的内在诉求与外显标志。并在此基础上，选取典型案例，运用系统思维，从村寨内、外和可持续发展正、逆视角系统探讨影响民族村寨旅游可持续发展的动力因素和动力生成、阻力因素和阻力形成，然后引入有效动力的思想，构建民族村寨旅游可持续发展的有效动力系统及动力机制结构模型，并进行机理分析。最后，针对这一模型，并结合民族村寨旅游发展必须克服和解决的问题，提出相应的保障对策，以促进民族村寨旅游可持续发展。

二　主要内容

本书将主要围绕如下六大问题展开研究：

（一）民族村寨旅游发展现状及可持续发展的必要性

主要是通过查阅文献和实地调研，了解和把握民族村寨旅游发展现状及存在的主要问题，并在此基础上进一步探讨和揭示民族村寨旅游可持续发展的必要性与重要意义。

（二）民族村寨旅游可持续发展的内在诉求与外显标志

主要从可持续发展理论、政策导向和民族村寨旅游发展现实角度，通过实证研究，探讨民族村寨旅游可持续发展的内在诉求与外显标志，这是开展本书研究的前提与基础。

（三）民族村寨旅游发展的影响因素分析

主要运用系统思维，从村寨内、外和可持续发展正、逆视角系统探讨影响民族村寨旅游发展的可持续和非可持续因素，从而为进一步解释民族村寨旅游可持续发展的动力因子和阻力因子奠定基础。

（四）民族村寨旅游可持续发展的动力系统构建

主要基于民族村寨旅游可持续和非可持续影响因素的分析与揭示，进一步探寻影响民族村寨旅游可持续发展的动力因子与阻力因子，并在此基础上，引入有效动力系统的观点，构建民族村寨旅游可持续发展的有效动力系统框架模型，作为进一步分析其动力机制的基础。

（五）民族村寨旅游可持续发展的动力机制结构模型

主要以构建的民族村寨旅游可持续发展的有效动力系统结构模型为基础，将系统动力学原理与方法引入其中，进一步构建民族村寨旅游可持续发展动力机制因果互动结构模型，并进行机理分析与规律揭示。

（六）民族村寨旅游可持续发展的动力机制保障对策

主要依据民族村寨旅游可持续发展的目标要求，结合其发展现实，以民族村寨旅游可持续发展动力机制模型为主线，提出相应的保障对策，以促进民族村寨旅游又好又快发展。

三　技术路线

综合本书研究思路、主要内容和研究方法，我们形成本书研究技术路线，如图 1-8 所示。

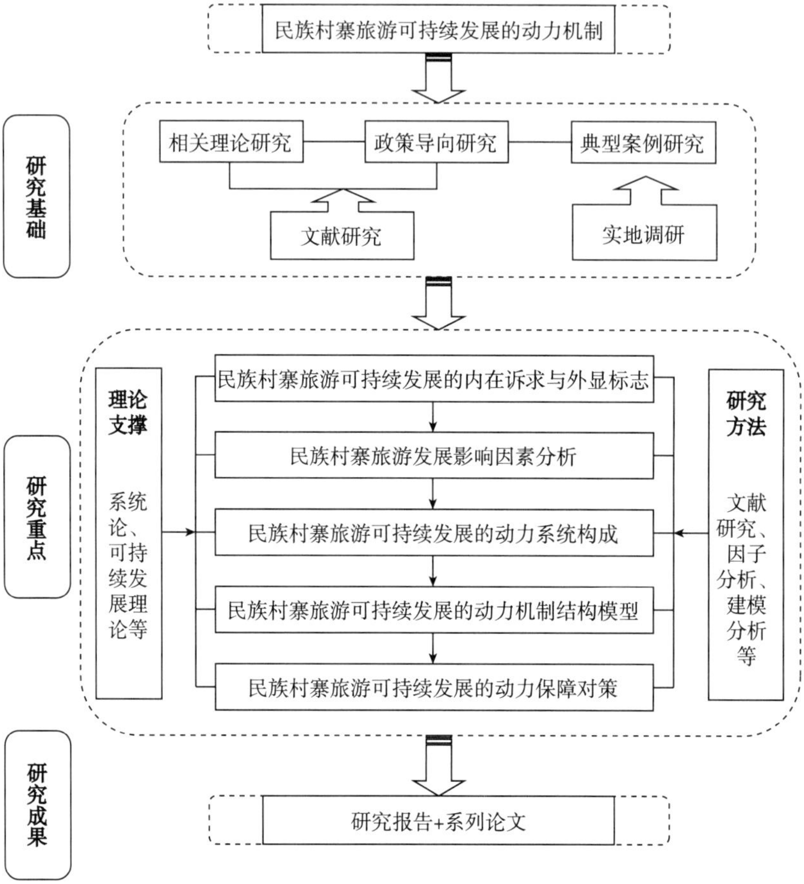

民族村寨旅游可持续发展的动力机制

研究基础

相关理论研究　政策导向研究　典型案例研究

文献研究　实地调研

研究重点

理论支撑

系统论、可持续发展理论等

民族村寨旅游可持续发展的内在诉求与外显标志

民族村寨旅游发展影响因素分析

民族村寨旅游可持续发展的动力系统构成

民族村寨旅游可持续发展的动力机制结构模型

民族村寨旅游可持续发展的动力保障对策

研究方法

文献研究、因子分析、建模分析等

研究成果

研究报告+系列论文

图 1-8　民族村寨旅游可持续发展动力机制研究技术路线

第五节　研究方法

本书研究除了运用常规的文献研究法、实地调查法和比较分析法等方法外，还尝试了如下方法：

一　典型实证法

主要运用实地考察、问卷、访谈、咨询、座谈等具体方法，选择中南和西南具有典型代表意义的民族旅游村寨进行实地调查与实证研究，以了解特色民族村寨旅游发展的现状特点、问题存在、模式选择及成功经验等信息资料，从而为本书研究提供鲜活的第一手资料和案例支撑。

二　逆向分析法

主要是运用逆向思维对民族村寨旅游非可持续发展问题进行透析与揭示，以便更好地把握其可持续发展的因子及其影响。

三　建模分析法

主要以系统论为指导，充分运用因子分析、层次分析和系统动力学等方法，对民族村寨旅游可持续发展的影响因素、动力因子、阻力因子进行系统探讨，并在此基础上构建民族村寨旅游可持续发展的有效动力系统及动力机制结构模型。

第二章

基本概念与基础理论

第一节　基本概念

一　民族村寨与民族旅游村寨

（一）民族村寨

“民族村寨”的全称为“少数民族村寨”，相关的叫法还有“少数民族特色村寨”“民族文化村”“民族文化生态村”“生态博物馆”等。在早期的研究中，学术界对民族村寨并未形成统一、规范的定义，但就其内涵来讲，学者的看法大致趋同，主要是结合少数民族居住地以及特色民族文化两个方面来进行诠释。金颖若指出民族文化村寨是指“那些历史悠久，在一个至多个文化要素，或一项至多项民俗事项上具有显著特色，能够成为某个特定民族在某一地域的典型代表的村寨”[①]。黄海珠认为民族村寨一般指的是“少数民族的原住地、移居地以及在原住地基础上改建或扩建的村寨，也包括在少数民族聚居区新建的、以开展旅游为目的而建立的村寨”[②]。田敏、邓小艳指出民族村寨是“民族文化的原生地，是集物质文化遗产和非物质文化遗产于一体，具有丰富的文化内涵，是展示一个地方、一个民族的微缩景观”[③]。邓辉指出特色民族村寨是指“因特定地理环境和长期文化积淀所形成的，具有反

① 金颖若：《试论贵州民族文化村寨旅游》，《贵州民族研究》2002 年第 1 期。

② 黄海珠：《民族旅游村寨建设研究》，博士学位论文，中央民族大学，2007 年。

③ 田敏、邓小艳：《近十年国内民族村寨旅游开发与民族文化保护和传承研究述评》，《中南民族大学学报》（人文社会科学版）2012 年第 6 期。

映和代表某一民族地区或某一民族文化个性的典型村落"[①]。2012 年 12 月，国家民委颁布的《少数民族特色村寨保护与发展规划纲要（2011—2015 年）》将少数民族特色村寨定义为"少数民族人口相对聚居，且比例较高，生产生活功能较为完备，少数民族文化特征及其聚落特征明显的自然村或行政村"[②]。随后，该定义成为理论界开展民族村寨相关研究时，用于界定民族村寨的标准定义。民族村寨相对完整地保留了各少数民族的文化基因，凝聚了各少数民族文化的历史结晶，体现了中华文明的多样性，是传承民族文化的有效载体，是加快民族地区发展的重要资源[③]。

（二）民族旅游村寨

与民族村寨相关联的另一个概念就是民族旅游村寨。黄海珠认为民族旅游村寨是指"以少数民族乡村或聚居点为旅游接待地，以少数民族群众为旅游参与主体，以民族文化和山水景观相糅合作为主要旅游吸引物，其功能是满足旅游者文化需求的同时，提供行、游、住、食、娱、购的整套旅游服务"[④]。肖琼认为民族旅游村寨是指"那些以自身独有的民族旅游文化资源或自然资源为吸引物，专门或兼业从事旅游接待和供外来旅游者参观、游览，并具有一定经济盈利目的的少数民族村寨"[⑤]。刘孝蓉认为民族旅游村寨是"已经开展民族村寨旅游活动，并以旅游为主要生产方式的少数民族村寨"[⑥]。唐欢认为民族旅游村寨是指"以乡村风光（人文或自然资源作为旅游吸引物）为基础，由当地土著群众为旅游参与主体，满足游客文化需求的同时，为旅游者提供

---

① 邓辉：《生态家园：文化遗产型特色民族村寨发展的有效模式——基于武陵山区彭家寨的调查》，《中南民族大学学报》（人文社会科学版）2014 年第 5 期。

② 《国家民委关于印发少数民族特色村寨保护与发展规划纲要（2011—2015 年）的通知》，2012 年 12 月 7 日，中华人民共和国国家民族事务委员会，https：//www. neac. gov. cn/seac/xwzx/201212/1003273. shtml，2020 年 12 月 28 日。

③ 王彩霞：《基于居民感知的少数民族特色村寨旅游发展实证研究》，硕士学位论文，西北师范大学，2019 年。

④ 黄海珠：《民族旅游村寨建设研究》，博士学位论文，中央民族大学，2007 年。

⑤ 肖琼：《我国民族旅游村寨经济类型研究》，《广西民族研究》2011 年第 3 期。

⑥ 刘孝蓉：《文化资本视角下的民族旅游村寨可持续发展研究》，博士学位论文，中国地质大学，2013 年。

食、住、行、游、购、娱等一系列旅游服务的村寨”[①]。李林岭等指出民族旅游村寨是“以自身特有的民族村寨文化和自然景观或人文景观相糅合作为主要旅游吸引物，也是原生态的民族文化和产生此文化的自然环境的结合体，是一种特殊的旅游资源”[②]。综上所述，民族旅游村寨的实质是用于开展旅游活动的民族村寨，它的旅游接待地是在村寨当地，旅游参与主体是当地居民，旅游核心吸引物是当地独特的民族文化和浓郁的民俗风情。民族村寨与民族旅游村寨之间的关系主要表现为：民族旅游村寨首先是民族村寨的一种，是一种特殊的民族村寨。其次是民族旅游村寨主要是用于开展旅游活动或因发展旅游而形成的民族村寨。

二　乡村旅游、民族旅游与民族村寨旅游

（一）乡村旅游

现代意义上的乡村旅游最早出现在西班牙。20 世纪 60 年代，西班牙首次将荒废的贵族古堡改造成简单农舍，并将规模较大的农庄和农场列入旅游参观和接待的范围，用于开展乡村旅游，接待有意观光的游客[③]。英、美、日等国家紧随其后，相继推出了各自的乡村旅游产品。至 20 世纪 80 年代，乡村旅游在欧美一些国家已经具备了一定规模并显示出极强的生命力[④]。国外对于乡村旅游认知并不一致，较为经典的定义有如下几条：Gilbert 和 Tung 认为乡村旅游就是农户为旅游者提供食宿等条件，使其在农场、牧场等典型的乡村环境中从事各种休闲活动的一种旅游形式[⑤]。欧洲联盟联同世界经济合作与发展组织将乡村旅游定义为发生在乡村的旅游活动，并强调“乡村性”是乡村旅游整体推销的核心和独特卖点[⑥]。Bernard 和 Lane 认为乡村旅游不仅是基于农业的

---

① 唐欢：《民族旅游村寨文化景观真实性感知比较研究》，硕士学位论文，四川师范大学，2016 年。

② 李林岭等：《民族旅游村寨空间生产及地方意义研究综述》，《旅游纵览（下半月）》2018 年第 20 期。

③ 周静等：《乡村旅游发展的起源及研究综述》，《资源开发与市场》2007 年第 8 期。

④ 王琼英、冯学钢：《乡村旅游研究综述》，《北京第二外国语学院学报》2006 年第 1 期。

⑤ 何景明：《国外乡村旅游研究述评》，《旅游学刊》2003 年第 1 期。

⑥ 何景明：《国外乡村旅游研究述评》，《旅游学刊》2003 年第 1 期。

旅游活动，而是一个多层面的旅游活动[①]，并进一步指出乡村旅游应当满足以下要求：位于乡村地区；旅游活动是乡村的，即旅游活动建立在小规模经营企业，开阔空间，与自然紧密相连，具有文化传统和传统活动等乡村世界的特点；规模是乡村的，无论是建筑群还是居民点都是小规模的；社会结构和文化具有传统特征，变化较为缓慢，旅游活动常与当地居民家庭相联系，乡村旅游在很大程度上受当地控制；由于乡村自然、经济、历史环境和区位条件的复杂多样，因而乡村旅游具有不同的类型[②]。世界旅游组织将乡村旅游定义为乡村旅游是指旅游者在乡村（通常是偏远地区的传统乡村）及其附近逗留、学习、体验乡村生活方式的活动[③]。Reichel Arie 等认为乡村旅游就是位于农村区域的旅游[④]。Mormont 认为乡村具有区别于城市所特有的风土人情和民俗文化，乡村旅游所具有的独特的吸引力在于它能够满足城市居民休闲体验和归园田居的心理诉求[⑤]。

我国乡村旅游最早出现在 20 世纪 70 年代，当时主要是开展一些具有乡村旅游性质的政治性接待工作。80 年代，深圳为招商引资筹办了荔枝节，随后又开办采摘园，先后取得了较为可观的收益。随后各地纷纷模仿，推出各具特色的乡村旅游项目。此后，国家旅游局于 1998 年将该年旅游活动主题定为“华夏城乡游”，一时间掀起了国内乡村旅游的热潮[⑥]。随着乡村旅游的兴起，国内学者也开始了对乡村旅游的关注和研究，并从不同视角去定义乡村旅游，主流的观点有以下几种：杜江、向萍指出乡村旅游是以乡野农村的风光和活动为吸引物，以都市居民为目标市场，以满足旅游者娱乐、求知和回归自然等方面需求为目的的一种旅游方式[⑦]。何景明、李立华认为狭义的乡村旅游是指在乡村地

---

① 姚治国等：《国外乡村旅游研究透视》，《经济地理》2007 年第 6 期。

② 陶玉霞：《旅游的空间公平问题与乡村旅游的三级概念》，《河南师范大学学报》（哲学社会科学版）2009 年第 2 期。

③ 世界旅游组织：《旅游业可持续发展——地方旅游规划指南》，旅游教育出版社 1997 年版。

④ Reichel Arie, et al.,“Rural Tourism in Israel: Service Quality and Orientation”, *Tourism Management*, Vol. 21, No. 5, 1999.

⑤ 张月雯等：《乡村旅游发展研究综述》，《现代化农业》2019 年第 12 期。

⑥ 杜江、向萍：《关于乡村旅游可持续发展的思考》，《旅游学刊》1999 年第 1 期。

⑦ 杜江、向萍：《关于乡村旅游可持续发展的思考》，《旅游学刊》1999 年第 1 期。

区，以具有乡村性的自然和人文客体为旅游吸引物的旅游活动[①]；丁运超指出乡村旅游是发生在乡村地区，以乡村自然风光与乡村人文活动为吸引物，以农户为经营服务主体，以城市居民为主要目标市场，以满足旅游者观光、休闲、度假、学习、购物等各种需求为目的的旅游活动[②]；郭焕成、韩非指出乡村旅游以乡村地区为活动场所，利用乡村独特的自然环境、田园景观、生产经营形态、民俗文化风情、农耕文化、农舍村落等资源，为城市游客提供观光、休闲、体验、健身、娱乐、购物、度假的一种新的旅游经营活动[③]；姚海琴指出乡村旅游是由乡村地区社区居民积极参与并提供的，以乡村生态、农事劳动、乡村风土民俗及乡村人文建筑等为景观，满足游客求知、求新、休闲和度假需求的旅游活动[④]。

（二）民族旅游

当前，学术界对于民族旅游有多种称呼和提法，诸如民族旅游、民俗旅游、民族文化旅游以及民族风情旅游等。吴必虎、余青指出尽管关于民族类旅游的概念性称呼存在分歧，尚未达成一致，但总体上看它们都以某一地区的民族文化为基础，通过某种方式或从某种角度对民族文化形式及内涵加以产品化体现，构成为旅游者提供旅游经历的一种吸引物，并使用“民族文化旅游”这一概念来统称上述各种术语[⑤]。马晓京指出民族旅游就是把古雅的土著习俗以及土著居民包装成旅游商品以满足旅游者的消费需求，是以少数民族文化为特色的观赏、娱乐、商品及服务[⑥]。爱德华·布鲁纳认为民族旅游是指从外国或本国来的旅游者在旅游中可以观察其他民族，这些民族不仅被认为有明显的身份特性、独特文化和生活方式，而且通常被贴上种族、民族、原始的、部落的、乡

---

① 何景明、李立华：《关于“乡村旅游”概念的探讨》，《西南师范大学学报》（人文社会科学版）2002 年第 5 期。

② 丁运超：《我国乡村旅游业的发展现状与前景》，《安徽农业科学》2009 年第 3 期。

③ 郭焕成、韩非：《中国乡村旅游发展综述》，《地理科学进展》2010 年第 12 期。

④ 姚海琴：《乡村旅游业发展对农村劳动力就业的影响研究》，博士学位论文，浙江大学，2014 年。

⑤ 吴必虎、余青：《中国民族文化旅游开发研究综述》，《民族研究》2000 年第 4 期。

⑥ 马晓京：《西部地区民族旅游开发与民族文化保护》，《旅游学刊》2000 年第 5 期。

下的或农民的标签[①]。光映炯指出民族旅游是旅游者通过对某一民族的独特文化或生活方式的参与、观察和体验，来实现其审美需求的过程[②]。杨昇等指出民族旅游是指旅游者前往少数民族的居住地区旅游[③]。邓永进认为，所谓民族旅游，就是人们以观赏、领略、感悟、探索民族文化、民族社区甚至民族共同体为主要目的的旅行和暂时逗留中所进行的物质与精神活动的总和[④]。崔玉范基于民族文化内涵和属性理解，指出民族旅游应该是以某一民族的部分文化成分（如显性的成分）、独特的生态环境或文化特征为资源，在维持其文化完整、保护生态环境的同时，以其民族文化保护发展为前提，以满足当地居民的利益和旅游者的消费需求为目的，由该民族民众参与的、使旅游者通过旅游来观察或体验不同文化和生活方式的、跨文化交际的活动[⑤]。刘晖认为，对游客而言，所谓民族旅游就是指游客被异域独特的自然生态和民族文化所吸引，而前往异文化人群去体验异域风情的一种短暂旅游经历[⑥]。吴忠军等认为民族旅游是以民族村寨或民族文化主题景区为旅游目的地，依托当地自然、人文和社会环境，以当地民族自身及其独特的民族文化为核心吸引力，为旅游者提供一种特殊难忘异质民族文化体验的旅游活动[⑦]。综上所述，民族旅游是以某一民族的特色民族风情、传统民俗文化以及原生态聚落环境为旅游资源，以保护民族文化和生态环境为前提，以满足本民族居民经济利益和游客需求为根本目的，由本民族居民参与的、使游客通过旅游来观察和体验不同的民族文化与生活方式的特殊旅游形式。

---

① ［美］爱德华·布鲁纳：《民族旅游：一个族群，三种场景》，李全敏译，载杨慧等《旅游、人类学与中国社会》，云南大学出版社 2001 年版，第 6—12 页。

② 光映炯：《旅游人类学再认识——兼论旅游人类学理论研究现状》，《思想战线》2002 年第 6 期。

③ 杨昇等：《近十年国内外民族旅游研究综述》，《广西民族大学学报》（哲学社会科学版）2008 年第 1 期。

④ 邓永进：《民族旅游研究》，南开大学出版社 2009 版，第 6—7 页。

⑤ 崔玉范：《赫哲族传统文化与民族文化旅游可持续发展研究》，博士学位论文，山东大学，2009 年。

⑥ 刘晖：《民族旅游开发与非物质文化遗产的保护和传承——以青海互助土族自治县小庄村为例》，《中南民族大学学报》（人文社会科学版）2013 年第 4 期。

⑦ 吴忠军等：《中国民族旅游研究》，旅游教育出版社 2015 年版，第 16 页。

（三）民族村寨旅游

罗永常指出民族村寨旅游是以少数民族乡村社区为旅游目的地，以目的地人文事项和自然风光为旅游吸引物，以体验异质文化，追求淳朴洁净，满足求新、求异、求乐、求知心理动机的旅游活动，它属于民俗旅游范畴，又具有乡村旅游和生态旅游的特征①。唐玲萍认为民族村寨旅游是基于民族旅游大范畴概念下的一种更为具象的旅游形式，并将其界定为一种以少数民族社区为旅游目的地，以人文景观（如建筑、服饰、饮食、节庆、礼仪）和自然景观为旅游对象，注重文化体验性的，兼具民俗旅游、乡村旅游和生态旅游特性的综合性旅游活动②。肖琼指出民族村寨旅游的目的地是在少数民族乡村社区，主要目标市场应定位为异族游客，民族文化性和民族性是民族村寨旅游的两大本质属性，也可以说民族村寨旅游属于乡村旅游和民族旅游的交叉型旅游方式③。李天翼认为民族村寨旅游是民族旅游的一种变体，是游客对于民族村寨社区的自然与文化进行的参观与访问，并强调异文化体验是民族村寨旅游的核心④。刘孝蓉从旅游产品的角度出发对民族村寨旅游进行界定，认为民族村寨旅游是以乡村风光为基础，以民族文化为主要吸引物的一种特殊的乡村旅游形式，并进一步指出乡村是体现乡村人地和谐智慧所创造的人文景观与自然景观的组合，民族村寨旅游既是乡村旅游，也是民族旅游，是乡村旅游与民族文化旅游的结合体，组合的资源优势使其优于一般的乡村旅游目的地和民族旅游目的地⑤。尽管上述定义的表述有所不同，但是都传递了以下几点信息：第一，民族村寨旅游的核心吸引物是民族文化；第二，民族村寨旅游兼具乡村旅游和民族旅游的特性；第三，民族村寨旅游是以少数民族特色村寨作为旅游目的地的。因此，

---

① 罗永常：《民族村寨旅游发展问题与对策研究》，《贵州民族研究》2003 年第 2 期。

② 唐玲萍：《少数民族地区旅游发展与社区参与的互动研究》，《玉溪师范学院学报》2006 年第 2 期。

③ 肖琼：《我国民族旅游村寨研究综述》，《西南民族大学学报》（人文社科版）2009 年第 6 期。

④ 李天翼：《镇山村“家庭主导型”民族村寨旅游开发模式成因分析》，《安徽农业科学》2011 年第 17 期。

⑤ 刘孝蓉：《文化资本视角下的民族旅游村寨可持续发展研究》，博士学位论文，中国地质大学，2013 年。

民族村寨旅游是以民族村寨作为旅游目的地，以当地特色民族文化与多姿多彩的民俗风情作为核心吸引物，以满足游客追求异质文化体验的一种旅游产品，它既是一种特殊的乡村旅游，又具备民族旅游的特性。乡村旅游、民族旅游和民族村寨旅游之间的关系在于：民族旅游与民族村寨旅游都是以民族文化生态环境为背景，以独特的民族文化为核心吸引物所开展的异质文化体验活动。所不同的是，民族旅游既可发生在民族村寨，也可依托村寨以外的民族文化博物馆或主题性的民俗文化村来进行。而民族村寨旅游则主要依托民族村寨这一载体来进行。至于乡村旅游与民族村寨旅游之间的关系，我们认为，民族村寨旅游是一种特殊的乡村旅游，是发生在民族地区的乡村旅游。它与一般乡村旅游比较起来，更具有民族特色，其文化更稳定、更鲜活、更具有吸引力。

第二节　理论基础

一　可持续发展理论

可持续发展思想最早可以追溯至20世纪60年代，第三次科技革命以来，世界经济飞速增长，但“全球范围内开始出现环境污染、人口增长、资源不足等严重威胁人类生存的问题”①。1962年，美国生物学家蕾切尔·卡逊发表的《寂静的春天》引起了社会公众对环境污染问题的广泛关注，各国政府开始重视环境保护问题并成立各种环境保护组织②。1972年，罗马俱乐部发表的报告《增长的极限》敲响了对“传统西方世界不惜破坏生态环境而沉溺于经济增长发展模式”③ 的警钟，“人类开始产生自我危机意识，越发注重资源、环境、人口与经济间的协调发展，理论界也开始系统地探讨可持续发展理论”④。至此，可持续发展逐渐成为当时社会的主流思想。1984年美国学者维斯在社会选

---

① 王秀芬：《可持续发展由来与涵义研讨之述评》，《内蒙古社会科学》（汉文版）2000年第4期。

② ［美］莱切尔·卡逊：《寂静的春天》，科学出版社1979年版。

③ 牛文元：《中国可持续发展的理论与实践》，《中国科学院院刊》2012年第3期。

④ 罗守贵、曾尊固：《可持续发展研究述评》，《南京大学学报》（哲学·人文科学·社会科学版）2002年第2期。

择和公平分配理论的基础之上，提出了代际公平理论，该理论成为可持续发展理论的理论基石[①]。1987 年，世界环境与发展委员会发布的《我们共同的未来》将可持续发展定义为："既能满足当代人的需要，又不会对后代人满足其需要的能力构成危害的发展"[②]，该定义系统地阐述了可持续发展的思想，并被理论界广泛接受和引用。"旅游可持续发展以可持续发展理论作为理论基础[③]，它强调旅游业在获取经济效益的同时还要注重社会、环境、文化等方面的协调发展。"[④] 1990 年，全球可持续发展会议提出并制定了《旅游业可持续发展行动战略》，该文件指出"实现可持续性旅游，既要在发展中保障未来的增长机会，也要满足当下人们对旅游的需求，而在当下和未来的旅游过程中，要协调好人文、资源、社会、生态等各方面的关系"[⑤]。1995 年，世界旅游可持续发展会议提出并通过了《旅游可持续发展宪章》《旅游可持续发展行动计划》两项决议，表明"旅游业的发展将以可持续发展为主导模式"[⑥]。世界旅游组织将旅游可持续发展定义为"既要能满足当前旅游目的地与旅游者的需要，同时又要能够满足未来旅游目的地与旅游者的需要"[⑦]，它以旅游产业的长期发展为目标，同时强调在旅游发展过程中的文化完整性、生态持续性、生物多样性和生命支持系统的完备性[⑧]。

大量事实表明，民族村寨旅游的开发能够有效促进村寨当地经济社会的发展，改善当地居民的生活状况与物质条件。但民族村寨旅游在其发展过程中也存在诸多问题，如文化传承问题、环境保护问题、资源利用问题、利益分配问题等，致使许多民族村寨在历经短暂的繁荣后迅速

---

① Edith Brown Weiss, "The Planetary Trust: Conservation and Intergenerational Equity", *Ecology Law Quarterly*, Vol. 11, No. 4, January 1984.

② 方行明等:《可持续发展理论的反思与重构》,《经济学家》2017 年第 3 期。

③ 王富玉:《可持续旅游的理论与实践》,《管理世界》1999 年第 4 期。

④ 王洁:《旅游业可持续性发展理论与西部旅游发展对策》,《求实》2004 年第 4 期。

⑤ 王彩霞:《基于居民感知的少数民族特色村寨旅游发展实证研究》，硕士学位论文，西北师范大学，2019 年。

⑥ 林龙飞:《环境哲学与旅游可持续发展理论研究综述》,《求索》2006 年第 10 期。

⑦ 杨媛媛:《基于文化传承视角的三宝千户侗寨旅游可持续发展研究》，硕士学位论文，华北水利水电大学，2018 年。

⑧ 向明:《基于社区居民感知与态度的民族村寨旅游发展研究》，硕士学位论文，陕西师范大学，2008 年。

走向衰败。旅游可持续发展理论强调经济、社会、文化与环境等多个方面的协调发展，民族村寨旅游要突破发展“瓶颈”，解决眼下存在的种种问题，就要遵循可持续发展理论的指引，坚持走可持续发展道路。具体来讲，就是要以可持续发展理论作为理论基石，以村寨自然生态环境和自然、人文旅游资源的可持续利用为前提，以民族村寨旅游产业的持续、健康发展为主要目标，以村寨当地经济、社会、文化和环境的协调发展为根本宗旨，以充分保障各个利益主体、当代人与后代人之间利益分配的相对公平为核心内容的旅游发展模式。

可持续发展理论和旅游可持续发展理论为本书研究提供了重要的理论指导。一是可以用可持续发展的理论来分析和研判民族村寨旅游发展的现状和存在的主要问题，看其是否符合和遵循可持续发展的标准与要求；二是可以用可持续发展的思想和理论来分析和揭示民族村寨旅游可持续发展的内在诉求和外显标志，从而把握和制定民族村寨旅游可持续发展的方向与目标；三是可以用可持续发展的思想或理论，分析和揭示民族村寨旅游可持续和非可持续发展的诸多影响因素，进而在分析和把握影响民族村寨旅游可持续发展的动力及动力因子、阻力及阻力因子的基础上，构建民族村寨旅游可持续发展的动力系统及动力机制模型。可以说，可持续发展理论是指导本书研究的基本理论。

二　系统论

系统论由美籍奥地利理论生物学家 L. V. 贝塔朗菲所创立。1934 年，贝塔朗菲发表了《现代发展理论》一文，提出“有机体系统论”，首次将系统思想应用于有机生命体研究。1937 年，贝塔朗菲在芝加哥大学学术研讨会上正式提出了一般系统论原理，奠定了系统论的理论基础，随后又于 1945 年公开发表论文《关于一般系统论》。但由于各种原因一直到 1948 年后，系统论原理才逐渐受到学术界的重视。1968 年，贝塔朗菲出版的专著《一般系统理论基础、发展和应用》被公认该门学科的代表作，正式确立了系统论的学科地位①。系统论认为“系统是由若干个要素以一定的结构形式相互联结、相互作用而形成的具有

① 曹希敬：《系统论视角下的科研项目管理研究》，《科研管理》2020 年第 9 期。

一定功能的有机整体”①。“系统论的基本属性和主要特征包括整体性、动态性、关联性、层次性以及目的性五个方面。”② 系统论的核心思想是强调系统的整体性。贝塔朗菲指出，“任何系统都是一个有机的整体，而不是各要素间的简单拼凑和机械组合”③，“系统的整体功能是各个要素孤立状态下无法实现的，也并非是各个要素相互叠加的总和”④，系统的整体功能作用通常大于各个要素功能和作用的简单相加。贝塔朗菲指出，实际存在的系统都属于开放系统，而动态性是开放系统的必然表现。系统的动态性强调系统会随着时间和空间的变化而处于不断运动变化之中。一方面，系统的层次结构会随着时间的变化而不断变换；另一方面，“任何系统都与外部环境和其他系统之间存在着相互关联，持续着动态变化的过程”⑤。系统的关联性则表现为系统的各个要素之间是相互关联、相互作用的。“任何一个要素发生变化都可能会引起其他要素甚至整个系统的变化，而一个要素的变化也依赖于其他要素或者整个系统的变化。”⑥ 系统的层次性是指系统的各个要素之间存在不同特征和功能作用，会根据自身属性的差异性形成不同的结合方式，从而形成系统的结构层次关系。系统的目的性认为系统是遵循某种有序的发展趋势或预先设定的目标状态动态变化。任何系统都具有目的性，采用一定的方法和手段来优化系统，能够使其最大程度发挥功能和达到目标。系统论作为一门研究性学科，其基本思想便是将研究对象看作一个整体，即一个系统来进行研究，“分析该系统的层次结构与功能作用，梳理和把握系统整体、各个要素以及所处环境三者之间的相互关系与运行规律，从而达到系统优化的目的”⑦。

---

① ［美］贝塔朗菲：《一般系统论基础发展和应用》，清华大学出版社 1987 年版。

② 万维维：《基于系统论的新疆乡土地理教学资源开发研究》，硕士学位论文，石河子大学，2020 年。

③ 王文倩：《甘肃省连片贫困地区地域分异特征下的贫困影响因子分析》，硕士学位论文，兰州大学，2019 年。

④ 蔡菲：《中美医院信息公开体系研究》，硕士学位论文，华中科技大学，2017 年。

⑤ 胡艳华：《系统论方法在思想政治教育中的应用》，硕士学位论文，遵义医学院，2012 年。

⑥ 郭绍均：《系统学理论在思想政治教育中的应用研究》，硕士学位论文，兰州大学，2014 年。

⑦ 霍绍周：《系统论》，科学技术文献出版社 1988 年版。

系统论的整体性、动态性、关联性、层次性以及目的性特点在民族村寨旅游中均能体现。民族村寨旅游是由村寨旅游资源、各个利益主体、村寨环境等各个要素按照一定的原则和结构层次所构成的功能整体，且各个要素之间存在普遍的相互关联性，其本身就是一个复杂的系统。民族村寨旅游在发展过程中，还要根据实际发展状况和市场需求的不断变化作出动态调整。例如，更新发展理念、调整发展模式、产品升级换代等，其主要目的在于追求旅游业的健康、持续的发展。因此，系统论的原理和方法可以作为民族村寨旅游开发的理论依据和实践指导。而对民族村寨旅游可持续发展动力机制的探讨，更要遵循系统论的研究思想，从整体视角来分析民族村寨旅游可持续发展动力机制的运行机理，掌握系统整体与各个要素之间相互关联、相互作用的特点和规律，并据此调整系统结构，有序配置要素，在体现各个要素独立作用的同时，充分发挥系统的整体功能，从而构建切实可行、合理有效的民族村寨旅游可持续发展动力系统。

三 生命周期理论

“生命周期”一词来源于生物学，是指生命体由生到死的动态演化过程。随后，此概念被引用至社会学、经济学、管理学等诸多学科领域，用以描绘各自学科领域内所关注的研究对象发生的类似的变化过程[①]。1966 年，哈佛大学教授雷蒙德·弗农首次提出了产品生命周期理论，即描述产品从“摇篮到坟墓”的过程，该理论认为产品进入市场后会经历导入、成长、成熟、衰退四个周期[②]，且认为产品生命周期的各个阶段通常以销售额、利润额的变化来衡量，并据此来研究产品的营销策略以及如何通过优化营销策略提高产品的盈利能力[③]。旅游生命周期理论则是产品生命周期理论在旅游学科上的沿用和演化，理论界对于旅游生命周期的提法尚不统一，主要表现为旅游产品生命周期理论和旅游地生命周期理论。典型的旅游产品生命周期理论一般认为无论旅游产

---

① 张运生：《旅游产品生命周期理论研究》，硕士学位论文，河南大学，2006 年。

② 杨磊：《基于产品生命周期理论的济南植物园营销策略研究》，硕士学位论文，山东建筑大学，2019 年。

③ 韩娜：《青山关景区旅游产品生命周期分析及结构优化研究》，硕士学位论文，燕山大学，2013 年。

品具有何种特殊属性，都需要通过市场来体现其价值，并依据市场的需要来调整其产品结构和营销策略[①]，因此也会经历上述四个阶段，且通常以接待游客人次和旅游收入来衡量阶段变化。此外，2017 年，张城铭等学者通过分析美国十大公园客流人数指出旅游产品生命周期阶段包括三个类型，即标准型、断崖型和跳跃型[②]。理论界高度认可并广泛运用的旅游地生命周期理论是由查德·巴特勒在 1980 年所提出的，他认为旅游地生命周期存在六个阶段，包括早期探险、参与阶段、发展阶段、巩固阶段、停滞阶段、衰退或复苏阶段[③]。实践经验表明，民族村寨旅游的发展遵循着生命周期理论所指出的阶段性规律，且每个时期的阶段性特点和所面临的问题也各不相同。只有通过生命周期理论的指导，对民族村寨旅游的发展趋势做出正确的认识，研判其发展阶段和找到该阶段的核心问题，并依据该阶段的主要特征和限制因素调整发展模式和市场策略，才能有效保障民族村寨旅游的稳定发展。尤其是在民族旅游村寨旅游稳定发展一定时期后，随着政策法规、市场需求的变化以及产品的老化，民族村寨旅游可能会陷入停滞、衰退阶段。此时，要求我们以敏锐的眼光，密切关注和洞察民族村寨旅游发展衰退的征兆与迹象，并采取得力措施，不失时机地实行民族村寨旅游产品的升级换代或转型升级，以保证民族村寨旅游可持续发展。

四　利益相关者理论

作为对传统“股东利益至上”思想的挑战[④]，利益相关者理论在 20 世纪 80 年代以后迅速扩大其影响力，并广泛运用于公司治理当中[⑤]。利益相关者思想最早出现在 20 世纪 30 年代。1932 年，伯利和米恩施在其编著的《私有财产与现代公司》一书中提出了以企业所有者为一

① 杨磊：《基于产品生命周期理论的济南植物园营销策略研究》，硕士学位论文，山东建筑大学，2019 年。

② 张城铭等：《基于 Logistic 模型对 TALC 模型各阶段的定量划分——兼论美国十大国家公园的旅游生命周期模式》，《旅游学刊》2017 年第 6 期。

③ 覃江华：《旅游地生命周期研究综述》，《中南民族大学学报》（人文社会科学版）2005 年第 1 期。

④ 付俊文、赵红：《利益相关者理论综述》，《首都经济贸易大学学报》2006 年第 2 期。

⑤ 楚永生：《利益相关者理论最新发展理论综述》，《聊城大学学报》（社会科学版）2004 年第 2 期。

方和控制者为另一方的所有权与控制权分离的思想，并认为所有者和控制者之间会形成一种新的关系，涉及公司参与人、股东、债权人等①。20 世纪 60 年代，斯坦福研究所学者首次提出"利益相关者"一词并对其进行定义，随后"利益相关者"受到管理学、社会学、法学等领域学者的关注，在理论研究方面取得了较大的发展②。1984 年，费里曼在其《战略管理：利益相关者方法》一书中给出利益相关者的经典定义，即利益相关者是指"任何一个影响公司目标完成或受其影响的团体或个人，包括员工、客户、供应商、股东、银行、政府以及能够帮助、损害公司利益的其他团体"③。民族村寨旅游的发展过程也是当地政府、旅游企业、社区居民以及游客等多个利益主体的相互作用的过程，这些重要的利益主体之间诉求和权益各不相同却又息息相关。当前，民族村寨旅游发展常常重视政府和旅游企业的利益，而往往忽视了当地村民的利益，处于弱势的村民无处说理，往往会产生过激的反应，这为民族村寨旅游持续发展留下隐患。因此，在民族村寨旅游发展过程中，要充分考虑这些重要利益相关主体的利益诉求，并通过有效的体制机制，协调和解决不同利益相关者之间的矛盾与冲突，从而为民族村寨旅游发展创造新的动能与和谐友好的社区环境。

五　产权理论

产权理论可分为马克思产权理论和新制度经济学产权理论两大主要流派。马克思产权理论就产权的起源、实质和内容做了深入的剖析，其核心内容主要包括：①产权是所有制的法律表现形式；②财产和产权属于历史的范畴，不同的历史状态可以采取不同的形式；③产权存在不同性质的第一规律和第二规律；第一规律是商品生产的产权规律，第二规律是资本主义生产的产权规律，第二规律是由第一规律转变而来的；④产权是由所有权、占有权、使用权、经营权、索取权和继承权等权利组成的权利束，可以统一，也可以分离；⑤所有权是基础性的权利，在

---

① 陈宏辉：《企业的利益相关者理论与实证研究》，博士学位论文，浙江大学，2003 年。

② 丁政钧：《HSL 旅游公司景区经营中利益相关者协调机制构建研究》，硕士学位论文，安徽大学，2019 年。

③ ［美］Freeman，R. E.，*Strategic Management：A Stakeholder Approach*，Cambridge University Press，2010.

产权结构中具有决定性意义；⑥社会的物质生产力发展到一定阶段，便同它们一直在其中活动的现存生产关系或财产关系发生矛盾，于是这些关系便由生产力的发展形式变成生产力的桎梏[①]。新制度经济学产权理论的奠基者和杰出代表是诺贝尔经济学奖得主罗纳德·H. 科斯，1937年，科斯在其经典论文《企业的性质》中首次将交易费用概念引入经济研究，并以此奠定了他新制度经济学产权理论创始人的地位[②]。在此之后，科斯于1960年在其《企业的性质》一文中探讨了关于“外部性”的问题，全面分析了产权明晰化在市场运行中的重要作用，指出产权的经济功能在于克服外部性，降低社会成本，从而在制度上保证资源配置的有效性[③]，后来，美国经济学家乔治·施蒂格勒在其《价格理论》中，将科斯的研究内容命名为科斯定理[④]。继科斯的相关研究之后，产权问题又相继得到威廉姆森、阿尔钦、德姆塞茨和诺斯等学者的进一步研究，并逐渐形成了以交易成本为基本概念，以科斯定理为核心内容，以分析产权制度和经济效率之间关系为主的较为完整的产权理论体系[⑤]。由此，理论界也产生了对于产权的多种认知和界定。菲吕博腾指出，产权不是关于人与物之间的一些关系，而是由于物的存在和使用而引起的人们之间的一些被认可的行为性关系[⑥]。德姆塞茨指出产权是包括一个人或其他人受益受损的权利，产权是界定人们如何受益及如何受损，因而谁必须向谁提供补偿以使他修正人们所采取的行动[⑦]。阿尔钦认为产权是一个社会所强制实施的选择一种经济品的适用的权利，私有产权是对必然发生的不相容的使用权进行选择的权利分配[⑧]。我国经

① 周明生等：《马克思与科斯产权理论在中国改革进程中的运用》，《江海学刊》2009年第1期。

② 屈斐：《西方产权理论研究综述》，《知识经济》2013年第6期。

③ 吴宣恭：《马克思主义产权理论与西方现代产权理论比较》，《经济学动态》1999年第1期。

④ 王凯军：《现代西方产权理论研究综述》，《合作经济与科技》2015年第20期。

⑤ 王兆峰、杨琴：《基于产权理论的民族文化旅游产业品牌发展研究》，《贵州民族研究》2010年第1期。

⑥ 吴忠军、潘福之：《基于产权理论的乡村旅游与农民增收研究——以贵州天龙屯堡为例》，《广西师范大学学报》（哲学社会科学版）2014年第1期。

⑦ 贾娜：《产权理论研究综述》，《法制与社会》2010年第21期。

⑧ 沈建芳、姚华锋：《关于产权理论的研究综述》，《沿海企业与科技》2005年第5期。

济学家刘诗白在其著作中指出，财产权即产权，是主体所拥有的对物和对象的最高的、排他的占有权[①]。所谓产权，即以财产所有权为主体的一组权利集合，这个集合包括了支配权、收入分配权、使用权、经营决策权、经营监督权、转让权、剩余索取权等权利。另有学者将使用权、转让权、经营权合并为控制权，进而将产权分解为所有权、控制权和收益权，即产权是包括所有权、控制权以及收益权在内的一组权利束[②]。

在民族村寨旅游的发展过程中，一方面由于我国许多村寨公共资源的产权结构复杂，另一方面由于大部分村民文化水平较低，法律意识淡薄，对于很多本该属于村寨集体所有的公共资源认识有限，因而造成许多村寨居委会在未征求当地村民同意的情况下，将许多公共资源，诸如土地、自然生态资源和民族文化等，无偿给予或低价转让给了旅游投资商，致使当地村民在民族村寨旅游发展伊始便处在了一个弱势地位，在后续发展过程中很多本该属于他们的利益也被剥夺。有权利才有利益，明确责任义务才能实现良好的利益分享。产权理论对于我们进一步明晰民族村寨旅游中各个利益主体的权利和义务，尤其是保障当地居民的正当的参与权利，并获得公平的利益分享具有重要的理论指导意义。

六 增权理论

增权理论源自西方，也被称作赋权、激发权能理论等，一直以来都受到各界学者的青睐，是社会学、政治学、教育学等众多学科领域的热门议题[③]。1976 年，所罗门在《黑人的增强权能：被压迫社区里的社会工作》一书中首次提出了增权理论，该著作也标志了增权取向实践在社会工作中的诞生[④]。该书描述了美国社会中黑人种族因长期遭受优势群体与社会环境的负面评价和歧视，感到深切的无力感，因而建议社会工作的介入应致力于增强黑人种族的权利，以解除社会中的“制度性种族主义”所加诸的压迫和疏离，并增进个人的自我效能与社会改革

---

① 屈斐：《西方产权理论研究综述》，《知识经济》2013 年第 6 期。

② 邓辉、刘素：《民族村寨旅游中社区参与状况的调查与思考——基于武陵山区两个民族旅游村寨的比较研究》，《中南民族大学学报》（人文社会科学版）2017 年第 1 期。

③ 周林刚：《激发权能理论：一个文献的综述》，《深圳大学学报》（人文社会科学版）2005 年第 6 期。

④ 何敏：《基于增权理论的民族旅游地区贫困人口受益机制研究》，硕士学位论文，西南科技大学，2015 年。

的力量[①]。齐默尔曼指出，增权是指通过外部的干预和帮助而增强个人的能力和对权利的认识，以减少或消除无权感的过程。其最终目的是指向获取权力的社会行动及其导致的社会改变的结果[②]。苗涛认为，增权并不是赋予案主权力，而是挖掘或激发案主的潜能，增权取向承认案主是积极的主体，个人或群体拥有的权力是变化和发展的，无权或弱权的地位可以通过努力得到改变[③]。谭双英在其硕士论文中指出，增权是一种以无权、去权的个人或群体为服务对象采取各种举措，引导其积极乐观面对事务，提高其能力，赋予其权利，消除其无权感的增权过程[④]。在旅游增权方面，阿卡玛在研究肯尼亚生态旅游的过程中，指出了增权对当地社区居民的重要性，并首次提出了旅游增权的概念[⑤]。思彻文斯正式将旅游增权引入旅游研究当中，明确指出旅游增权的受体应当是目的地社区[⑥]，并构建了政治、经济、心理与社会增权四维框架。我国旅游研究者对思彻文斯的观点普遍认同，并将增权四维框架广泛应用于旅游研究当中[⑦]。随后，索菲尔德在其所著的《增权与旅游可持续发展》一书中，进一步深化了旅游增权的概念[⑧]。2008 年，左冰、保继刚将旅游增权引入国内的旅游研究当中，引起了国内学者对旅游增权的广泛关

① 周会敏：《增权理论与传统社会工作理论之比较与反思》，《东华大学学报》（社会科学版）2008 年第 4 期。

② Zimmerman, M. A., "Taking Aim on Empowerment Research: On the Distinction between Psychological and Individual Conceptions", *American Journal of Community Psychology*, Vol. 18, No. 1, February 1990, pp. 169-177.

③ 苗涛：《农村隔代家长的陪读困境及小组工作的介入》，硕士学位论文，山东大学，2016 年。

④ 谭双英：《基于增权理论的三亚西岛渔村旅游发展对策研究》，硕士学位论文，海南热带海洋学院，2019 年。

⑤ Akama, John S., "Western Environmental Values and Nature-based Tourism in Kenya", *Tourism Management*, Vol. 17, No. 8, December 1996.

⑥ 罗永常：《合理增权、有效参与与利益协调——基于多理论场域的民族村寨旅游发展再思考》，《贵州民族研究》2020 年第 8 期。

⑦ 丁敏、李宏：《旅游社区增权理论研究综述》，《首都师范大学学报》（自然科学版）2016 年第 3 期。

⑧ 吕秋琳：《增权理论视角下社区参与乡村旅游可持续发展研究》，硕士学位论文，山东大学，2012 年。

注，不少学者也由此纷纷踏入了相关研究领域当中①。

在民族村寨旅游发展过程中，当地村民无权的状况普遍存在。首先，村民在旅游发展过程中，长期处于弱势群体，参与旅游发展的层次低，没有参与旅游开发和管理的决策权，甚至没有建议权和知情权；其次，由于民族村寨地理位置偏僻，可进入性低，经济发展滞后，村民所拥有的经济和物质基础差，即使在旅游开发后村民收入和生活水平有所改善，但相比我国东部地区仍然有较大差距；再次，民族村寨旅游的核心竞争力在于民族文化。民族村寨旅游开发的初衷之一也是保护和弘扬特色民族文化。然而，在实际发展过程中，在外来文化的冲击之下，结果往往是本土文化逐渐趋同于外来文化，反映了当地村民的文化自信心和自豪感十分孱弱；最后，由于当地村民文化程度较低，认识水平有限，观念也相对落后，单凭自身的能力不足以担当民族村寨旅游的发展大任。科学合理的旅游增权，就成为破解这一现实难题，确保村民有效参与村寨旅游的重要途径。因此，增权理论对于我们把握民族村寨旅游中当地居民的无权、缺权状况，判断造成这种问题的原因以及如何通过增权来改变这种状况，充分克服和抵御旅游发展过程中的种种问题和风险，有效推动民族村寨旅游可持续发展具有重要的指导意义。

七　推拉理论

推拉理论是社会人口学领域用以分析人口迁移原因和把握人口流动规律的重要理论。推拉理论最早可追溯至 19 世纪 80 年代，英国社会学家和经济学家雷文斯坦提出的人口迁移七大规律②。美国学者巴格内指出，人口迁移的根本目的是改善生活条件。人口迁移是由推力和拉力两个方面作用而成，即推动人们迁出当前居住地的不利的生活条件和拉动人们迁入该地的有利的生活条件③。随后，英国学者李在此基础上进一步完善了推拉理论，认为在巴格内所提出的推力和拉力的基础之上，同

---

① 左冰、保继刚：《从“社区参与”走向“社区增权”——西方“旅游增权”理论研究述评》，《旅游学刊》2008 年第 4 期。

② Ravenstein, E. G., “The Laws of Migration”, *Journal of the Statistical Society of London*, Vol. 48, No. 2, June 1885.

③ 侯宇阳：《山东省 G 县 Y 镇农民宅基地换楼意愿研究》，硕士学位论文，中国地质大学（北京），2019 年。

时还存在介于两者之间的中间障碍因素诸如距离远近、物质障碍、语言差异以及移民本人对于以上这些因素的价值判断等①，人口迁移的发生是推力、拉力以及中间障碍三个因素综合作用的结果②。美国旅游学家戴恩首次将推拉理论引入旅游研究当中，并提出了旅游驱动因子理论。该理论认为，旅游是由内外因素共同作用产生的，即内部生理需求形成的旅游愿望和外部吸引因素引发的旅游动机③。民族村寨旅游可持续发展的有效动力系统，同样遵循“推力、拉力以及中间障碍三因素综合作用”的规律，即推动民族村寨旅游发展的内驱力，诸如特色民族文化、优质生态环境等；拉动民族村寨旅游可持续发展的外部拉力，如市场拉动、政府支持等；此外，还有介于两者之间的阻碍因素，如观念落后、文化利用不当等方面的限制民族村寨旅游可持续发展的不利因素。推拉理论对于我们从村寨内外和中介环境等方面分析和揭示民族村寨旅游可持续发展的各种动力和阻力，并进而探寻其有效动力具有重要的指导意义。

---

① Everett S. Lee，“A Theory of Migration”，*Demography*，Vol. 3，No. 1，January 1966.

② 孙田雨：《推拉理论视角下的“洋高考”热研究》，硕士学位论文，华中师范大学，2019 年。

③ 张振晓：《基于推拉理论的俄罗斯游客来琼旅游影响因素研究》，硕士学位论文，海南大学，2019 年。

第三章

民族村寨旅游发展现状及可持续发展的必要性

民族村寨旅游作为振兴民族地区经济社会发展的重要突破口和主要抓手，在帮助农民脱贫致富、带动相关产业快速发展、缩小城乡之间差距等方面发挥了重要作用[①]。但同时也带来了一些负面影响，如村寨环境遭到破坏、民族文化衰落、价值观退化和传统社会结构解体等，如不妥善加以解决，不仅将严重制约民族村寨旅游未来发展，而且还有可能会加剧传统村落的消失。因此，了解和把握民族村寨旅游发展的现状，进而探讨民族村寨旅游可持续发展的必要性，对于提高人们对民族村寨旅游可持续发展的认识，自觉探寻民族村寨旅游可持续发展的新路子具有重要意义。

第一节　可持续发展理论与旅游可持续发展

一　可持续发展理论的提出与发展

可持续性发展思想的产生与人类社会的生产活动息息相关。早在春秋战国时期（公元前 770—前 221 年），我们的祖先就产生了朴素的可持续发展的思想，如孟子的“竭泽而渔”、管仲的“童山竭泽者”、老子的“天人合一”等，都在一定程度上主张对有限的自然资源进行可

① 黄萍、王元珑：《创建四川民族文化生态旅游可持续发展模式研究》，《西南民族大学学报》（人文社会科学版）2005 年第 8 期。

持续利用[①]。但可持续发展作为一个较完整的思想体系和科学理论，其形成过程则始于20世纪60年代，源于人类对经济增长与环境保护问题的关注与重视。西方工业革命期间，由于大量使用机器和消耗能源，人类在提高生产效益的同时也造成了对环境的破坏。频发的“公害事件”以及遍及全球的生态破坏和环境污染直接危及到了人类的生存和发展，人们逐渐意识到经济发展问题不可能独立于环境问题，呼吁改变以牺牲生态环境为代价的经济增长模式，保护自然、保护人类[②]。

在可持续发展思想形成中，有两本书起着至关重要的作用。一本是美国生物学家R. 卡逊1962年所著的《寂静的春天》。作者从污染生态学的角度，揭示了环境污染对生态系统的影响，提出了现代生物学所面临的污染生态问题，唤起了人们的环境意识、生态意识。另一本是1972年由罗马俱乐部出版的《增长的极限》，报告警示性地罗列了经济增长所引发的种种环境和资源问题，明确将环境问题及相关经济、社会问题提高到“全球性问题”的高度，使人们对环境资源问题的认识上升到发展方式和发展道路的层次上[③]。

1972年在瑞典首都斯德哥尔摩举行的联合国人类环境大会是联合国历史上首次讨论保护人类环境的会议，也是国际社会就环境问题召开的第一次世界性会议，标志着人类对环境问题的觉醒。会议主要成果体现在两个文件上，一是由美国学者巴巴拉·沃德（Barbara Ward）和雷内杜博斯（Rene Dubos）起草的《只有一个地球》，把人类生存与环境的认识推向一个新境界——可持续发展的境界；二是大会通过的《联合国人类环境宣言》，宣言中指出“为了当代人和后代人，保护和改善人类环境已经成为人类迫切的目标，它必须同世界经济与发展这个目标同步协调地发展”，从宣言中可以看出实施环境可持续发展的观点[④]。

1980年由世界自然保护联盟（IUCN）、联合国环境规划署（UNEP）、野生动物基金会（WWF）共同发表的《世界自然保护大纲》，从

① 胡海军：《基于可持续发展理论的乡村旅游发展模式及策略研究》，硕士学位论文，浙江海洋学院，2015年。

② 参见张建萍《生态旅游理论与实践》，中国旅游出版社2001年版。

③ 参见张建萍《生态旅游理论与实践》，中国旅游出版社2001年版。

④ 参见张建萍《生态旅游理论与实践》，中国旅游出版社2001年版。

生态学角度首次正式提出可持续发展的概念，到1987年联合国环境与发展委员会向联合国大会提交的报告《我们共同的未来》中对“可持续发展”一词进行了具体的定义：“可持续发展是既满足当代人的需求，但又不损害后代人满足其需求的能力。”①

1992年在巴西里约热内卢召开的联合国环境与发展大会是可持续发展史上具有重要意义的一年。会议通过了《里约环境与发展宣言》《21世纪议程》《关于森林问题的框架声明》以及国际公约《气候变化框架公约》《生物多样性公约》，不仅进一步明确了经济发展与环境保护之间的联系，还标志着可持续发展思想达成全球共识并在各国取得合法性以及最高级别的政治承诺②。为贯彻联合国环境与发展大会精神，1994年国务院第十六次常务会议讨论通过了《中国21世纪议程——中国21世纪人口、资源与发展白皮书》，该议程是中国的“可持续发展纲领”，也是世界上第一个出台的国家级“21世纪议程”③。至此，可持续发展思想经过不断的实践发展趋于成熟，并得到世界各国的普遍认可与接受，在环境发展上切实采取实际行动，可持续发展已经由理念、文字转化为具体的行动，各行各业均展开了对可持续发展理论的现实实践④。

二 可持续旅游发展理论

可持续旅游是可持续发展理论在旅游业中的具体实践，它起源于公众对旅游环境影响的认知。近年来，随着旅游业的快速发展，对社会、环境、经济等方面的负面影响日趋凸显。对资源的掠夺性开发，对景区的粗放式管理，对旅游经济效益的盲目追求，对旅游环境的污染破坏等都给旅游业的发展带来严重后果。旅游业的生存与发展在高度依赖资源、环境的同时又会对资源、环境造成破坏，影响旅游目的地的可持续发展。如何保持旅游业的健康发展成为人们思考的重要难题，必须设法

① 杨传鸣：《基于旅游感知的黑龙江省森林旅游可持续发展研究》，博士学位论文，东北农业大学，2017年。

② 张美英：《区域旅游可持续发展及其评价研究》，博士学位论文，中国科学院研究生院（广州地球化学研究所），2006年。

③ 杨传鸣：《基于旅游感知的黑龙江省森林旅游可持续发展研究》，博士学位论文，东北农业大学，2017年。

④ 徐福英：《滨海旅游可持续发展的基本框架与典型类型研究》，博士学位论文，青岛大学，2015年。

加以解决，在这种背景下，旅游业的可持续发展思想开始产生。可持续旅游的概念是在 1989 年荷兰海牙召开的各国议会旅游大会上首次正式明确提出的，到 1990 年，在加拿大召开的全球可持续发展大会明确提出了可持续旅游的基本理论框架与发展目标，较全面地反映了可持续旅游发展的行动纲领和基本内容[①]。到了 1995 年 4 月，联合国教科文组织、环境规划署、世界旅游组织和岛屿发展国际科学理事会在西班牙召开了“可持续旅游发展世界会议”，会议通过了《可持续旅游发展宪章》《可持续旅游发展行动计划》，对旅游可持续发展基本理论作了具体阐释，为世界各国推广和实施可持续旅游发展提供了一整套的行动准则和程序，标志着可持续旅游研究进入了实践性阶段[②]。1996 年 9 月，世界旅游组织、旅游理事会与地球理事会联合制定于 1997 年 6 月在联合国第九次特别会议上发布的《关于旅行与旅游业的 21 世纪议程：迈向环境可持续发展》用以指导世界各地旅游业发展，标志着可持续发展仍是旅游业未来发展的主题[③]。目前，对可持续旅游概念的定义有很多，但缺乏统一认识。国际上比较权威的可持续旅游发展定义主要有三个：一是《可持续旅游发展行动战略》草案中对可持续旅游发展概念的定义，即在保持和增强未来发展机会的同时，满足外来游客和旅游接待地区当地居民的需要，在旅游发展中维护公平，是对各种资源的指导，以使人们在保护文化的完整性、基本生态过程、生物多样性和生命维持系统的同时，完成经济、社会和美学需要[④]。二是世界旅游组织（WTO）的定义，1993 年世界旅游组织出版了《旅游与环境》丛书，其中《旅游业可持续发展——地方旅游指南》一书中对旅游可持续发展下的定义是“指在维持文化完整、保持生态环境的前提下，满足人们日益增长的经济、社会和审美要求。它既能为今天的主人和客人提供生计，又能促进与保护后代人的利益并为其提供同样的机会”。该定义是对旅游可持续发展理念的进一步总结，不仅明确了旅游业发展目标，

① 顾涛：《中国民俗旅游的可持续发展研究》，硕士学位论文，广西师范大学，2002 年。

② 杨传鸣：《基于旅游感知的黑龙江省森林旅游可持续发展研究》，博士学位论文，东北农业大学，2017 年。

③ 顾涛：《中国民俗旅游的可持续发展研究》，硕士学位论文，广西师范大学，2002 年。

④ 李天元：《中国旅游可持续发展研究》，南开大学出版社 2004 年版。

指出了旅游业的本身特质，还确立了“主人”与“客人”代际公平发展的思想，对旅游可持续发展的国际认定具有重要的指导意义。三是1995年可持续旅游发展世界会议通过的《可持续旅游发展宪章》中所指出的：“可持续旅游发展的实质就是要求旅游与自然、文化和人类生存环境成为一个整体”，即旅游、资源、人类生存环境三者的统一，以形成一种旅游业与社会经济、资源、环境良性协调的发展模式[①]。

从以上定义可以看出，可持续旅游强调的是对资源利用的长期性、稳定性和公平性，它以代际公平与代内公平相统一的价值取向作为价值尺度，注重旅游资源利用的效率与公平。其含义包括了三个方面：第一，满足需要。发展旅游业首先是通过适度利用环境资源，实现经济创收，满足东道社区的基本需要，提高东道居民生活水平，并在此基础上，进一步满足旅游者对更高生活质量的渴望（如获取更多的度假机会），满足其发展与享乐等高层次需要。第二，环境限制。旅游与环境两者是相互联系的有机整体，旅游的发展必须考虑对环境的影响，克服那种以旅游资源的损耗和生态环境的恶化换取短期效益的盲目做法，必须做到旅游发展与环境保护和谐一致。第三，公平性。强调本代人之间、各代人之间应公平分配有限的旅游资源，旅游需要的满足不能以旅游区环境的恶化为代价，当代人不能为满足自己的旅游需求而损害后代公平利用旅游资源的权利[②]。

总之，可持续旅游是源于可持续发展的思想而提出的，要求人们在旅游业发展过程中，以长远的眼光从事旅游开发活动，确保旅游活动的开展不会超越旅游接待地区未来吸引和接待旅游者来访的能力。按照可持续发展和可持续旅游发展理论，民族村寨旅游开发，也必须要有战略的高度和长远的发展眼光，秉承可持续发展理念，不破坏村寨自然环境及民族文化的原生性和完整性，明确村寨自然和人文环境的承载力，并通过科学规划，实施保护性开发，以实现民族村寨旅游开发的经济、文化、社会和环境效益的有机统一，走旅游可持续发展之路。

---

① 李天元：《中国旅游可持续发展研究》，南开大学出版社2004年版。

② 张建萍：《生态旅游理论与实践》，中国旅游出版社2001年版。

第二节 民族村寨旅游发展的基本情况

一 发展历程

民族村寨旅游属于乡村旅游和民族旅游交叉型的旅游方式①，是民族地区的一种特殊乡村旅游。起始于改革开放，并伴随着乡村旅游的发展而不断发展，大体经历了起步成长、稳定提升和转型升级三个阶段。

（一）起步成长阶段（1978—1999 年）

严格意义上来讲，中国真正意义上的现代旅游业，始于改革开放。是改革开放触发了我国旅游业发展的神经，同时也拉开了民族地区旅游业发展的帷幕②。改革开放以后，为了让更多人了解少数民族文化和改善少数民族地区经济条件，许多民族村寨开始作为对外开放的试点村寨，接纳国内外游客。例如，20 世纪 80 年代初，贵州就首先选择了安顺的布依族石头寨、黔东南的上朗德、青曼、西江苗寨、麻塘革家寨等 8 个村寨对游客开放③。我国民族村寨旅游随之在贵州、云南、广西、四川等少数民族地区陆续开展。到 20 世纪 90 年代初，随着民族地区对外开放的扩大，游客接待量的增多，作为一种新兴产业，旅游业对民族地区的经济带动作用日趋凸显，不少地方开始认识到，发展民族旅游是民族地区实现脱贫致富的一条重要途径④。1991 年，贵州省率先在全国提出了“旅游扶贫”的理念，明确提出“以旅游促进对外开放和脱贫致富”的发展思路，从全省近千个具备发展乡村旅游条件的民族村寨中，挑选出了 126 个典型村寨，开展以民族文化为载体的民族村寨旅游⑤。随后，1991 年深圳创建了有“露天民俗博物馆”之称的中华民俗文化村⑥。1997 年云南省选择了腾冲县和顺乡、景洪市基诺乡的巴卡小寨、石林县北大村

---

① 徐燕等：《民族村寨乡村旅游开发与民族文化保护研究——以黔东南苗族侗族自治州肇兴侗寨为例》，《贵州师范大学学报》（自然科学版）2012 年第 4 期。

② 顾佳琪：《贵州少数民族村寨智慧旅游发展研究》，硕士学位论文，贵州大学，2014 年。

③ 卢宏：《我国民族村寨旅游综述》，《贵州民族研究》2008 年第 1 期。

④ 余达忠、陆燕：《原生态文化资源的旅游开发——兼论民族旅游的发展》，《凯里学院学报》2015 年第 1 期。

⑤ 黄海珠：《民族旅游村寨建设研究》，中国经济出版社 2009 年版。

⑥ 卢宏：《我国民族村寨旅游综述》，《贵州民族研究》2008 年第 1 期。

乡的月湖村、丘北县仙人洞村、新平县腰街镇的南碱村5个村寨作为民族文化生态村建设试点[①]。1998年中国与挪威联合在贵州创建了亚洲第一座生态博物馆——梭戛苗族生态博物馆[②]。与此同时，国家对民族地区村寨旅游也给予了大力提倡与支持。1992年推出的“少数民族风情游”，1995年推出的“民俗风情游”主题年活动，1997年全国范围内实行双休日制度，1999年实行旅游黄金周制度，等等，这些政策和举措，都大大促进了民族地区旅游业的发展。在此背景下，许多民族省份如云南、贵州、广西、四川等先后行动起来，发展民族村寨旅游。

不过这一时期，民族村寨旅游虽具雏形，但仍处于起步阶段。其特点主要表现为：①发展方式粗放，基本属于自发性发展。②产品单一肤浅，仅限于观光旅游，大多还是停留在参加欢迎仪式、欣赏民族歌舞表演、参观寨容寨貌、体验“农家乐”、观赏购买民族工艺品等[③]。③配套设施简陋、缺失，可进入性差，只能维持最基本的游览需求。④空间拓展相对有限，虽从贵州扩展到了云南、四川、广西等地，但就某一区域来讲，基本上都处于点状发展阶段，尚没有形成片和面的发展。

（二）稳定提升阶段（2000—2014年）

进入21世纪，随着西部大开发和国家关于新农村建设、美丽乡村建设、乡村旅游和扶贫攻坚等多项大政方针接连出台，民族村寨旅游迎来了新的发展机遇。2005年10月，党的十六届五中全会通过《中共中央关于制定国民经济和社会发展第十一个五年规划的建议》，明确提出把建设社会主义新农村作为我国现代化进程中的重大历史任务[④]。2009年7月，国务院出台《全国乡村旅游发展纲要》，提出要在全国实施“千万亿乡村旅游工程”。2012年11月，党的十八大报告首次提出了美丽中国建设的思想。2013年中央一号文件明确提出“加强农村生态建设、环境保护和

---

① 杨正文：《民族文化生态村——传统文化保护的云南实践》，《中国民族文博》2010年第3期。

② 卢宏：《我国民族村寨旅游综述》，《贵州民族研究》2008年第1期。

③ 蒋焕洲：《贵州民族村寨旅游发展现状、问题与对策研究》，《广西财经学院学报》2010年第2期。

④ 《中共中央关于制定“十一五”规划的建议》（全文），2005年10月19日，新华社，http：//www.gov.cn/ztzl/2005-10/19/content_79386.htm，2020年12月28日。

综合整治，努力建设美丽乡村”[①]。尤其是同年12月，习近平总书记在中央农村工作会议上特别强调：“中国要强，农业必须强；中国要富，农民必须富；中国要美，农村必须美。建设美丽中国，必须建设好‘美丽乡村’。”[②]“美丽乡村”建设已成为中国社会主义新农村建设的代名词。与此同时，2011年，国家出台的《中国农村扶贫开发纲要（2011—2020年）》，把我国一直推进的扶贫工作又推上了一个新的阶段。

作为美丽乡村建设和脱贫攻坚的主战场，更多的民族村寨选择了旅游，并把发展民族村寨旅游作为脱贫攻坚和美丽乡村建设的重头戏和重要突破口。民族村寨旅游在稳步发展的基础上得到了全面提升。主要表现在：①发展区域不断扩大。由过去以云、贵、川为主迅速扩展到全国各少数民族地区，由过去点状发展迅速扩展为片区或集聚区，逐步形成了以贵州黔东南和湖北恩施州为代表的集中区域和以武陵山片区为载体的民族村寨旅游集聚区。②旅游产品日趋丰富。在继续发展村寨自然和文化观光旅游的基础上，不少村寨陆续推出了丰富多彩的主题演艺活动、节庆活动、农事活动和传统的民俗活动，使原有的观光旅游更具娱乐性、休闲性、参与性与体验性，延长了游客的停留时间，丰富了游客的旅游体验。③旅游配套日渐改善。随着民族地区交通改善，民族村寨旅游的可进入性大幅提升；随着脱贫攻坚和美丽乡村建设的推进，村寨的基础设施、服务设施和村容村貌大为改善；随着来访游客的大幅增长，村寨旅游服务开始迈向专业化与标准化。同时，村寨的旅游环境也比过去有了明显的改观与提升。④市场影响不断提升。在这一阶段，培育和打造出了不少在全国都具有重要影响的民族旅游村寨。例如，“苗族风情第一寨”——西江苗寨、“侗族风情第一寨”——肇兴侗寨、“侗乡风情第一寨”——恩施枫香坡、“土家吊脚楼之典藏”——宣恩彭家寨，等等。

（三）转型升级阶段（2014年至今）

2014年8月，国务院出台的《国务院关于促进旅游业改革发展的若干意见》，明确指出要“创新发展理念，加快转变发展方式，推动旅

---

① 《新华社受权发布2013年中央一号文件》，2015年1月31日，新华社，http：//www.gov.cn/jrzg/2013-01/31/content_2324293.htm，2020年12月28日。

② 《中央农村工作会议举行　习近平、李克强作重要讲话》，2013年12月24日，新华社，http：//www.gov.cn/ldhd/2013-12/24/content_2553842.htm，2020年12月28日。

游产品向观光、休闲、度假并重转变”“大力发展乡村旅游，推动乡村旅游与新型城镇化有机结合，合理利用民族村寨、古村古镇，建设一批特色景观旅游名镇名村”[①]，标志着乡村旅游迈入转型升级、优质发展的阶段。2015 年 8 月，国务院办公厅印发《关于进一步促进旅游投资和消费的若干意见》，明确提出要“实施乡村旅游提升计划，开拓旅游消费空间”[②]，为民族村寨旅游品质优化提升提供了政策支持和基础保障。2015 年 11 月，中共中央、国务院印发《关于打赢脱贫攻坚战的决定》，强调加强少数民族特色村镇保护与发展，为推进特色旅游目的地建设以及满足大众化、多样化、特色化的旅游市场需求[③]。2016 年中央一号文件进一步强调，要大力发展休闲农业和乡村旅游，发展休闲度假、旅游观光、养生养老、创意农业、农耕体验、乡村手工艺等，发展具有历史记忆、地域特点、民族风情的特色小镇，建设一村一品、一村一景、一村一韵的魅力村庄和宜游宜养的森林景区[④]。2018 年，《中共中央、国务院关于实施乡村振兴战略的意见》，将乡村旅游作为构建农村第一、第二、第三产业融合发展体系、培育乡村发展新动能的重要方面。2018 年 3 月，由国务院办公厅印发的《国务院办公厅关于促进全域旅游发展的指导意见》，明确提出要创新发展理念，加快旅游供给侧结构性改革，着力推动旅游业从门票经济向产业经济转变，从粗放低效方式向精细高效方式转变，从封闭的旅游自循环向开放的“旅游+”转变，从单一景点景区建设向综合目的地服务转变[⑤]。同年 11 月，文化和旅游部会同有关部门共同制定《关于促进乡村旅游可持续发展的指导意见》，着力解决乡村旅游基础设施建设和公共服务相对滞后等制约

---

① 《国务院关于促进旅游业改革发展的若干意见》，2014 年 8 月 21 日，中国政府网，http：//www.gov.cn/zhengce/content/2014-08/21/content_8999.htm，2020 年 12 月 28 日。

② 《关于进一步促进旅游投资和消费的若干意见》，2015 年 8 月 11 日，中国政府网，http：//www.gov.cn/zhengce/content/2015-08/11/content_10075.htm，2020 年 12 月 28 日。

③ 《中共中央国务院关于打赢脱贫攻坚战的决定》，2015 年 12 月 7 日，新华社，http：//www.gov.cn/xinwen/2015-12/07/content_5020963.htm，2020 年 12 月 28 日。

④ 《中共中央国务院关于落实发展新理念加快农业现代化实现全面小康目标的若干意见》，2016 年 1 月 27 日，新华社，http：//www.gov.cn/zhengce/2016-01/27/content_5036698.htm，2020 年 12 月 28 日。

⑤ 《国务院办公厅关于促进全域旅游发展的指导意见》，2018 年 3 月 22 日，中国政府网，http：//www.gov.cn/zhengce/content/2018-03/22/content_5276447.htm，2020 年 12 月 28 日。

乡村旅游发展的“瓶颈”问题，推动民族村寨旅游提质增效，促进民族村寨旅游健康可持续发展，加快形成农业农村发展新动能[①]。

随着国家关于脱贫攻坚、乡村旅游、乡村振兴和全域旅游等方面的政策推进，民族村寨旅游也开始迈入转型升级和提质增效的新阶段。其特点主要表现在：①由单纯追求旅游增长向“旅游+”融合发展转型。在此方面，湖北恩施州的许多民族旅游村寨作出了表率。例如，宣恩伍家台和咸丰麻柳溪，人们就探索出了“旅游+茶特色产业+民族风情”的农旅文融合发展之路，以文兴旅，以旅彰文，以产业来支撑旅游，收获了旺盛的人气和良好的经济效益。②由单一的观光旅游向度假体验旅游转变。在湖北恩施州，许多民族村寨旅游已开始由过去的农家乐旅游转向了民宿度假和旅居式度假，像利川的白鹊山、营上村，恩施的二官寨，咸丰的坪坝营，建施的小西湖等民族旅游村寨，分别打造出了民宿度假、森林康养度假或移居式生活度假的新品牌，实现了民族村寨旅游的华丽转身与品牌化发展。③由追求单一的经济效益向追求经济、社会、文化和环境等综合效益转型。随着人们对民族村寨旅游所造成的负面影响的认识以及国家对生态、文化、环境等保护力度的加强，民族村寨旅游开发开始摒弃过去急功近利、片面追求经济利益的功利思想，开始关注生态环境和民族文化的保护以及村寨产业的发展，使民族村寨旅游朝着健康的方向发展。

二　主要问题

民族村寨旅游在其几十年的发展过程中，虽然对民族地区脱贫致富、改善民生、扩大就业、促进当地经济发展发挥了非常重要的作用，但由于受当地经济、社会、文化和环境等多方面条件的影响和制约，再加上一些不当的开发，民族村寨旅游发展过程中也暴露和出现了一些问题，正成为影响民族村寨旅游可持续发展的严重障碍。由于民族村寨旅游在不同的地区、不同的发展阶段呈现出不同的特点，因此，出现的问题也存在一定的差异性。例如，在贵州，虽然民族村寨旅游发展较早，影响较大，并形成了像黔东南这样成片的民族村寨旅游集聚区，堪称全

---

① 《关于促进乡村旅游可持续发展的指导意见》，2018 年 12 月 31 日，中国政府网，http：//www. gov. cn/zhengce/zhengceku/2018-12/31/content_5433069. htm，2020 年 12 月 28 日。

国民族村寨旅游发展的典范。但是，贵州的民族村寨旅游在不同的发展阶段，在不同的民族旅游村寨，仍存在“旅游产品类型单一，产品粗糙，经营粗放”的问题，“绝大多数民族村寨旅游者享受到的是较低价位的消费水准、较低档次的旅游服务和较低层次的精神感受”[①]。同时，由于急功近利的不当开发，导致民族村寨生态环境遭到破坏和“民族文化认同感失落、价值观改变、民族文化庸俗化”，正面临着“产品与项目形式单一、旅游形象与品牌主题不明确、旅游人才匮乏、环境卫生较差等问题”。在云南，民族村寨旅游虽已发展成为云南最耀眼的特色旅游之一，但在其发展过程中也存在“旅游基础设施较差、接待服务能力不足、村寨旅游人才匮乏、旅游服务水平不高、村寨旅游开发过度商业化、旅游产品趋同等问题”[②]，不利于云南少数民族特色村寨的健康可持续发展。在四川，民族村寨旅游虽然也得到了较好发展，曾培育出了像阿坝州理县的桃坪羌寨、茂县的坪头羌寨、雅安宝兴的跷债藏寨、甘孜丹巴县的甲居藏寨等小有名气的旅游村寨，但这些村寨在发展过程中仍出现了这样或那样的问题。主要表现在：旅游活动单一、参与程度低、缺乏互动性、经济效益不高、利益分配不均、营销理念匮乏、基础设施不健全等问题[③]。在湖北恩施州，近年来，曾充分利用古村寨、民族村寨、特色产业村等资源，大力发展乡村旅游，并涌现出了像恩施枫香坡、宣恩伍家台、咸丰麻柳溪、来凤杨梅古寨等一批乡村休闲旅游示范点。但恩施州民族村寨旅游发展仍存在小、散、弱，产品雷同，发展不平衡等问题。

民族村寨旅游存在的问题虽然在不同的地区存在一定的个性差异，但也存在一些共性的问题。归纳起来，主要表现在：

（一）因民族文化认同感的失落与变迁引起的文化保护与传承问题

民族村寨旅游，最重要的是文化，核心是民俗风情[④]。民族文化是民

① 蒋焕洲：《贵州民族村寨旅游发展现状、问题与对策研究》，《广西财经学院学报》2010年第2期。

② 周效东：《论云南少数民族特色村寨旅游开发策略》，《四川民族学院学报》2016年第5期。

③ 刘云等：《家庭主导型民族村寨旅游现状调查研究分析——以雅安宝兴跷碛藏寨为例》，《旅游纵览（下半月）》2013年第1期。

④ 崔玉范：《关于民族文化旅游资源收益权问题的思考》，《黑龙江民族丛刊》2009年第2期。

族村寨旅游发展的核心吸引物。民族村寨旅游之所以吸引游客前来旅游，很大程度上取决于其独特的民族文化。然而，在民族村寨旅游发展过程中，随着外来游客持续不断、大量地进入村寨，也有意或无意地带来了大量客源地的文化。尽管主客之间的交流是相互的，但游客对村民的影响要比村民对游客的影响更深刻、更长久。首先，从影响的时间上说，游客在村寨的旅行逗留时间是短暂的，随着游客的离开，文化影响逐渐减弱。而村民一直居住在村寨里，无论是否愿意，随着游客的到来，都会有意或无意地受到外来文化持续不断的影响。其次，从文化势能上说，外来文化大多是一些发达地区精英阶层所带来的，对处在相对封闭地区、欠发达地区的村民来说属于高势能文化。旅游者的自身意识、生活习惯以及言谈举止等，都会对村寨居民产生一定的示范效应，引起当地村民的模仿和学习，特别是对村寨青年，往往过于推崇外来文化，对自己民族文化产生怀疑，甚至丧失信心，不愿意再学习传承本民族文化[①]。

（二）因价值观的改变和传统社会结构的解体引起的社区和谐问题

价值观是民族文化的核心，每个民族都有其共同珍视的价值取向，热情好客、重义轻利本是少数民族的优良品德。然而，民族村寨旅游在带来村寨经济发展的同时，也造成了村寨居民价值观的改变和传统社会结构的解体。由于民族村寨旅游经营大都奉行市场原则，村民在参与旅游活动过程中存在收入差异，部分村民为了获得更多收益，在商品售卖时便出现了摊点过量、以次充好、围客兜售、强买强卖等现象，游客成为村寨某些居民眼中宰客的对象，民族村寨一些本民族朴素的文化价值观发生了蜕变，民风不再淳朴、唯利是图蔓延[②]。不仅损害了游客的利益和村寨的名声，而且不利于民族村寨旅游的可持续发展。社会结构的协调是民族社区获得可持续性发展的前提和基础。从整体上看，发展民族村寨旅游，村民收入提高了，生活改善了。然而民族村寨旅游开发不仅获益的人数有限且存在个体差异，当这种差异随着旅游的发展表现得越来越明显时，当地居民对获益集团的嫉妒也就越来越多。再加上村寨旅游环境的公共产品特性——非排他性和非利益性，村民对村寨公共产

---

① 罗永常：《民族村寨旅游发展问题与对策研究》，《贵州民族研究》2003 年第 2 期。

② 杨昌儒、潘梦澜：《贵州民族文化村寨旅游发展问题与对策研究》，《贵州民族学院学报》（哲学社会科学版）2004 年第 5 期。

品享有的权利与承担责任是均等的[①]，当大多数获益少的居民却要与获益集团同等承担发展旅游所带来的负面影响时，容易导致对旅游的不满，产生抵触情绪，甚至破坏行为。如不及时加以解决，不仅传承千年的美德民风将在残酷的商业竞争中荡然无存，而且世代沿袭的传统社会结构也将面临崩溃。

（三）因民族文化过度商品化和庸俗化引起的民族文化“原真”性问题

随着民族村寨旅游的发展，民族文化原真性问题已经成为影响民族村寨旅游可持续发展的重要问题。民族文化是民族村寨旅游发展的核心吸引物，民族文化的真实性与原生性是民族村寨旅游持续开展的根基与灵魂，也是吸引外来游客不断前来的动力源泉。然而，现实中游客的观光、游览属于短期行为，对民族文化的欣赏只停留在表面价值上或者只是出于猎奇心理。旅游经营者为了满足游客的需要，常常将民族文化看成可以随时搬上“舞台”的商品，向游客提供，从而使民族文化失去了原有的价值和意义。民族文化的商品化和庸俗化，往往是因为旅游开发主体急功近利，对民族文化过度开发导致的[②]。例如：在民族村寨旅游开发过程中盲目重建、复原早已消逝的古建筑；在文化演艺中故意追求落后与原始，把糟粕当精华，向游客展示早已摒弃的封建迷信活动和陈规陋习；传统节日庆典和民间习俗不按照传统规定的地点和时间举行；旅游工艺品粗制滥造，不遵循当地的制作技艺和传统风格，等等，民族文化原真性丧失的问题如果不妥善加以解决，不但会误导游客，还会造成传统民族文化的失真甚至面临消失，从而加重民族文化保护和存续的难度，影响民族村寨旅游持续健康发展[③]。

（四）因旅游产品体系不完善引起旅游体验感降低的问题

民族村寨旅游最大的特点和最吸引人的地方，就是能够让游客体验到独具特色的民族文化。民族旅游村寨虽然拥有丰富的民族文化资源，但旅游产品开发却不尽如人意，突出表现在：①旅游开发层次不高，旅

---

① 肖琼：《民族村寨旅游环境困境及路径选择》，《广西民族研究》2009 年第 4 期。

② 杨昌儒、潘梦澜：《贵州民族文化村寨旅游发展问题与对策研究》，《贵州民族学院学报》（哲学社会科学版）2004 年第 5 期。

③ 马东艳：《民族村寨旅游发展中主要社会问题研究》，《贵州民族研究》2015 年第 6 期。

游产品形式单一，缺乏特色，游客体验项目雷同。许多民族村寨旅游的主体方式仍停留在观光旅游层面。游客在村寨的游览活动主要表现为参加欢迎仪式、观看歌舞表演、吃吃农家饭、干干农家活、游游农家景、住住农家屋等一些浅层次的活动，不仅活动内容单一，参与体验性差，导致“千村一面”的产品雷同现象。②基础设施不完善，缺乏专业旅游人才，旅游经营管理水平低，服务质量低下。民族旅游村寨大多位于偏僻落后的中西部农村地区，在交通、卫生、通信等公共基础设施以及住宿、餐饮和娱乐等旅游基础设施方面条件较差。尽管通过开展民族村寨旅游，村寨基础设施有了一定的改善，但随着游客的增多，旅游需求的转变，基础服务设施滞后于民族村寨旅游的发展，无法充分满足游客吃、住、行、游、购、娱的旅游需求，从而影响民族村寨旅游产品的优质提供。如果这些问题不解决，不进行产品差异化开发和构建完整的产品体系，民族村寨旅游的参与性和体验感则是无法实现的。

（五）由社区参与引起的旅游经营主体矛盾的问题

社区居民既是村寨的主人，也是民族村寨旅游的资源本体，还是民族文化鲜活的载体。充分保证当地居民参与旅游并从中受益，不仅是民族村寨旅游本身的内在诉求，更是发展民族村寨旅游的最重要的目的之一。然而，目前我国许多民族村寨旅游都存在社区参与不足的问题，主要表现在三个方面：①就业机制不完善。大多数村民参与旅游的层次较低，虽然参与方式多样，但大多从事的是景区卫生保洁、农家乐服务、兜售小商品等非技术、低报酬的工作，参与效应不高，导致村民对旅游开发缺乏热情，甚至产生抵触情绪[①]。②互动机制的不健全。村寨居民具有资源利用主体和资源本体双重身份的特征，村民参与度的高低关系着村寨旅游发展程度的高低。实际情况是，村民们主动介入旅游发展的机会很少，更不用说参与旅游业的相关重大决策和事宜。出现这种现象的原因，一方面是村民受教育程度不高，参与积极性和参与意识较低。另一方面旅游管理经营者在涉及重大旅游决策事宜时，忽略村民的看法

① 蒋焕洲：《贵州民族村寨旅游发展现状、问题与对策研究》，《广西财经学院学报》2010 年第 2 期。

和意见，村民决策权基本被剥夺[①]。③利益协调机制不完善。民族村寨旅游主要利益相关者主要为当地政府、村委会、旅游企业和村民等。由于当地居民缺少资金和人才，旅游业往往由政府和企业主导。政府在行使公共权力、管理和服务社会的过程中，往往以自身利益为重，忽视公共利益[②]。而企业往往缺乏足够的社会责任感，他们为了追求自身利益的最大化，不仅常常将村民排斥在利益之外，造成旅游收益的分配不公，而且还以牺牲其他利益为代价，如过度开发利用旅游资源、占用村民耕地建设旅游设施、忽视生态环境保护等，来保证自身利益的获取。不少村寨旅游开发“往往只有少数人获益，多数人不仅不获益，反而要承担旅游业所带来的不良后果，从而产生对旅游的不满和对获利集团的嫉妒”[③]，从而导致当地居民与政府、村级管理组织或旅游经营者的矛盾激化，影响民族村寨旅游可持续发展。

第三节　民族村寨旅游可持续发展的必要性

一　脱贫致富和同步小康建设的需要

贫困是人类共同面临的世界性难题。我国是世界上最大的发展中国家，也是一个农业大国，扶贫任务也非常艰巨。而民族地区是我国贫困人口最多、贫困程度最深和扶贫任务最艰巨的地区。据国家民委经济发展司2018年6月用大数据统计出的数据显示：全国120个自治县（旗）中，贫困县有72个，占比高达60%。在《中国农村扶贫开发纲要（2011—2020年）》所划定的14个集中连片特困地区中，有11个分布在民族地区。在扶贫开发整村推进的3万个贫困村中，民族自治地方的贫困村就有13158个，占43.9%[④]。消除贫困，改善民生，实现共同富裕是社会主义的本质要求，是中国共产党人对中国人民的庄严承诺。

---

① 雷世敏：《少数民族村寨旅游开发面临的困境及治理措施——以四川阿坝州理县桃坪羌寨为例》，《大连民族学院学报》2013年第2期。

② 马德明：《欠发达地区政府行为公共性弱化探析》，《青海民族研究》2007年第3期。

③ 罗永常：《民族村寨旅游发展问题与对策研究》，《贵州民族研究》2003年第2期。

④ 王冬丽：《社会主要矛盾的变化对民族地区精准扶贫工作提出新要求》，《中国民族报》2018年8月17日第7版。

2012年，党的十八大明确提出了“全面建成小康社会，确保到2020年我国现行标准下农村贫困人口实现脱贫、贫困县全部摘帽、解决区域性整体贫困的目标任务”[①]。要如期实现这一宏伟目标，民族地区无疑成了我国脱贫攻坚的主战场和最难啃的骨头。

为了摆脱贫困，改善民生，我国许多民族地区都把眼光投向了旅游，并把发展民族村寨旅游作为脱贫致富奔小康的唯一有效的选择。作为一种特殊的乡村旅游，民族村寨旅游随着乡村旅游的发展和脱贫攻坚战略的实施，开始由点到面、由小到大，经过近几十年的发展，已经成为民族地区脱贫致富奔小康的中坚力量，取得了骄人的业绩。以贵州黔东南苗族同族自治州为例，黔东南既是贵州民族村寨旅游发展最早的地区，也是民族村寨旅游发展最集中、最典型的地方。在黔东南，乡村旅游主要表现为民族村寨旅游。据统计，2016年，黔东南州共接待游客6704.11万人次，旅游总收入553.68亿元；2019年，共接待游客总人数12892.98万人次，旅游总收入1212.13亿元[②]。短短几年间，无论是旅游接待规模，还是旅游综合收入，都实现了翻番。西江千户苗寨就是黔东南通过旅游扶贫实现脱贫的典型案例。该村自2008年实施旅游开发以来，迅速成为贵州民族村寨旅游的标杆。旅游业对西江苗寨的脱贫攻坚和经济发展发挥了重要作用。西江苗寨的游客接待量从2008年的78万人次增加到2019年的827.93万人次，旅游综合收入从2008年的不足1亿元增加到2019年的74.5亿元，分别增长了近10.6倍和74.5倍[③]。在这十年间，西江苗寨通过发展地方特色产业收益、门票分红收益、就业带动收益和景区经营性收益四大收益手段，村民人均年收入从2007年的1700元增长到2018年的22100元，户均86190元，人均年收入较2008年增长了13倍，全村提前实现了整村脱贫的大目标[④]。在湖

① 《习近平：在决战决胜脱贫攻坚座谈会上的讲话》，2020年3月6日，新华社，http：//www.gov.cn/xinwen/2020-03/06/content_5488175.htm，2020年12月28日。

② 《黔东南：乡村旅游助推乡村振兴》，2020年10月6日，《贵州日报》，http：//whhly.guizhou.gov.cn/xwzx/szdt/202010/t20201016_64131996.html，2020年12月28日。

③ 《贵州西江千户苗寨：“用美丽回答一切”》，2020年7月4日，中国新闻网，https：//baijiahao.baidu.com/s？id=1673098427230733418&wfr=spider&for=pc，2020年12月28日。

④ 《西江千户苗寨驻贵阳办事处揭牌　2018年景区游客达600万》，2019年1月22日，中新网贵州，http：//www.gz.chinanews.com/content/2019/01-22/88032.shtml，2020年12月28日。

北恩施州，许多民族村寨，如恩施市的枫香坡、宣恩县的伍家台、咸丰县的麻柳溪、利川市的白鹊山等，就是通过发展民族村寨旅游提前2—5年实现了整村脱贫。实践证明，发展民族村寨旅游是促进民族地区经济增长、民生改善、脱贫致富的重要方式。

2020年，是脱贫攻坚的收官之年，也是全面建成小康社会的关键之年。2020年实现现行标准下我国贫困人口全部脱贫之后，并不意味着民族地区的贫困问题就彻底解决，今后将没有贫困人口了。2020年民族地区脱贫之后仍然面临着巩固扶贫成果、防止返贫和消除相对贫困的任务。因为，民族地区生态脆环境弱、交通区位不优、产业支撑不稳、市场信息不畅、技术更新不快，尤其是普通居民接受新思想、新技术相对较慢，因此，返贫的风险依然很大。另外，就相对贫困而言，相对贫困群体的人口基数更大，群体类型更为复杂，空间分布上更趋碎片化。脱贫攻坚只是消除了绝对贫困问题而相对贫困问题将长期存在①。而解决相对贫困将更复杂，持续的时间更长，遇到的问题更多。因此，要巩固扶贫成果，消除相对贫困，必须继续发挥民族村寨旅游在扶贫脱困、促进地方经济增长和民生改善等方面的特殊作用，必须坚定不移地促进民族村寨旅游又好又快和可持续发展。

二 民族文化保护与传承的需要

世界的多样化在于民族文化的多样性，越是民族的就越是世界的。保护好、传承好和利用好民族文化，不仅是民族文化本身发展的需要，也是促进文化交流、减缓文化趋同，维护世界多样化的需要，意义深远，责任重大。实践证明，发展民族村寨旅游是保护、传承和合理利用民族文化的重要途径。因为，民族文化不仅是民族村寨的根与魂，更是发展民族村寨旅游不可或缺的核心资源和本底条件。民族村寨旅游核心功能就是通过独特的民族文化吸引人们前来体验有个性的异质文化。可以说，没有民族文化，就没有民族村寨旅游。民族文化是民族村寨旅游赖以生存和发展的根基与源泉。正因为如此，我国许多民族地区就充分利用了民族文化这一独特资源，发展了民族村寨旅游。例如，贵州的西

① 《严金明：脱贫攻坚与乡村振兴有序推进的三大关键》，2020年11月26日，中宏网，https：//www.zhonghongwang.com/show-279-188717-1.html，2020年12月28日。

江苗寨、郎德上寨、肇兴侗寨，四川的桃坪羌寨，云南的傣族园、雨崩村，湖北恩施的枫香坡、麻柳溪、白鹊山，等等，凡是开发成功的民族村寨旅游，无一不是充分利用民族文化的结果。可以说，对民族文化是否保护好、传承好和利用好，直接关系到民族村寨旅游开发的成功与否。

尽管不少民族村寨在利用民族文化发展民族村寨旅游的过程中，因脱贫心切，急功近利，片面追求经济利益，而忽视了民族文化保护，甚至破坏了民族文化，导致民族文化的衰退或过度商业化、庸俗化利用。这些问题虽然很严重，但我们不能因为这些问题的出现而否定民族村寨旅游在保护、传承民族文化当中的作用。因为这些问题不是民族村寨旅游健康发展必须付出的代价和必然出现的问题，更不是民族村寨旅游可持续发展的内在诉求与目标所指的结果，它只是民族村寨旅游开发过程中因不当开发所产生的问题。事实上，在很多开发成功的民族旅游村寨，民族文化因合理利用而得到了有效的保护与传承。例如，西江苗寨，通过发展民族村寨旅游，优秀的苗族文化不仅得到了很好的挖掘、整理，并通过旅游这一载体得到了很好的弘扬与传播，并赢得了“侗族风情第一寨”的美誉。再如黎平的肇兴侗寨，不仅通过民族村寨旅游展示和弘扬了独具特色的侗族风情，而且还通过旅游将侗族标志性建筑技艺和侗族大歌艺术得到了发扬光大，声名远播。还有，像恩施州的伍家台、白鹊山等民族旅游村寨，通过特色产业与民族文化的有机融合，不仅很好地保护传承了民族文化，而且还走出了一条农文旅融合发展的新路子。所有这些都说明，健康、正常的民族村寨旅游对民族文化的保护与传承是大有可为的，是能发挥重要积极作用的。

民族村寨旅游可持续发展不单是旅游经济的可持续发展，还包括社会、文化、生态和环境的可持续发展。民族村寨旅游可持续发展将对民族文化的保护与传承发挥更重要的作用。首先，它能使民族文化的特色、价值得到进一步挖掘与彰显。因为民族村寨旅游可持续发展需要牢牢守住民族文化这一根基，需要挖掘更加丰富、更有特色和更有价值的民族文化资源来打造更具吸引力的民族文化产品。否则，民族村寨旅游可持续发展是难以为继的。其次，它能为民族文化的有效传承提供更鲜活的载体与舞台。文化是旅游的灵魂，旅游则是文化的载体，在今天大力实施文旅融合发展的时代背景下，民族村寨旅游便是民族文化活态传承的最好的舞台与载体。民族村寨旅游不仅大大提升了民族文化的价值，而且还在游客与当地居民的友好互动中，使村寨居民原本普通的生产和生活场景更加鲜活与生动地展现出来，成为更有价值与魅力的旅游吸引物。并且，通过这种主客互动与文化演绎，当地居民的民族自尊心和民族自豪感将会得到充分的激发，并转化成对民族文化保护与传承的自觉性行动，从而实现民族文化可持续传承与利用的目标。最后，民族村寨旅游可持续发展可为民族文化保护与传承提供强有力的资金支持。民族文化的合理利用驱动了民族村寨旅游发展，反过来，民族村寨旅游发展也可为民族文化的保护与传承提供充足的资金，用于民族文化的挖掘、整理、抢救与修复；用于民族文化创新与活态传承；用于民族文化传承队伍的建设与传承活动的开展，等等。可见，民族村寨旅游可持续发展与民族文化的保护、传承是互为因果、协同发展的互利行动与发展合力。

三　生态文明与美丽乡村建设的需要

2012 年 11 月，党的十八大明确提出“大力推进生态文明建设”，强调要把生态文明建设放在更加突出地位，融入经济建设、政治建设、文化建设、社会建设各方面和全过程[①]。2013 年，中央一号文件提出要“推进农村生态文明建设，努力建设美丽乡村[②]”。生态文明的核心是实现人与自然、人与人、人与社会之间的和谐发展。美丽乡村建设是在生态文明建设的前提下，运用可持续发展的理念，积极构建经济、社会、生态协调发展[③]，它包含“生态美、生活美、人文美、和谐美、特色美”五大目标。生态文明建设和美丽乡村建设都强调要以可持续发展理念为指导，大力提升乡村生态保护、环境美化、社区和谐和文明生活的质量与水平，以满足人们对美好生活的向往和需要。

加强生态文明建设和美丽乡村建设可以为民族村寨旅游创造优美的

---

① 《胡锦涛在中国共产党第十八次全国代表大会上的报告》2012 年 11 月 17 日，新华社，http：//www. gov. cn/ldhd/2012-11/17/content_2268826. htm，2020 年 12 月 28 日。

② 《新华社受权发布 2013 年中央一号文件》2013 年 1 月 31 日，新华社，http：//www. gov. cn/jrzg/2013-01/31/content_2324293. htm，2020 年 12 月 28 日。

③ 吴国琴：《乡村旅游引导美丽乡村建设研究——以河南省信阳市郝堂村为例》，《信阳农林学院学报》2015 年第 1 期。

生态环境、和谐的人文环境，以及文明生活的风气。反过来，民族村寨旅游可持续发展也可为民族地区的生态文明建设与美丽村寨建设发挥重要的作用。因为，民族村寨旅游之所以能发展，除了村寨外部的客源市场拉动以外，从村寨内部来讲，最重要的两个因素，一个是民族文化对游客的吸引，另一个就是良好的村寨生态与人文环境。尤其是在今天，当旅游消费需求从传统的观光旅游转向休闲度假和文化体验时，环境的重要性就更显突出。要保证和促进民族村寨旅游可持续发展，除要守住民族文化这一根基以外，还要充分保证村寨环境的可持续利用。因此，保护好、建设好民族村寨生态环境、人文环境，并营造好主客友好的旅游环境，是民族村寨旅游可持续发展的重要内在诉求与目标指向。

促进民族村寨旅游可持续发展，是实现美丽乡村和生态文明建设的重要途径。首先，发展民族村寨旅游可以促进村寨生态环境的改善。由村寨自然山、水、林、田等构成的自然生态环境，既是民族村寨旅游发展的本底条件，也是民族村寨旅游发展的生态旅游资源。民族村寨旅游可持续发展要求我们在利用自然生态资源时，必须坚持保护第一、生态优先的原则，通过科学规划来合理利用。只要按照可持续发展的理念去做，不仅村寨的生态资源能够得到合理利用，而且村寨的生态环境也会在保护的基础上得到不断的优化与美化。其次，发展民族村寨旅游，可以打造更加平安和谐的社区环境。民族村寨要发展旅游，要持续不断地吸引游客来访，安宁和谐的社区环境必不可少。因此，村寨必须采取强有力的措施，加强社会治安管理，构建良好、和睦的家庭关系、邻里关系和村民之间的交往关系，既为村寨营造一方平安，同时也为游客到访提供良好的旅游空间。最后，发展民族村寨旅游有利于村寨文明风气的形成。民族村寨旅游可持续发展要求当地居民与外来游客之间必须建立起一种友好互动的主客关系。一方面，当地村民的好客态度和文明礼貌的举止，直接影响着游客在村寨旅游的体验与感受，影响着村寨旅游的人气与口碑。另一方面，外来游客通过村寨旅游，带来了先进的思想、理念和文化，并通过其文明旅游的行动，促进村寨文明风气的形成，提升村寨文明生活的质量与水平。民族村寨旅游可持续发展的所有这些要求与行动，不仅与生态文明和美丽乡村建设的目标高度一致，而且会大大加快民族旅游村寨生态文明与美丽村寨建设的步伐。

四 乡村振兴与农业农村现代化发展的需要

从乡村未来发展来看，2020 年我国完成脱贫攻坚和全面建成小康社会之后，我国乡村进入了一个崭新的历史阶段，即开始迈向全面实现农业农村现代化的历史新征程。为了迎接新时代的到来，更好地解决“三农”问题，党的十九大首次提出了乡村振兴战略，指出农业农村农民问题是关系国计民生的根本性问题，必须始终把解决好“三农”问题作为全党工作的重中之重，实施乡村振兴战略。特别强调要坚持农业农村优先发展，要按照产业兴旺、生态宜居、乡风文明、治理有效、生活富裕的总要求，建立健全城乡融合发展体制机制和政策体系，加快推进农业农村现代化[①]。2018 年，中共中央、国务院作出了《关于实施乡村振兴战略的意见》，进一步强调：“实施乡村振兴战略，是党的十九大作出的重大决策部署，是决胜全面建成小康社会、全面建设社会主义现代化国家的重大历史任务，是新时代‘三农’工作的总抓手。”[②]

发展民族村寨旅游是实现乡村振兴与农业农村现代化发展的重要动力。第一，发展民族村寨旅游有利于促进村寨产业振兴。旅游业是一个关联带动作用非常强的产业。许多民族村寨旅游发展的实践证明，发展民族村寨旅游在促进村寨旅游业发展的同时，还带动了诸如特色农业、农特产品加工业、农业产品商贸服务业、劳务服务业，以及以民族文化演艺和民族文化工艺为代表的民族文化创意产业等众多产业的发展。并且，不少民族村寨还通过大力实施农旅文融合发展，形成了以旅游业为统筹、以特色产业为支撑的多元化产业融合发展的新态势，从而调整了村寨的产业结构，激发了村寨产业的活力，增强了村寨整体经济的实力，为村寨产业振兴和现代化发展奠定了坚实基础。第二，发展民族村寨旅游有利于促进村寨文化振兴。民族文化是民族村寨旅游的根与魂。民族村寨旅游可持续发展离不开对民族文化的有效保护与合理利用。推动民族村寨旅游可持续发展势必会更加守护好民族文化这一根基，更加

① 《习近平：决胜全面建成小康社会　夺取新时代中国特色社会主义伟大胜利——在中国共产党第十九次全国代表大会上的报告》，2017 年 10 月 27 日，新华社，http://www.gov.cn/zhuanti/2017-10/27/content_5234876.htm，2020 年 12 月 28 日。

② 《中共中央国务院关于实施乡村振兴战略的意见》，2018 年 2 月 4 日，新华网，http://www.gov.cn/zhengce/2018-02/04/content_5263807.htm，2020 年 12 月 28 日。

强化对民族文化的保护与传承，更加科学合理地利用好民族文化这一核心资源。所有这一切必将更好地促进村寨文化振兴。第三，发展民族村寨旅游有助于村寨生态振兴。优美的生态环境、和谐的社区环境，以及友好互动的旅游环境，是保证民族村寨旅游可持续发展的重要条件。发展民族村寨旅游并促进民族村寨旅游可持续发展，势必会更加保护好生态环境，打造好社区环境，营造好旅游环境，促进村寨文化振兴。第四，发觉民族村寨旅游有利于村寨社会振兴。发展民族村寨旅游可以促进村寨进一步开放与开化，更新当地居民的思想观念，提高当地居民的综合素质，促进民族文化的对外交流，打造平安和谐的文明社区等，对村寨社会振兴提供着强大的动能支持。另外，随着村寨旅游的发展，先进的思想、先进的技术、先进的人才也将大量引入，这对民族村寨的人才振兴必将产生积极的影响与作用。总之，民族村寨旅游可持续发展对促进民族地区乡村振兴和农业农村现代化发展具有非常重要的作用。

五 破解困局和村寨旅游高质量发展的需要

民族村寨旅游在推动民族地区脱贫致富和经济增长的同时，由于受种种因素的制约和影响，再加上一些急功近利式的不当开发，也出现了一些诸如生态环境破坏、民族文化消退、居民参与不足、利益分享不公、利益主体矛盾激化等问题。这些问题的存在与蔓延，已经并正在成为影响民族村寨旅游发展的严重障碍。这些问题的解决，必须通过民族村寨旅游可持续发展来一一破解。发展民族村寨旅游并促进民族村寨旅游可持续发展，一是可以通过对生态环境的保护和村容村貌的改造来美化和优化村寨的生态环境，防止生态继续恶化。二是可以通过民族文化合理有效利用，在更好地保护、传承民族文化的基础上，大大提升当地居民对本民族文化的认同感和自信心，从而激发他们保护、传承民族文化的积极性与自觉性。三是可以通过民族村寨旅游开发和村寨产业发展，扩大当地村民就业渠道，广泛吸引当地村民参与旅游并公平获得应有的收益，有效避免因无权或无力参与而导致当地居民被边缘化的情形发生。总之，民族村寨旅游发展过程中出现的各种问题与困局，也只有继续通过民族村寨旅游可持续发展来破解和解决。

党的十九大提出了经济高质量发展的新要求，强调要转变发展方式、优化经济结构、转换增长动力，坚持质量第一、效益优先原则，以供给侧结构性改革为主线，推动经济发展质量变革[①]。2018 年 3 月，国务院办公厅发布《关于促进全域旅游发展的指导意见》，提出要加快推动旅游业转型升级，全面提升旅游产品品质[②]。同时，随着旅游消费需求的变化和对高品质旅游产品的期待，为了进一步适应国家大政方针和满足人们日益增长的对美好旅游需求的向往，民族村寨旅游必须按照新的时代要求，追求更高品质的发展。只有这样，民族村寨旅游才能在激烈的旅游市场竞争中立于不败之地，并获得良好的发展。可见，从新时期民族村寨旅游自身发展来讲，推动民族村寨旅游可持续发展也是十分必要的。

① 《习近平：决胜全面建成小康社会　夺取新时代中国特色社会主义伟大胜利——在中国共产党第十九次全国代表大会上的报告》，2017 年 10 月 27 日，新华社，http：//www.gov.cn/zhuanti/2017-10/27/content_5234876.htm，2020 年 12 月 28 日。

② 《国务院办公厅关于促进全域旅游发展的指导意见》，2018 年 3 月 22 日，中国政府网，http：//www.gov.cn/zhengce/content/2018-03/22/content_5276447.htm，2020 年 12 月 28 日。

第四章

民族村寨旅游可持续发展的内在诉求与外显标志

了解和把握民族村寨旅游可持续发展的内在诉求与外显标志，是我们进一步把握民族村寨旅游可持续发展的目标要求，揭示民族村寨旅游可持续发展动力因素的基础性工作。为此，本章首先对相关文献进行梳理，并选取40篇与研究主题相关的文献，采用扎根理论研究方法，从全局视角对民族村寨旅游可持续发展的内在诉求与外显标志研究内容进行初步的理论探索与框架构建。然后，在此基础上，结合学术界现有研究成果和专家学者意见，设计调查问卷与访谈纲要，并选取湖北恩施州恩施市枫香坡、五峰山、二官寨、宣恩县伍家台、彭家寨、咸丰县麻柳溪、利川市白鹊山、营上村、建始县小西湖、来凤县杨梅古寨、贵州雷山县西江千户苗寨、朗德上寨、黎平县肇兴侗寨、云南西双版纳傣族园和海南三亚中廖村15个民族村寨为样本村，进行实地走访与问卷调查，获取一手资料。最后，通过SPSS与AOMS软件对整理的资料进行统计分析，并结合相关理论对输出结果进行解释说明，对民族村寨旅游可持续发展的内在诉求与外显标志进行了较为完整的分析与揭示，为后续进一步探寻民族村寨旅游可持续发展的各种影响因素，构建民族村寨旅游可持续发展的动力系统提供基础性的实证依据。

第一节　文献梳理与扎根理论分析

一　文献梳理

有关民族村寨旅游的研究，国外始于20世纪70年代，发文量较少且多为案例研究，研究内容主要为相关概念与定义研究、居民感知与态度研究、旅游发展与影响研究三个方面[①]。国内民族村寨旅游研究则更为全面和成熟。20世纪90年代，“旅游扶贫”概念的提出引起了学术界的广泛关注，有关民族村寨旅游的研究文献也日渐增多。依据发文量、研究热点、研究成果的多元化可将我国关于民族村寨旅游的研究划分为四个阶段：萌芽探索期（2006年以前）、稳定发展期（2007—2011年）、快速发展期（2012—2015年）、调整巩固期（2016—2020年）。主要研究内容可归纳为五个方面，即基础理论研究、开发模式研究、问题与对策研究、可持续发展研究以及社区参与研究[②]。研究方法多样，以定性研究、案例研究和实证研究为主。至于民族村寨旅游可持续发展的内在诉求与外显标志，由于立题新颖，当前尚无人开展相同研究，因此，本章将对民族村寨旅游可持续发展的内在诉求与外显标志的相关研究成果进行梳理与总结。

对于民族村寨旅游的可持续发展的认识，学者的看法大致趋同。罗永常认为民族村寨旅游的可持续发展包括社会、经济、文化、环境的可持续发展[③]。叶春等从环境、资源、经济、社会四个方面构建了民族村寨旅游可持续发展评估体系[④]。罗剑宏、叶卉宇认为实现民族旅游村寨的可持续发展是一个综合整体发展的系统工程。在内容上包括民族旅游村寨的经济、社会、文化、生态等多方面的发展；在主体方面涉及村寨农户、组织、政府以及其他利益相关者等。学者同样肯定民族村寨旅游

---

① 谢萍、朱德亮：《论人类学视角下民族村寨旅游可持续发展模式》，《贵州民族研究》2014年第6期。

② 邓辉、王健：《我国民族村寨旅游研究综述——基于CITESPACE软件和CNKI数据库》，《武汉商学院学报》2017年第3期。

③ 罗永常：《民族村寨旅游发展问题与对策研究》，《贵州民族研究》2003年第2期。

④ 叶春等：《社区参与视角下民族村寨旅游可持续发展评估》，《生态经济》2009年第9期。

带来的积极效应[①]。方仁研究表明旅游吸引力的加强及客源市场的进一步扩大，村寨的经济、环境、社会效益会不断提高[②]。郭晶、郭立格调查发现民族村寨旅游的发展为当地居民创造了就业，提高了收入水平，促进了经济发展的多样性[③]。吴莎认为民族村寨旅游有利于形成“一业带百业，一业举而百业兴”的联动效应，推动农村第二、第三产业的发展[④]。李承来指出民族村寨旅游会带来经济的发展和社会的进步[⑤]。李燕妮、王嘉认为民族村寨旅游使民族传统文化得到了一定程度的复兴[⑥]。

内在诉求方面，主要从民族村寨旅游发展过程中存在的问题、促进民族村寨旅游的可持续发展的有效途径以及影响民族村寨旅游可持续发展的重要因素三个方面进行梳理。徐永志指出民族村寨旅游可持续发展的着力点在于民俗风情[⑦]。梁玉华认为镇山村的发展离不开特有的自然和人文旅游资源、政府的扶持与引导以及充足的资金投入，并指出民族村寨旅游的可持续发展必须走生态旅游发展之路，且需从大众旅游向生态旅游转型、游客管理、居民参与以及产品结构等方面着手开发[⑧]。叶春、陈志永针对南花苗寨存在的问题提出了可持续发展对策，其中涉及发展模式、政府管理能力与扶持力度、资金投入、基础设施建设、宣传与规划、培训、资源利用与保护、旅游设施和接待服务标准、卫生条件、社区参与、服务意识、文化与环境保护意识、利益分配、品牌打造

---

① 罗剑宏、叶卉宇：《民族旅游村寨可持续发展困境及路径探讨》，《中华文化论坛》2016年第10期。

② 方仁：《西双版纳傣族园村寨旅游景观浅析》，《广东园林》2007年第6期。

③ 郭晶、郭立格：《湘西德夯等民族村寨旅游发展研究》，《怀化学院学报》2008年第3期。

④ 吴莎：《贵州乡村旅游发展现状分析及对策研究——以典型村寨发展为例》，《贵州大学学报》（社会科学版）2009年第2期。

⑤ 李承来：《村寨生态旅游可持续发展研究——以黔东南苗侗村寨建筑为例》，《黑龙江民族丛刊》2010年第1期。

⑥ 李燕妮、王嘉：《关于渝东南民族村寨旅游发展的几点思考》，《经济视角（中旬）》2012年第4期。

⑦ 徐永志：《民俗风情：民族村寨旅游可持续发展的着力点》，《旅游学刊》2006年第3期。

⑧ 梁玉华：《少数民族村寨生态旅游开发与旅游可持续发展探讨——以贵阳花溪镇山村旅游开发为例》，《生态经济》2007年第5期。

以及产品规划等多个方面的要求[①]。曹端波、陈菓认为西部民族地区乡村旅游可持续发展应当在保障生态环境的基础上，同时注重经济发展的可持续性、社区利益保障和社会和谐、人力资本开发与人才培养以及挖掘民族文化和打造特色品牌[②]。李承来指出民族村寨旅游可持续发展的关键所在是对自然环境的生态保护和民族风情的原生态保护[③]。龚娜针对贵州民族地区乡村旅游盲目开发、文化内涵挖掘不够、产品特色不突出、基础设施建设滞后、旅游供应链尚未形成、生态环境破坏严重五个方面的问题，从提升综合效益、发展模式、村寨规划、文化内涵、品牌提升、品质认证制度六个方面提出了旅游可持续发展的要求[④]。王虹等指出保护民族文化与其文化空间能够有效促进民族村寨旅游的可持续发展[⑤]。廖军华指出保护旅游环境是民族村寨旅游可持续发展的关键[⑥]。武晓英、李伟研究指出影响可持续发展的根本问题是文化传承和涵化问题、利益分配问题，并从企业发展观念、收益分配、政府扶持与投资商支持、社区参与、文化利用等方面讨论了促进当地可持续发展的措施[⑦]。何雷、朱创业认为岚安乡旅游开发面临环境破坏问题、文化保护问题、利益分配问题与社区参与问题。要通过树立可持续发展观、构建社区居民参与机制、建立主体利益协调机制与确立原生态村寨发展战略来进行旅游开发[⑧]。周娜娜指出民族村寨旅游存在外来文化冲击，利益分配不当，特有景观损毁、消失及复制，过度开发导致生态环境承载过限以及文化失真和庸俗化的问题，并提出增强文化自信，提高旅游规划

---

① 叶春、陈志永：《基于耗散结构理论的民族村寨旅游业可持续发展研究》，《安徽农业科学》2008 年第 24 期。

② 曹端波、陈菓：《西部民族地区乡村旅游中的环境问题与可持续发展》，《生态经济》2008 年第 10 期。

③ 李承来：《村寨生态旅游可持续发展研究——以黔东南苗侗村寨发展为例》，《贵州大学学报》（社会科学版）2009 年第 2 期。

④ 龚娜：《贵州民族地区乡村旅游可持续发展探析》，《贵州民族研究》2010 年第 2 期。

⑤ 王虹等：《民族村寨文化空间保护与旅游可持续发展新探》，《湖北民族学院学报》（哲学社会科学版）2011 年第 5 期。

⑥ 廖军华：《民族村寨旅游环境问题探析》，《湖北农业科学》2011 年第 13 期。

⑦ 武晓英、李伟：《从社区参与层面探讨民族旅游的可持续发展问题——以云南省西双版纳为例》，《资源开发与市场》2012 年第 6 期。

⑧ 何雷、朱创业：《原生态村寨旅游可持续开发策略研究——以泸定县岚安乡为例》，《技术与市场》2012 年第 11 期。

管理，提倡适度开发、加强民族文化遗产保护力度，完善机制建设四个方面的可持续发展措施[①]。谢萍、朱德亮认为民族村寨旅游实现可持续发展要面临涉及文化、环境、经济与社会等多方面困境，提出了“低碳为先”的环境发展模式、“圈层互动”的文化发展模式、“多元结合”的经济发展模式、“均衡共生”的社会发展模式四个促进民村村寨旅游可持续发展模式[②]。李秋成等通过对两个样本村寨的实证研究，指出可以通过探索“社区关系管理”策略促进可持续发展[③]。邓辉、刘素认为社区参与是促进民族村寨旅游发展的重要动力[④]。李培英指出增权是促进民族地区旅游发展公平性和可持续性的有效途径。村民在旅游发展中，村寨多方面的利益受损和失衡状况，需要通过制度、社会、心理和经济增权来改善[⑤]。张莞认为羌族村寨旅游可持续发展的根本在于当地村民能否持续受益，关键在于企业、村委会及村民三者能否持续有效地沟通[⑥]。徐燕、石秀莲指出民族文化是民族村寨旅游可持续发展的源泉[⑦]。范莉娜等认为居民支持行为意愿可以决定社区居民旅游参与程度的深浅、旅游产品质量的优劣和旅游目的地竞争实力的强弱[⑧]。姚旻等提出政策与要素、组织保障与机会公平、意识培育、社区治理等对策，以推动散居型村寨内生发展和可持续旅游能力提升[⑨]。孙云娟认为村寨生态、文化资源与旅游产业相融合的过程中存在的问题会影响其可持续

---

① 周娜娜：《民族旅游开发与可持续发展研究》，《贵州民族研究》2013 年第 1 期。

② 谢萍、朱德亮：《论人类学视角下民族村寨旅游可持续发展模式》，《贵州民族研究》2014 年第 6 期。

③ 李秋成等：《社区人际关系、人地关系对居民旅游支持度的影响——基于两个民族旅游村寨样本的实证研究》，《商业经济与管理》2015 年第 3 期。

④ 邓辉、刘素：《民族村寨旅游中社区参与状况的调查与思考——基于武陵山区两个民族旅游村寨的比较研究》，《中南民族大学学报》（人文社会科学版）2017 年第 1 期。

⑤ 李培英：《基于增权理论的民族地区村寨旅游发展研究——以元阳哈尼梯田景区为例》，《学术探索》2017 年第 6 期。

⑥ 张莞：《乡村振兴战略下羌族村寨旅游发展困境与对策研究——基于对四川省茂县坪头羌寨和牟托羌寨的村民感知调查》，《世界农业》2018 年第 8 期。

⑦ 徐燕、石秀莲：《不同旅游开发阶段民族村寨民族文化保护及影响因素研究——以贵州省肇兴侗寨和三宝侗寨为例》，《安徽农业科学》2019 年第 15 期。

⑧ 范莉娜等：《精准扶贫战略下民族传统村落居民旅游支持中的特性剖析——基于黔东南三个侗寨的实证研究》，《贵州民族研究》2019 年第 8 期。

⑨ 姚旻等：《散居型村寨旅游“共生”发展机制与培育路径》，《贵州民族研究》2019 年第 12 期。

发展[①]。郑万军、周伍阳认为实施绿色减贫不仅有助于促进生态环境改善，而且还能推动产业健康发展[②]。

外显标志方面，主要从评判民族村寨旅游发展状况的相关标准方面加以归纳。罗永常通过对黔东南地区民族村寨旅游客源状况分析，确定其开发的不足以及提出相对应的措施，主要包括客源构成分析和旅客流向分析[③]。梁玉华通过旅游人次、旅游年收入、村民平均收入、游客平均消费与逗留时长等指标来衡量旅游带来的经济效益、脱贫致富的效果[④]。陈志永、梁玉华主要以游客人次来判定村寨旅游业的发展现状，并指出旅游人数的减少给旅游业的持续发展带来不利影响[⑤]。叶春、陈志永通过游客数量、总收入、村民平均年收入、知名度等指标的变化来判断南花苗寨旅游发展情况[⑥]。胡艳丽通过旅游人次、旅游综合收入、景区农民人均村收入、客源结构、相关产业发展情况、旅游产业从业人员、投资经营规模、旅游环境改善、村民文化保护意识以及游客满意度等方面的变化来说明西江千户苗寨的发展状况[⑦]。李甫从旅游人次和旅游收入及各自的同比增长来判断旅游业发展走向[⑧]。范莉娜等认为与体验相关的主客互动，互动中彼此间尊重、学习和认可，获得当地异质文化的本真性感受等“软环境”才是决定满意度的关键[⑨]。

---

① 孙云娟：《少数民族地区生态文化旅游发展——以恩施土家族吊脚楼村寨为例》，《社会科学家》2020 年第 4 期。

② 郑万军、周伍阳：《绿色减贫助推民族村寨产业振兴的逻辑与路径》，《云南民族大学学报》（哲学社会科学版）2020 年第 4 期。

③ 罗永常：《黔东南民族文化旅游资源开发现状分析与对策研究》，《贵州民族研究》2004 年第 3 期。

④ 梁玉华：《少数民族村寨生态旅游开发与旅游可持续发展探讨——以贵阳花溪镇山村旅游开发为例》，《生态经济》2007 年第 5 期。

⑤ 陈志永、梁玉华：《民族村寨旅游地衰落研究：以贵阳市镇山村为例》，《云南社会科学》2007 年第 1 期。

⑥ 叶春、陈志永：《基于耗散结构理论的民族村寨旅游业可持续发展研究》，《安徽农业科学》2008 年第 24 期。

⑦ 胡艳丽：《民族村寨旅游可持续发展的路径研究——基于贵州“西江千户苗寨”的调查报告》，《民族论坛》2012 年第 24 期。

⑧ 李甫：《贵州少数民族村寨旅游业发展的困境与对策研究——以花溪区镇山村为例》，《贵州民族研究》2016 年第 2 期。

⑨ 范莉娜等：《精准扶贫战略下民族传统村落居民旅游支持中的特性剖析——基于黔东南三个侗寨的实证研究》，《贵州民族研究》2019 年第 8 期。

基于上述文献梳理，我们可以看出，民族村寨旅游可持续发展的内在诉求与外显标志涉及多个方面的内容，目前还未形成完整、成熟的理论体系，但相关研究受到了学术界的重视并已取得较为丰硕的研究成果，为本书研究的开展奠定了坚实的理论基础。

二　内在诉求与外显标志的扎根理论分析

诉求与标志涉及人的主观要求和判断，社会科学研究中一般使用量表对其测量，但由于量表量化的特点，需要研究人员本身对量表内容有相当的理解和把握，否则会因对评价尺度把控不准而影响研究结果的准确性和可靠性。本项议题属首次探讨，暂无可直接参考借鉴的量表。为此，我们采用扎根理论研究方法，对民族村寨旅游可持续发展的内在诉求与外显标志进行理论探索。扎根理论非常适合这种探索性的研究，从详细的文献资料中提炼升华出完整的理论，为后续问卷的设计、指标的选取提供理论基础和参考借鉴。扎根理论最早由格拉泽（Glaser）和斯特劳斯（Strauss）提出，是一种通过深入分析原始资料，对原始资料进行归纳、整理形成概念，再通过概念之间的联系形成范畴，由下至上形成理论的一种质性研究方法。扎根理论研究程序包括原始资料的收集与整理、文本编码、理论生成三个步骤，而编码环节则包括开放性编码、主轴编码和选择性编码，即原始资料概念化、范畴化、理论化的过程①。本章内容将以扎根理论为研究方法，依托 NVivo 11 软件完成实际编码操作。

（一）研究对象与研究过程

1. 研究对象

本章选取中国知网（CNKI）资源数据库，采用主题为“民族村寨旅游”的模糊数据检索方式，检索时间设定在 2003 年 1 月 1 日至 2020 年 12 月 31 日，共检索到国内有关民族村寨旅游研究的中文核心期刊共 240 篇。通过对文章进行筛选，剔除无关键词、重复及无效文献，筛选出与民族村寨旅游可持续发展的内在诉求与外显标志密切相关的文献 35 篇，另外补充检索间接相关文献 5 篇，并以两部分共计 40 篇研究文

---

① 魏玉芝等：《基于扎根理论的网红旅游目的地旅游体验质量评价研究》，《资源开发与市场》2020 年第 6 期。

献作为基础研究对象。优秀期刊的文献来源，一方面保证了研究数据的权威性和有效性；另一方面，核心期刊文献引用十分丰富，亦保证了研究数据的广泛性和研究成果的代表性。

2. 研究过程

研究主要遵循扎根理论的编码原则，逐字逐句对研究文献进行解构与梳理，进而形成初始概念。由于目标文献并非来自访谈材料或调查问卷，所以在编码环节中要尽可能尊重和还原文献作者的意图以及表述，发现并整理与主题内容“内在诉求与外显标志”相关的语句和字段。鉴于此，本章引入了 NVivo 11 软件，以确保扎根理论分析过程的规范化、标准化。依据扎根理论的方法步骤，我们对相关文献资料进行文本解构、分析比较和持续编码，在对研究文献编码至第 36 篇时不再产生新的初始概念，于是将剩余 4 篇研究文献用作理论饱和度检验。在对余下 4 篇文献的编码过程中未有新的概念提出，由此认为研究形成的初始概念趋于完善，达到理论饱和，不再添加新的研究文献。最终，研究确定 177 条初始概念，范畴化后发现 14 个范畴以及 2 个主范畴，经由“开发故事线”后确定民族村寨旅游可持续发展的内在诉求与外显标志这一核心范畴，构建出关于民族村寨旅游可持续发展的内在诉求与外显标志理论框架。

（二）扎根理论分析

1. 开放式编码：提取初始概念，构建范畴

开放式编码是将资料分解、比较、概念化和范畴化的过程，即将资料打散揉碎，赋予概念，再以新的方式重新组合起来的过程[①]。该环节要将相关文献资料进行概念化和范畴化的呈现，要求编码人员抱以开放式的心态、采用分散式的方法，尽可能放开研究视野，不带有主观思绪和理论定式[②]来处理相关文献资料并对其进行编码，即对研究文献资料进行循环往复的辨析、比较，对文献反映的内容进行归纳、凝练，提取出初始概念，然后对初始概念进行分类、合并、重组等处理，形成理论

① 赵书虹、陈婷婷：《民族地区文化产业与旅游产业的融合动力解析及机理研究》，《旅游学刊》2020 年第 8 期。

② 周媛等：《基于扎根理论的旅游志愿服务行为影响因素研究》，《旅游学刊》2020 年第 9 期。

范畴。研究过程中为了避免主观想法或个人判断影响最终的研究成果，编码过程要尽量保证相关文献资料的原始性。具体而言，本环节将 40 篇文献全部导入 NVivo 11 软件中，逐篇提取文献资料的每个段落和语句，对语句内容进行分析、分类、归纳、提炼，最终形成了包括地方文化受到影响、环境受到影响、多元投资渠道、标志性景观或核心吸引物、产业带动效果明显等在内的 177 条内在诉求与外显标志初始概念，如表 4-1 所示。在此基础上，剔除出现频率太低，合并表述较为接近或内容重复的初始概念，再对这些初始概念进行归类、提炼、概括，最终明确经济增长、社会进步、文化传承、环境优化、产品升级、产业带动、外力推动、资金投入、资源利用、观念更新、旅游规模、旅游人气、游客体验与旅游收入 14 个范畴。

表 4-1　　开放式编码示例

文本资料（W：文献）	概念化
民族村寨旅游推动了地方经济发展的同时，也对地方文化、环境造成负面影响，同时还出现旅游开发相关主体利益冲突、民族文化违背传统等社会问题，不利于民族地区旅游可持续发展（W07）	地方文化受到影响；环境受到影响；利益主体之间存在冲突；民族文化违背传统
一是成立西江景区管委会、景区管理局和千户苗寨旅游公司等机构，加强对景区管理力度；二是敢于打破常规，出台一系列优惠政策，营造宽松发展环境，放手民营、多元投资，为西江旅游发展带来了源源不断的资金流；三是强化民族文化保护，出台《西江千户苗寨民族文化保护评级奖励办法》，每年拿出 150 万元分季度对保护原生文化的村民进行奖励，实现了民族文化保护和旅游开发的互动双赢与和谐发展（W10）	创新机制，强化管理；政策性支持；放手民营；多元投资渠道；文化保护激励方案
首先，民族旅游村寨社会基础设施总体上还比较滞后。村寨的道路通行条件差，通信条件也相对落后，限制了民族村寨经济市场的扩展和民族村寨社会的进一步分工。另外，民族旅游村寨医疗卫生状况还存在较大的问题，农户看病难、村寨公共卫生设施缺乏等问题没有得到完全的解决，不利于村寨农户生活质量的提高（W15）	基础设施滞后，经济与社会发展受限；公共服务设施有待完善

续表

文本资料（W：文献）	概念化
如龙胜的龙脊景区，龙脊十三寨构成了龙脊景区的主要风景，壮丽的梯田、掩映的竹楼、潺潺的溪水、独特的民族风情让国内外游客流连忘返（W01）	标志性景观或核心吸引物；景观极具特色；独特的民族风情
少数民族村寨在确保原始淳朴的村寨风貌不变以及有效保护好文化遗产的前提下，重点发展以本色民族风情为主要内容的文化生态旅游（W02）	保护原始淳朴村寨风貌；保护文化遗产；民族风情
本地村民由于思想观念、资金技术、能力见识以及信息失灵等诸多局限，几乎没有参与旅游决策、管理，因此一些诉求就很难得到表达的机会。政府在推动当地经济快速发展、帮助农民尽快脱贫致富理念的驱动下，往往因过于关注眼前的政绩而进行过度开发（W27）	村民由于自我能力有限，难以参与旅游管理；经济发展；脱贫致富；发展理念；过度开发
村寨旅游业的成功也顺利带动了村寨其他产业的发展和繁荣，绝大部分村寨都融合独特的少数民族文化，发展具有地域特色和民族特色的文化产业、生态观光业、民族工艺品加工业、别具特色的传统民族技艺，等等（W32）	产业带动效果明显
为使利益分配兼顾公平，令民族村寨走持续发展之路，可望解决旅游扶贫的对策是，因地制宜、立足本土，开发资源，优化利益分配方案，让更多的群众和贫困户受益，让他们的收入增长与井喷式的旅游发展同步（W36）	利益分配；公平；旅游扶贫；收入增长；
……	

注：由于初级编码涉及的概念和原始语句较多，无法全部呈现，所以仅对部分初始概念和部分原始语句进行了呈现。

2. 主轴编码：梳理逻辑关系，确定主范畴

主轴编码的根本目的是在开放式编码形成的成果基础上，构建更高级别的概念范畴，即开放式编码形成范畴所对应的类属关系。该环境要求研究人员以扎根理论为基础，进一步对开放式编码结果进行专业的分析、提炼、归纳其类属，并对不同范畴间的关系进行分析和探讨，验证范畴和主范畴间的联结关系①。如表 4-2 所示，依据“因果条件—结果现象”这一分析范式，由 14 个范畴发展出内在诉求与外显标志 2 个主

① 王宁、沈青青：《图书馆创客空间可持续发展驱动因素识别及模型构建——基于扎根理论的实证分析》，《图书馆工作与研究》2020 年第 5 期。

范畴[①]。依据民族村寨旅游可持续发展的因果条件，将经济增长、社会进步、文化传承、环境优化、产品升级、产业带动、外力推动、资金投入、资源利用与观念更新 10 个范畴归纳为内在诉求主范畴，10 个范畴是推动民族村寨旅游可持续发展的内在动因和必要条件，是主范畴内在诉求不同属性的作用因子。依据民族村寨旅游可持续发展的结果现象，将旅游规模、旅游人气、游客体验与旅游收入 4 个范畴归纳为外显标志主范畴，4 个范畴是民族村寨旅游可持续发展的表现形式，是主范畴外显标志的具体呈现。

3. 选择性编码：开发故事线，形成研究脉络

选择性编码则是在主轴编码的基础之上，进一步探索主范畴之间的关系，并挖掘出将所有范畴有机连接在一起的核心范畴，即在明确主范畴的基础上，有计划、有目的地提高概念的抽象层次，利用“开发故事线”的方法，将核心范畴与主范畴有机串联，形成理论[①]。本书研究甄别“民族村寨旅游可持续发展的内在诉求与外显标志”为核心范畴，2 个主范畴围绕这一核心范畴从两个方面展开。一方面，内在诉求是民族村寨旅游可持续发展动因和条件，民族村寨旅游的可持续发展能够带动社会的进步、提高民族地区的经济实力、文化的保护和弘扬等，正是这种正面的效应，推动着民族村寨旅游的不断发展，而民族村寨旅游可持续发展的实现，又需要合理的资源利用、产品的长久吸引、观念的不断创新等，因此，内在诉求既有对民族村寨旅游可持续发展所带来的利益期望，也包括实现民族村寨旅游可持续发展的必要条件。另一方面，外显标志是民族村寨旅游可持续发展的具体表现形式，可根据外显标志鉴别民族村寨旅游的发展情况，例如，旅游收入持续增加，游客规模持续增长，这都是外界对该地肯定的一种表现，也间接反映出内在诉求中各方面条件符合可持续发展要求，旅游发展形势较好，利益期望在一定程度上得了满足，逐渐形成了一个旅游发展的良性循环。反之，则表明当地旅游发展存在较大的问题，需要及时做出有效的调整。

---

① 蔡礼彬、宋莉：《旅游者幸福感研究述评：基于扎根理论研究方法》，《旅游学刊》2020 年第 5 期。

（三）研究发现

1. 内在诉求特征细分

通过扎根理论的研究发现，内在诉求可以表现为两种形式，一种是推动民族村寨可持续发展的动因，即期望通过民族村寨旅游的可持续发展所带来的实际效益，如加快脱贫致富、促进社会和谐等；另一种是民族村寨可持续发展的实现条件，如资源的有效利用、产品的提档升级等，因此可分别将其命名为“利益诉求”和“条件诉求”。但由于两种诉求之间，存在共同的成分，例如，民族村寨旅游的发展很大部分原因在于弘扬和传承特色民族文化，而民族村寨旅游的可持续发展又离不开对特色民族文化的合理利用，所以在扎根理论构建主范畴时难以将两种诉求细分开来，但在后期量表设计时需区分条件诉求和利益诉求。

2. 内外相互交叉现象

在文献的编码过程中，我们发现，内在诉求与外显标志是存在一定的相互交叉现象的。虽然大多数文献都是以旅游规模、经济收益、游客体验等因素来判断该景区发展的整体状态和趋势，且本章所构建的理论框架也是如此，但依旧无法断定该类因素是目前用以研判民族村寨旅游可持续发展的外显标志仅有的标准和依据。例如，优质的生态环境是民族村寨旅游可持续发展的内在诉求，但民族村寨旅游的可持续发展又能保障生态环境的优化和延续，那么生态环境是否也可成为可持续发展的外显标志？又如，旅游本质上是人的活动，旅游发展需要市场的拉动，民族村寨旅游的可持续发展离不开游客的持续到访，但高涨的旅游人气同样也能说明该旅游村寨发展状况较好，受到外界的认可程度高。因此，本章将在扎根理论的基础上，进一步提炼民族村寨旅游内在诉求与外形标志研究所需的相关指标，并通过实地走访和问卷调查，来完善内在诉求与外显标志的研究内容与理论框架，具体内容将在后文详述。

表 4-2　　主轴编码示例

主范畴	范畴	初始概念
内在诉求	经济增长	经济发展；增加收入，改善生活条件；村寨经济基础动摇；物价水平提高等
	社会进步	公平；扩大就业渠道；增进社区民族团结；培训村民相关技能等

续表

主范畴	范畴	初始概念
内在诉求	文化传承	地方文化受到影响；文化违背传统；独特的民族风情；外来文化冲击等
	环境优化	环境受到影响；原生态村寨环境遭到破坏；优化村容村貌；社区关系不和谐等
	产品升级	产品结构单一；产品层次低；打造特色品牌；主题或标志性产品等
	产业带动	产业带动效果明显；产业要素不齐全；产业转型；社区参与旅游发展等
	外力推动	政府关注；游客减少，影响旅游业的发展；政策性支持；需要政府和社会力量的介入等
	资金投入	政府投资；企业投资；缺少资金；缺少投资者等
	资源利用	标志性景观或核心吸引物；资源遭到破坏；资源的有效保护；村寨景观极具特色等
	观念更新	创新机制，加强管理；更新发展理念；提高观念认识；系统规划，科学建设等
外显标志	旅游规模	旅游总体规模小；客源结构；游客接待量；拓展客源市场等
	旅游人气	旅游人次不断增长；口碑；游客忠诚；游客逗留时间等
	游客体验	强行兜售商品，游客反感；游客满意度增强；缺乏体验项目；真实感和生动性不足，游客失望等
	旅游收入	旅游综合收入；旅游人均纯收入；游客平均消费水平；旅游收入同比增长等

第二节　内在诉求与外显标志的实证分析

一　调研地选择

为了充分研究民族村寨旅游可持续发展的内在诉求与外显标志，进一步把握内在诉求与外显标志在民族村寨旅游可持续发展过程中所起的作用，调研组在扎根理论的研究基础之上，参考国内外学者现有研究成果，同时征求相关高校 5 位专家学者的指导与建议，设计了调查问卷，并于 2017 年 10 月至 2020 年 8 月在恩施市枫香坡、五峰山、二官寨、宣恩县伍家台、彭家寨、咸丰县麻柳溪、利川市白鹊山、营上村、建始县小西湖、来凤县杨梅古寨、贵州雷山西江千户苗寨、朗德上寨、黎平县肇兴侗寨、云南西双版纳傣族园和海南三亚中廖村 15 个民族村寨进行了实地调研。调研地信息如表 4-3 所示。自 2015 年起，我们便开始关注民族村寨旅游可持续发展的相关问题，并对上述 15 个村寨展开了跟踪调研，本次调研旨在补充完善前期调研资料，形成研究成果。

二 问卷设计与数据采集

（一）问卷设计

1. 问卷构成

调研组基于扎根理论的研究与前期的调研信息，参考国内外相关的研究成果，同时结合高校相关专家学者的指导意见，设计了关于民族村寨旅游可持续发展的内在诉求与外显标志的调查问卷。问卷由三个部分构成：第一部分为调查对象的基本信息，如性别、年龄段、受教育程度等，该部分共设计 5 个题项；第二部分为民族村寨旅游可持续发展的内在诉求量表，内在诉求量表包含两个大模块，即利益诉求与条件诉求。利益诉求是通过对受访者的调查，了解当地居民期望民族村寨旅游的可持续发展给“村寨整体”和“村寨居民”带来的变化与利益以及对这种期望的实际感知情况，该模块设计了 48 个题项，利益期望与实际感知各 24 个题项，采用 3 分量表形式，1—3 分分别代表“不同意”“基本同意”“同意”。条件诉求是调研组研究的重点，它回答了民族村寨旅游实现可持续发展的必要条件，该模块共设计 26 个题项，采用李克特 5 量表形式，1—5 分分别代表“非常不同意”“不同意”“中立”“同意”“非常同意”；第三部分为民族村寨旅游可持续发展的外显标志量表，它反映了民族村寨旅游实现可持续发展的主要特征和标志，该部分共设计 14 个题项，采用李克特 5 量表形式，1—5 分分别代表“非常不同意”“不同意”“中立”“同意”“非常同意”。

2. 指标构建

利益诉求主要从维度方面加以归纳，利益诉求是当地居民对民族村寨旅游可持续发展的利益期待和对期望的实际感知，因此，从民族村寨旅游可持续发展理论出发，考虑经济、社会、环境与文化四个方面的可持续所能带来的实际效益，并结合扎根理论建立的理论框架和现有研究成果从经济、社会、环境与文化四个维度构造利益诉求指标体系，具体整理内容如表 4-4 所示，利益诉求量表中，利益期望与实际感知观测指标一致。条件诉求与外显标志是调研组研究的核心要素，因此，调研组基于扎根理论的研究，结合前人的历史研究成果，并根据本章所研究的内容即条件诉求是民族村寨实现可持续发展的必要条件，外显标志则是反映民族村寨旅游可持续发展的主要特征与标志，经过设计、提炼和修正后形成条件诉求与外显标志的指标体系，共计形成条件诉求观测指标 26 个，外显标志观测指标 14 个，具体整理内容分别如表 4-5 和表 4-6 所示。

表 4-3　　样本村寨信息统计

样本村寨	基本情况	发展模式	整体趋势
枫香坡	位于芭蕉侗族乡高拱桥村，景区面积 1.5 平方千米；侗族风情浓郁；优良茶产业，特色茶品牌恩施玉露	侗族风情+茶园观光+美食体验	起步早，发展快，当前由于经营管理方面的问题，旅游发展开始显现衰退迹象，急需转型升级
麻柳溪	距黄金洞集镇 4 千米；有“吊脚楼群落”美称；依托 4A 级景区黄金洞；通过国家有机认证的有机茶产地	景区带动+羌族风情+茶产业发展	发展快，效益好，处于旅游发展成长期
伍家台	乾隆皇帝御赐“皇恩宠锡”牌匾，伍家台“贡茶”名扬四方；农投企业带动；品牌引领；茶旅融合	茶产业+土家风情	开发稍晚，发展快，效益好，产业联动性强，处于旅游发展成长期
二官寨	位于盛家坝乡西北部，全村 37.6 平方千米；国家森林乡村	民宿引领	开发稍晚，发展较快，民宿发展具有一定的特色
营上村	距离恩施城区 47 千米；5A 景区大峡谷坐落于此；企业和能人带动、示范；文旅、农旅融合	景区带动+民宿引领+有机果园+土家风情	开发稍晚，发展较快，整体发展较好，但发展过程中问题较多，可持续发展受限
白鹊山	现有民宿旅游经营户 34 户；企业和能人带动、示范；文旅、农旅融合	土家风情+民宿引领	开发稍晚，发展较快，整体发展较好，但发展过程中问题较多，可持续发展受限
五峰山	恩施海拔最高的山，约 1420 米；城郊区位；土家风情浓郁；享“花果山”美称；果蔬基地	突出土家美食特征的农家乐发展模式	起步早，发展快，当前旅游发展处于衰退状态，急需转型升级

续表

样本村寨	基本情况	发展模式	整体趋势
小西湖	位于湖北省建始县花坪乡境内。海拔较高，山地环境优美，避暑胜地；土家村寨	土家风情+休闲度假	开发稍晚，发展较快，整体发展较好，但发展过程中问题较多，可持续发展受限
杨梅古寨	位于来凤县三胡乡，距来凤县城 20 多千米，规划区域面积 2.5 平方千米；古杨梅群落；土家山寨；村寨景观；“湖北杨梅第一乡”	土家风情+村寨景观+特色产业	整体发展较好，但发展过程中问题较多，可持续发展受限
彭家寨	位于武陵山北麓；典型土家族聚落环境；吊脚楼典藏；原生态土家风情	民族文化生态村/生态博物馆	整体发展较好，但发展过程中问题较多，可持续发展受限
西江千户苗寨	位于黔东南苗族侗族自治州雷山县东北部的雷公山麓；中国乃至世界最大的苗族聚居；苗族原生态文化最完整的地方	苗族文化博物馆+景区观光	发展较早，整体发展趋势较好
朗德上寨	位于凯里市东南 27 千米的苗岭腹地；中国民间歌舞艺术之乡；全国百座露天博物馆之一；芦笙之乡；侗族风情浓郁	侗族风情+景区观光	发展较好，整体发展趋势一般，发展过程中问题较多，可持续发展受限
肇兴侗寨	黎平侗乡风景名胜区的核心景点；先后被评为中国最美的六大乡村古镇之一和全球最具诱惑力的 33 个旅游目的地之一；鼓楼文化艺术之乡；歌舞之乡；侗族风情浓郁	侗族风情+景区观光	发展较早，整体发展趋势较好
傣族园	位于西双版纳橄榄坝；总体规划占地 336 公顷；“西双版纳之魂”；5 个保存完好的傣族村寨组成，傣族风情浓郁	傣族风情+园区观光	发展较早，整体趋势较好，发展过程中问题较多，可持续发展受限
中廖村	三亚市吉阳区的东北方位；位于城郊，临海，区位好；2019 年分别入选首批全国乡村旅游重点村名单和全国乡村治理示范村名单；休闲设施齐全；黎族风情浓郁	黎族风情+休闲度假	整体发展趋势一般，偏离预期，发展过程中问题突出，可持续发展受限

表 4-4　　利益诉求指标体系

维度	操作性定义	文献支持
经济增长	促进民族地区经济增长；改善当地居民生活水平，夯实当地居民物质基础	李燕妮、王嘉（2012）[①]；陈香香（2019）[②] 等
社会进步	创建乡风文明、和谐社会；为当地居民带来更多福祉	罗永常（2003）[③]；何景明（2010）[④] 等
环境优化	改善村寨生态环境；营造热情友好、主客和谐融洽的人文环境	蒋焕洲（2010）[⑤]；龚娜（2010）[⑥] 等
文化传承	促进特色民族文化的保护、弘扬与传承	石玉昌（2015）[⑦]；徐燕、石秀莲（2019）[⑧] 等

表 4-5　　条件诉求指标体系

编号	观测指标	指标解释	文献支持
1	村寨景观	村寨景观具有特色和强大吸引力	曹端波、陈菓（2008）[⑨]；马静、田利红（2018）[⑩]；罗剑宏、叶卉宇（2016）[⑪]；
2	标志景观	旅游资源具有很强的市场适宜性	
3	资源适宜	拥有核心吸引物或标志性景观	
4	政府支持	有政府关注和政策性支持	
5	市场拉动	持续高涨人气和游客来访	

① 李燕妮、王嘉：《关于渝东南民族村寨旅游发展的几点思考》，《经济视角（中旬）》2012 年第 4 期。

② 陈香香：《乡村振兴视野下的民族村寨旅游发展研究——以贞丰县纳孔村为例》，《大众文艺》2019 年第 24 期。

③ 罗永常：《民族村寨旅游发展问题与对策研究》，《贵州民族研究》2003 年第 2 期。

④ 何景明：《边远贫困地区民族村寨旅游发展的省思——以贵州西江千户苗寨为中心的考察》，《旅游学刊》2010 年第 2 期。

⑤ 蒋焕洲：《贵州民族村寨旅游发展现状、问题与对策研究》，《广西财经学院学报》2010 年第 2 期。

⑥ 龚娜：《贵州民族地区乡村旅游可持续发展探析》，《贵州民族研究》2010 年第 2 期。

⑦ 石玉昌：《侗族村寨旅游开发的文化风险与对策研究》，《民族论坛》2015 年第 9 期。

⑧ 徐燕、石秀莲：《不同旅游开发阶段民族村寨民族文化保护及影响因素研究——以贵州省肇兴侗寨和三宝侗寨为例》，《安徽农业科学》2019 年第 15 期。

⑨ 曹端波、陈菓：《西部民族地区乡村旅游中的环境问题与可持续发展》，《生态经济》2008 年第 10 期。

⑩ 马静、田利红：《民族村寨深度旅游资源的开发与对策研究——以台江县施洞镇为例》，《贵州师范学院学报》2018 年第 2 期。

⑪ 罗剑宏、叶卉宇：《民族旅游村寨可持续发展困境及路径探讨》，《中华文化论坛》2016 年第 10 期。

续表

编号	观测指标	指标解释	文献支持
6	企业推进	有旅游中间商的关注与强力推介	龚娜（2010）[①]；范莉娜等（2019）[②]；李秋成等（2015）[③]；周常春等（2019）[④]；聂欣晗（2018）[⑤]；陈燕利（2020）[⑥]；孙九霞、刘相军（2015）[⑦] 等
7	资金保障	有充足的资金保障和资本投入	
8	融资渠道	有多元的投融资渠道	
9	使用适效	资金使用的高适效性	
10	主题产品	拥有主题和标志性产品	
11	品牌影响	旅游产品具有持续的品牌影响力	
12	产品升级	旅游产品能够适时提档、转型、升级	
13	产业丰度	村寨产业业态多样且充满活力	
14	产业融合	文旅、农旅等融合程度高	
15	社区参与	村民主人翁意识强，参与程度高	
16	产业特色	村寨拥有特色产业，具有强大吸引力	
17	文化保护	民族文化得到有效保护和传承	
18	民俗风情	民俗风情多姿多彩，富有特色	
19	文化利用	民族文化得到合理利用	
20	生态环境	村寨生态环境保持良好	
21	村容村貌	村容村貌整洁优美	
22	社区和谐	和谐平安的社区环境	
23	主客友好	热情好客，主客友好相处的环境	
24	发展理念	发展理念与时俱进，具有前瞻性	
25	经营理念	经营模式不断创新，具有高效性	
26	管理理念	管理方式切实有效，具有科学性	

① 龚娜:《贵州民族地区乡村旅游可持续发展探析》,《贵州民族研究》2010 年第 2 期。

② 范莉娜等:《精准扶贫战略下民族传统村落居民旅游支持中的特性剖析——基于黔东南三个侗寨的实证研究》,《贵州民族研究》2019 年第 8 期。

③ 李秋成等:《社区人际关系、人地关系对居民旅游支持度的影响——基于两个民族旅游村寨样本的实证研究》,《商业经济与管理》2015 年第 3 期。

④ 周常春等:《政府主导型扶贫模式对乡村旅游发展的影响研究——以云南 3 个民族村寨为例》,《南京财经大学学报》2019 年第 4 期。

⑤ 聂欣晗:《智慧旅游视角下民族村寨旅游提升策略研究》,《贵州民族研究》2018 年第 2 期。

⑥ 陈燕利:《乡村振兴视野下民族特色村寨的品牌传播策略探析——以来凤县杨梅古寨为例》,《传播与版权》2020 年第 2 期。

⑦ 孙九霞、刘相军:《生计方式变迁对民族旅游村寨自然环境的影响——以雨崩村为例》,《广西民族大学学报》（哲学社会科学版）2015 年第 3 期。

表 4-6　　外显标志指标体系

编号	观测指标	指标解释	文献支持
1	旅游人气	持久旺盛的旅游人气	罗永常（2004）[①]；胡艳丽（2012）[②]；廖军华（2011）[③]；李甫（2016）[④]；张莞（2018）[⑤]；李忠斌等（2016）[⑥] 等
2	外界口碑	良好的旅游口碑	
3	游客体验	游客良好的旅游体验感受	
4	生态环境	优质的生态环境	
5	村容村貌	整洁优美的村容村貌	
6	旅游氛围	强烈的主客和谐氛围	
7	旅游规模	持续增长的旅游规模	
8	经济效益	持续客观的经济效益	
9	产业态势	强劲兴旺的产业发展势头	
10	社区参与	强烈的主人翁意识和大规模的社区参与	
11	文化弘扬	民族文化的有效保护、传承与弘扬	
12	资本投入	持续不断的外来资本投入	
13	政府支持	政府的关注与支持	
14	企业推进	旅游中间商的关注与推介	

3. 预调研与问卷修正

调查问卷初稿设计完毕后，调研组针对问卷现有题项开展了预调研，该步骤主要针对条件诉求与外显标志问项，以确保后期研究成果的有效性和可靠性。预调研时间为 2017 年 12 月 15—18 日，在恩施市枫香坡、宣恩县伍家台、咸丰县麻柳溪 3 个样本村寨进行，共计发放调查问卷 40 份，剔除错填、漏填等无效问卷 6 份，回收有效问卷 34 份，问

① 罗永常：《黔东南民族文化旅游资源开发现状分析与对策研究》，《贵州民族研究》2004 年第 3 期。

② 胡艳丽：《民族村寨旅游可持续发展的路径研究——基于贵州“西江千户苗寨”的调查报告》，《民族论坛》2012 年第 12 期。

③ 廖军华：《民族村寨旅游环境问题探析》，《湖北农业科学》2011 年第 13 期。

④ 李甫：《贵州少数民族村寨旅游业发展的困境与对策研究——以花溪区镇山村为例》，《贵州民族研究》2016 年第 2 期。

⑤ 张莞：《乡村振兴战略下羌族村寨旅游发展困境与对策研究——基于对四川省茂县坪头羌寨和牟托羌寨的村民感知调查》，《世界农业》2018 年第 8 期。

⑥ 李忠斌等：《基于产权视角下的民族文化旅游可持续发展研究》，《中南民族大学学报》（人文社会科学版）2016 年第 5 期。

卷回收率为85%。此后，本章利用SPSS软件对预调研收集的数据进行统计分析。首先，对条件诉求26个题项进行整体的信度检验，条件诉求26个题项的克隆巴赫Alpha系数为0.874，信度理想，各题项间一致性程度较好，该部分题项设计较为合理，无须修改。其次，对外显标志的14个题项进行整体效度检验，外显标志14个题项的克隆巴赫Alpha系数为0.641，各题项之间相关性较低，一致性程度一般。因此，对外显标志14个题项额外进行信度检验，结果表明外显标志1—9题项的克隆巴赫Alpha系数为0.802，该部分题项设计较为合理，题项间一致性程度良好；外显标志10—14题的克隆巴赫Alpha系数为0.608，表明该部分题项设计存在一定的问题，研究数据检验结果不太理想。经由调研组周密的商讨后（此过程主要结合专家、学者看法和指导性意见以及考虑CITC值过低，即总—分相关性检验结果不佳，删去后可提高量表信度的准则），决定删除10—14题，即删除资本投入、社区参与、文化弘扬、政府支持与企业推介5个观测指标，以确保问卷题项的合理性与研究成果的可靠性。正式问卷如表4-7、表4-8、表4-9所示，利益诉求部分包含利益期望与实际感知，共计48个题项，条件诉求部分共计26个题项，外显标志部分共计9个题项。

表4-7　　　　利益诉求

利益诉求（期望/感知）	题项
你期望民族村寨旅游给村寨/居民带来的变化？（民族村寨旅游给村寨/居民实际带来的变化）	
经济增长	村寨整体
	带动产业发展、增强经济实力
	加快脱贫致富和小康建设
	改善基础设施和公共服务设施
	促进民生改善
	居民个人
	增加收入，改善生活
	扩大经营规模
	提高经营管理能力

续表

利益诉求（期望/感知）	题项
社会进步	村寨整体
	扩大就业渠道
	促进开放开化
	提升社会治理
	促进乡风文明
	增进社会和谐
	居民个人
	提高参与机会
	谋求更好职位，参与村寨管理
	增强主人翁意识，获得更多尊重
文化传承	村寨整体
	保护、传承和合理利用民族文化
	增强民族自尊心、认同感和凝聚力
	促进文化交流与传播
	居民个人
	扩大视野，增长见识
	增强民族自尊心和自豪感
环境优化	村寨整体
	保护和优化原生态聚落环境
	改善村容村貌，促进美丽乡村建设
	居民个人
	平安和谐
	主客友好

表 4-8　　条件诉求

编号	观测指标	题项
1	村寨景观	你是否同意村寨景观极具特色和吸引力是民族村寨旅游可持续发展的必要条件？
2	资源适宜	你是否同意旅游资源能够迎合大众需求是民族村寨旅游可持续发展的必要条件？

续表

编号	观测指标	题项
3	标志景观	你是否同意有标志性景观或核心吸引物是民族村寨旅游可持续发展的必要条件?
4	政府支持	你是否同意有政府的关注和支持是民族村寨旅游可持续发展的必要条件?
5	市场拉动	你是否同意有源源不断的游客到访是民族村寨旅游可持续发展的必要条件?
6	企业推进	你是否同意有旅游中间商的强力推介是民族村寨旅游可持续发展的必要条件?
7	资金保障	你是否同意有充足的资金保障是民族村寨旅游可持续发展的必要条件?
8	融资渠道	你是否同意有多元化的融资渠道是民族村寨旅游可持续发展的必要条件?
9	使用适效	你是否同意合理有效地使用资金是民族村寨旅游可持续发展的必要条件?
10	主题产品	你是否同意有主题和标志性产品是民族村寨旅游可持续发展的必要条件?
11	品牌影响	你是否同意经久不衰的品牌影响力是民族村寨旅游可持续发展的必要条件?
12	产品升级	你是否同意产品适时转型升级是民族村寨旅游可持续发展的必要条件?
13	产业丰度	你是否同意村寨产业形式多样、充满活力是民族村寨旅游可持续发展的必要条件?
14	产业融合	你是否同意文旅、农旅等融合程度高是民族村寨旅游可持续发展的必要条件?
15	社区参与	你是否同意高程度的社区参与是民族村寨旅游可持续发展的必要条件?
16	产业特色	你是否同意村寨拥有特色产业是民族村寨旅游可持续发展的必要条件?
17	文化保护	你是否同意民族文化的保护和传承是民族村寨旅游可持续发展的必要条件?
18	民俗风情	你是否同意民族风情多姿多彩、富有特色是民族村寨旅游可持续发展的必要条件?
19	文化利用	你是否同意合理利用民族文化是民族村寨旅游可持续发展的必要条件?
20	生态环境	你是否同意优质的生态环境是民族村寨旅游可持续发展的必要条件?
21	村容村貌	你是否同意整洁优美的村容村貌是民族村寨旅游可持续发展的必要条件?
22	社区和谐	你是否同意和谐融洽的社区环境是民族村寨旅游可持续发展的必要条件?
23	热情好客	你是否同意当地居民热情好客的态度是民族村寨旅游可持续发展的必要条件?
24	发展理念	你是否同意村寨发展理念与时俱进是民族村寨旅游可持续发展的必要条件?
25	经营理念	你是否同意高效的经营模式是民族村寨旅游可持续发展的必要条件?

续表

编号	观测指标	题项
26	管理理念	你是否同意科学的管理方式是民族村寨旅游可持续发展的必要条件?

表 4-9　　外显标志

编号	观测指标	题项
1	旅游人气	你是否同意持续高涨的旅游人气是民族村寨旅游可持续发展的主要标志?
2	外界口碑	你是否同意外界良好的评价是民族村寨旅游可持续发展的主要标志?
3	游客体验	你是否同意良好的旅游体验感受是民族村寨旅游可持续发展的主要标志?
4	生态环境	你是否同意持续优化的生态环境是民族村寨旅游可持续发展的主要标志?
5	村容村貌	你是否同意持续改善的村容村貌是民族村寨旅游可持续发展的主要标志?
6	旅游氛围	你是否同意主客友好、和谐融洽的旅游氛围是民族村寨旅游可持续发展的主要标志?
7	旅游规模	你是否同意持久增长的旅游规模是民族村寨旅游可持续发展的主要标志?
8	经济效益	你是否同意不断增长的旅游经济效益是民族村寨旅游可持续发展的主要标准?
9	产业趋势	你是否同意旅游业强劲兴旺的发展势头是民族村寨旅游可持续发展的主要标志?

（二）数据采集

正式问卷形成之后，调研组从武汉出发，前往 15 个样本村寨，正式调研的时间跨度为 2017 年 12 月至 2020 年 8 月。调研的受访对象主要包括 15 个样本村寨的村干部、村寨经营户、投资商、景区负责人、村寨居民及来访游客。本次调研共计发放 450 份调查问卷，剔除 44 份错填、漏填等无效问卷，最终回收有效问卷 406 份，有效问卷回收率达 90.2%，问卷发放详情如表 4-10 所示。为了进一步了解各样本村寨旅游发展的相关情况，调研组还对每个村寨的村干部、经营户以及当地村民进行了有针对性的深度访谈，访谈人数为 90 人。调研组成员为了保证访谈内容的完整性和有效性，对访问内容进行了录音，有效录音 75 份，平均录音时长为 25 分钟。调研组还依据当地基本信息、访谈详情、相关研究文献，结合前期调研结果，整理了完整的研究资料，共约 85000 字。此外，Gay 提出了有关样本数应该选择多少的建议：描述研究时，样本数至少占母群体的 10%；研究变量间是否存在关系，被调查者至少在 30 人以上①，本研究被调查者 406 人，样本数量适合进行统计分析。正式调研之后，调研组秉持科学、客观、真实有效的研究原则对采集的数据进行整理和分析，形成样本人口特征统计表，如表 4-11 所示。样本人口特征状况主要考察调查对象的性别、年龄、受教育程度、家庭年收入以及从事旅游相关工作等居民主体的基本情况。结果表明，样本男女比例相差较小，受访男性为 232 位，占比 57.14%，受访女性为 174 位，占比 42.86%，男性略多于女性；调查对象中年龄在 41—60 岁的群体最多，为 189 人，占比 46.55%。20 岁以下大多为学生，学生在调研中难以遇见，且大多思维模式不够成熟，不影响调研结果。21—40 岁的群体大多忙于生计，外出务工，因此受访人数相较 41—60 岁群体次之，为 165 人，占比 40.64%；61 岁及以上受访群体由退休老干部、当地居民和享受晚年的游客组成，人数较少，为 33 人，占比 8.13%；受教育程度中初中至高中/中专的人数最多，为 189 人，占比 46.55%，初中以上学历共计 286 人，占比 70.44%，说明受访对象中整体受教育程度较高；家庭年收入方面，3 万—5 万元的群体最多，为 186 人，占比 45.81%，3 万元以下 113 人，占比 27.83%，5 万元以上 107 人，占比 26.35%，整体来看，村寨扶贫效果显著，村寨居民基本实现脱贫；在从事旅游相关工作方面，198 人从事旅游相关工作，占比 48.77%，表明民族村寨旅游的开发给民族村寨创造了更多的工作岗位。

表 4-10　　问卷发放与回收

样本村寨	访问次数（次）	发放数量（份）	回收问卷（份）	样本村寨	访问次数（次）	发放数量（份）	回收数量（份）
枫香坡	2	26	25	麻柳溪	1	19	14
		22	21	二官寨	1	25	22
营上村	2	24	24	五峰山	1	18	17
		23	22	杨梅古寨	1	21	18

① 吴明隆：《SPSS 统计应用实务：问卷分析与应用统计》，科学出版社 2003 年版，第 26 页。

续表

样本村寨	访问次数（次）	发放数量（份）	回收问卷（份）	样本村寨	访问次数（次）	发放数量（份）	回收数量（份）
白鹊山	2	25	21	小西湖	1	22	19
		17	15	彭家寨	1	20	17
伍家台	2	28	24	朗德上寨	1	24	22
		22	20	肇兴侗寨	1	26	23
西江千户苗寨	2	23	23	中廖村	1	20	19
		21	19	傣族园	1	24	21
总计		231	214	总计		219	192

表 4-11　　样本人口特征状况（N=406）

项目	类别	频次（次）	百分比（%）
性别	男	232	57. 14
	女	174	42. 86
年龄	20 岁以下	19	4. 68
	21—40 岁	165	40. 64
	41—60 岁	189	46. 55
	61 岁及以上	33	8. 13
受教育程度	初中以下	120	29. 56
	初中至高中/中专	189	46. 55
	大专及以上	97	23. 89
家庭年收入	3 万元以下	113	27. 83
	3 万—5 万元	186	45. 81
	5 万元以上	107	26. 35
是否从事旅游相关工作	是	198	48. 77
	否	208	51. 23

三　内在诉求与外显标志的因子分析

本章主要是在上文所述研究的基础之上，首先，从经济、社会、环境与文化四个维度系统分析利益诉求，讨论利益期望的强烈程度与村民的实际感知状况。其次，对条件诉求与外显标志观测指标进行因子分析，以确定条件诉求与外显标志的主要影响因子。周晓宏、郭文静指出

探索性因子分析提供了发现模型以验证假设的概念和计算工具，其提供的结果为验证性因子分析建立假设提供了重要的基础和保证，两种因子分析缺少任何一个，因子分析都将是不完整的[①]。因此，我们主要通过SPSS软件对调研数据进行探索性因子分析，提取主要影响因子，再利用AMOS软件进行可靠性验证，最后得出民族村寨旅游可持续发展的内在诉求与外显标志的关键因素及影响程度大小。

（一）利益诉求

1. 利益期望

本章选取15个民族村寨为研究案例地，基于“当地居民的期望与感知”视角（受访群体以当地居民为主），从经济、社会、环境、文化四个方面入手，全面地、系统地分析了民族村寨对民族村寨旅游开发的利益期望，如表4-12所示。题项从“村寨整体”与“居民个人”两个方面设置。结果表明：

在经济增长方面，“村寨整体”共4个题项，“居民个人”共3个题项：从村寨整体来看，399人（98.28%）期望民族村寨旅游能够带动产业发展、增强经济实力；381人（93.84%）期望民族村寨旅游能够加快脱贫致富和小康建设；388人（95.57%）期望民族村寨旅游能够改善基础设施和公共服务设施；391人（96.31%）期望民族村寨旅游能够促进民生改善。从居民个人来看，403人（99.26%）希望民族村寨旅游能够增加收入改善生活；381人（93.84%）希望民族村寨旅游能够扩大经营规模；365人（89.90%）期望民族村寨旅游能够提高经营管理能力。在社会进步方面，“村寨整体”共5个题项，“居民个人”共3个题项：从村寨整体来看，387人（95.32%）希望民族村寨旅游能够扩大就业渠道；377人（92.86%）期望民族村寨旅游能促进村寨的开放开化；380人（93.60%）希望民族村寨旅游能够提升村寨的社会治理能力；386人（95.07%）希望民族村寨旅游能够促进村寨的乡风文明建设；389人（95.81%）希望能够增进村寨的社会和谐。从“居民个人”来看，390人（96.06%）希望能够提高个人参与旅游

① 周晓宏、郭文静：《探索性因子分析与验证性因子分析异同比较》，《科技和产业》2008年第9期。

的机会；387 人（95.32%）希望民族村寨旅游能够谋求更好的职位，参与村寨管理；386 人（95.07%）希望能够增强主人翁意识，获得更多尊重。在文化传承方面，“村寨整体”共 3 个题项，“居民个人”共 2 个题项：从村寨整体来看，388 人（95.57%）期望民族村寨旅游能够保护、传承和合理利用民族文化；387 人（95.32%）期待能够增强民族自尊心、认同感和凝聚力，385 人（94.83%）希望能够促进文化交流与传播；从居民个人来看，383 人（94.33%）希望能够扩大视野，增长见识，370 人（91.13%）希望能够增强民族自尊心和自豪感。在环境优化方面，“村寨整体”和“居民个人”各有 2 个题项：从村寨整体来看，378 人（93.10%）希望民族村寨旅游的发展能够保护和优化原生态聚落环境；371 人（91.38%）希望能够改善村容村貌，促进美丽乡村建设。从居民个人来看，370 人（91.13%）希望能有一个平安和谐的社区环境；368 人（90.64%）希望“主客友好”。

经济、社会、文化与环境的均值（标准差）分别为 2.953（0.561）、2.949（0.623）、2.942（0.521）、2.931（0.557）。因此，可根据均值大小确定利益期望的强度，首先，村寨的第一期望是经济期望，其中带动产业发展、增强经济实力（98.28%）与增加收入改善生活（99.26%）是经济增长的主要期望。其次，第二期望为社会进步，其中，增进社会和谐与提高参与机会是该维度的主要期望。再次，文化传承是第三期望，保护、传承和合理利用民族文化（95.57%）与扩大视野，增长见识（94.33%）是该维度的主要期望。最后，环境优化是第四期望，保护和优化原生态聚落环境（93.10%）与平安和谐的社区环境（91.13%）是环境优化维度当中的主要期望。

表 4-12　利益期望

利益期望	题项	同意（%）	基本同意（%）	均值	标准差
经济增长	村寨整体			2.953	0.561
	带动产业发展、增强经济实力	98.28	1.72		
	加快脱贫致富和小康建设	93.84	6.16		

续表

利益期望	题项	同意（%）	基本同意（%）	均值	标准差
经济增长	改善基础设施和公共服务设施	95.57	4.43	2.953	0.561
	促进民生改善	96.31	3.69		
	居民个人				
	增加收入改善生活	99.26	0.74		
	扩大经营规模	93.84	6.16		
	提高经营管理能力	89.90	10.10		
社会进步	村寨整体			2.949	0.623
	扩大就业渠道	95.32	4.68		
	促进村寨开放开化	92.86	7.14		
	提升村寨的社会治理能力	93.60	6.40		
	促进村寨的乡风文明建设	95.07	4.93		
	增进村寨的社会和谐	95.81	4.19		
	居民个人				
	提高个人参与旅游的机会	96.06	3.94		
	谋求更好职位，参与村寨管理	95.32	4.68		
	增强主人翁意识，获得更多尊重	95.07	4.93		
文化传承	村寨整体			2.942	0.521
	保护、传承和合理利用民族文化	95.57	4.43		
	增强民族自尊心、认同感和凝聚力	95.32	4.68		
	促进文化交流与传播	94.83	5.17		
	居民个人				
	扩大视野，增长见识	94.33	5.67		
	增强民族自尊心和自豪感	91.13	8.87		
环境优化	村寨整体			2.931	0.557
	保护和优化原生态聚落环境	93.10	6.90		
	改善村容村貌，促进美丽乡村建设	91.38	8.62		
	居民个人				
	平安和谐的社区环境	91.13	8.87		
	主客友好	90.64	9.36		

2. 实际感知

实际感知是当地居民对民族村寨旅游所带来利益的实际感知，如表4-13所示。在经济增长方面，“村寨整体”共4个题项，“居民个人”共3个题项：从村寨整体来看，335人（82.51%）同意民族村寨旅游能够带动产业发展、增强经济实力；336人（82.76%）同意民族村寨旅游能够加快脱贫致富和小康建设；330人（81.28%）同意民族村寨旅游能够改善基础设施和公共服务设施；324人（79.80%）同意民族村寨旅游能够促进民生改善。从居民个人来看，351人（86.45%）同意民族村寨旅游能够增加收入改善生活；261人（64.29%）同意民族村寨旅游能够扩大经营规模；290人（71.43%）同意民族村寨旅游能够提高经营管理能力。在社会进步方面，“村寨整体”共5个题项，“居民个人”共3个题项：从村寨整体来看，332人（81.77%）同意民族村寨旅游能够扩大就业途径，331人（81.53%）同意民族村寨旅游能促进村寨的开放开化；305人（75.12%）同意民族村寨旅游能够提升村寨的社会治理能力；324人（79.80%）同意民族村寨旅游能够促进乡风文明建设；311人（76.60%）同意民族村寨旅游能够增进社会和谐。从“居民个人”来看，309人（76.11%）同意民族村寨旅游能够提高参与机会；288人（70.94%）同意民族村寨旅游能够谋求更好职位，参与村寨管理；313人（77.09%）同意民族村寨旅游能够增强主人翁意识，获得更多尊重。在文化传承方面，“村寨整体”共3个题项，“居民个人”共2个题项：从村寨整体来看，310人（76.35%）同意民族村寨旅游能够保护、传承和合理利用民族文化；252人（62.07%）同意民族村寨旅游能够增强民族自尊心、认同感和凝聚力；306人（75.37%）同意民族村寨旅游能够促进文化交流与传播。从居民个人来看，241人（59.36%）同意民族村寨旅游的发展能够扩大视野，增长见识；270人（66.50%）同意民族村寨旅游的发展能够增强民族自尊心和自豪感。在环境优化方面，“村寨整体”和“居民个人”各有2个题项：从村寨整体来看，289人（71.18%）同意民族村寨旅游的发展能够保护和优化原生态聚落环境；288人（70.94%）同意民族村寨旅游的发展能够改善村容村貌，促进美丽乡村建设。从居民个人来看，301人（74.14%）同意民族村寨旅游的发展能够有效推动社区平安和谐；295 人（72.66%）同意民族村寨旅游的发展可以促进“主客友好”。

由此可见，民族村寨旅游的开发在经济、社会、文化、环境四个方面取得了显著的成效，获得了当地居民的肯定。但“不同意”的占比不容忽视，“不同意”反映了民族村寨旅游发展存在的诸多问题，影响了民族村寨旅游的可持续发展。因此，调研组根据实地访谈情况筛选出描述当地居民“不同意”的原因，如表 4-14 所示。正是文中筛选的这些因素，如“文化挖掘不够”“人才流失”“品牌泛滥”“资金缺乏”“民企矛盾”“扶贫方式欠佳”等，影响了旅游发展的效果，也给当地居民的感知判断造成了影响。但这些问题并非是不可克服的因素，整体来看，村民感知效果是较好的。民族村寨旅游的建设仍待加强，民族村寨旅游的可持续发展之路，仍然任重而道远。

表 4-13　实际感知

实际感知	题项	同意（%）	基本同意（%）	不同意（%）
经济增长	村寨整体			
	带动产业发展、增强经济实力	82.51	10.10	7.39
	加快脱贫致富和小康建设	82.76	9.36	7.88
	改善基础设施和公共服务设施	81.28	8.37	10.34
	促进民生改善	79.80	8.62	11.58
	居民个人			
	增加收入改善生活	86.45	7.64	5.91
	扩大经营规模	64.29	16.01	19.70
	提高经营管理能力	71.43	4.93	23.65
社会进步	村寨整体			
	扩大就业渠道	81.77	11.08	7.14
	促进开放开化	81.53	13.55	4.93
	提升社会治理	75.12	14.29	10.59
	促进乡风文明	79.80	15.52	4.68
	增进社会和谐	76.60	20.20	3.20
	居民个人			
	提高参与机会	76.11	22.66	1.23

续表

实际感知	题项	同意（%）	基本同意（%）	不同意（%）
社会进步	谋求更好职位，参与村寨管理	70.94	23.40	5.67
	增强主人翁意识，获得更多尊重	77.09	17.49	5.42
文化传承	村寨整体			
	保护、传承和合理利用民族文化	76.35	14.78	8.87
	增强民族自尊心、认同感和凝聚力	62.07	24.14	13.79
	促进文化交流与传播	75.37	19.21	5.42
	居民个人			
	扩大视野，增长见识	59.36	34.73	5.91
	增强民族自尊心和自豪感	66.50	23.89	9.61
环境优化	村寨整体			
	保护和优化原生态聚落环境	71.18	23.65	5.17
	改善村容村貌，促进美丽乡村建设	70.94	23.40	5.67
	居民个人			
	平安和谐	74.14	16.26	9.61
	“主客友好”	72.66	24.38	2.96

表 4-14　　村民“不同意”的原因

原因类别	语言描述
文化挖掘不够	侗族文化没有打响
	别的村寨都有节庆活动，我们这里没有
	民俗节日还在，但是没了节目表演
人才流失	年轻人都出去打工了，前几年旅游发展得好，回来了一部分，这几年不行了，就又走了
	年轻人都不愿意待在村子里
品牌泛滥	本来村子主要打造茶文化品牌，结果现在外面到处都是这个，别人都快忘了我们这个品牌产地了
	茶品牌烂了，品牌没有维持好
资金缺乏	这两年旅游不行了，想整改一下，但是没有钱
	经营户只求自保，村里缺乏资金，难以作为
	政府陆陆续续还在投资，但没有了最初的投资力度

续表

原因类别	语言描述
民企矛盾	村民不信任我们，他们不懂管理，教他们又不愿意学
	企业只管自己，说好的用了我们的地，每年多少钱，结果几年过去了，只给 1000 多块，不过签了合同，也不担心不给，就是一直拖着
扶贫方式欠佳	政府扶贫，只是简单地给村民经济补贴，不愿意投资给企业，不愿意通过企业给予村民长期的工作岗位
……	

注：筛选自访谈记录。

（二）条件诉求

1. 探索性因子分析

（1）信度与效度。为了确保研究结果的可靠性，在正式数据分析之前，将条件诉求与外显标志研究数据随机分为两个数据库，数据库 1 用于探索性因子分析，数据库 2 用于验证性因子分析①。问卷分析之前，需先进行信度和效度检验，只有通过相关检验，才可进行下一步分析，本章通过克隆巴赫 Alpha 一致性系数来检验问卷信度，克隆巴赫 Alpha 系数值越大则表明调查问卷可信程度越高②。克隆巴赫 Alpha 系数值越大则变量各个题项间的相关性越大，一致性程度相对较高③。如表 4-15 所示，条件诉求整体数据的克隆巴赫 Alpha 系数值为 0.908>0.9，整体数据信度检验结果理想；条件诉求数据库 1 的克隆巴赫 Alpha 系数值为 0.899>0.85，数据库 1 信度检验结果理想。KMO 值用于说明变量间的偏相关性，以明确相关数据是否适合做因子分析；Bartlett 球形检验用于检验相关系数矩阵和单位矩阵是否存在显著的差异，以表明因子分析结果是否有效④。如表 4-16 所示，条件诉求整体数据的

① 臧运洪等：《贫困大学生积极心理品质量表的结构验证》，《心理学探新》2017 年第 5 期。

② 周常春等：《政府主导型扶贫模式对乡村旅游发展的影响研究——以云南 3 个民族村寨为例》，《南京财经大学学报》2019 年第 4 期。

③ 王彩霞：《基于居民感知的少数民族特色村寨旅游发展实证研究》，硕士学位论文，西北师范大学，2019 年。

④ 周常春等：《政府主导型扶贫模式对乡村旅游发展的影响研究——以云南 3 个民族村寨为例》，《南京财经大学学报》2019 年第 4 期。

KMO 值为 0.858>0.85，Bartlett 球形检验验近似卡方值为 5643.335，自由度为 325，Sig. 值为 0.000<0.01；数据库 1 的 KMO 值为 0.819>0.8，近似卡方值为 2822.275，自由度为 325，Sig. 值为 0.000<0.01，均通过了显著水平为 1%的显著性检验。整体数据和数据库 1 检验结果理想，研究数据适合进行因子分析且因子分析结果有效。

表 4-15　　信度分析

项目	克隆巴赫 Alpha	项数
条件诉求整体数据	0.908	26
条件诉求数据库 1	0.899	26

表 4-16　　效度分析

项目	KMO 值	Bartlett 球形检验		
		卡方值	自由度	显著性
条件诉求整体数据	0.858	5643.335	325	0.000
条件诉求数据库 1	0.819	2822.275	325	0.000

（2）主成分提取。社会科学研究往往涉及多个观测指标，为了避免多个指标所带来的研究难度和指标之间的信息重叠，需要通过主成分分析来提取主成分，以解决潜变量之间共线性和回归系数不合理的状况，从而真实无误地揭示潜变量间的关系。本章通过对条件诉求数据库 1 的 26 个观测指标进行主成分分析后，确定初始特征值大于 1 的因子一共有 8 个，提取条件诉求的 8 大主成分，这 8 大主成分因子的解释总方差为 74.030%，即提取的 8 个主成分因子覆盖了条件诉求的大部分信息，表明主成分分析提取主成分因子的效果理想，如表 4-17 所示。根据碎石图可知，如图 4-1 所示，横坐标点 9 处曲线趋于平缓，说明 26 个题目提取 8 个主要因子非常合适。因此，可依据旋转成分矩阵，如表 4-18 所示，判断各个题目的因子归属：产业丰度、产业融合、产业特色与社区参与 4 个观测指标均属于因子 1，其因子载荷均大于 0.65，根据题目内容将其命名为“产业可持续支撑”；生态环境、社区和谐、村容村貌与主客友好 4 个观测指标均属于因子 2，其因子载荷均大于 0.7，

根据题目内容将其命名为“环境可持续保障”；资金保障、融资渠道与使用适效3个观测指标均属于因子3，其因子载荷均大于0.7，根据题目内容将其命名为“资本可持续投入”；发展理念、经营理念与管理理念3个观测指标均属于因子4，其因子载荷均大于0.7，根据题目内容将其命名为“观念可持续更新”；文化保护、民族风情与文化利用3个观测指标均属于因子5，其因子载荷均大于0.75，根据题目内容将其命名为“文化可持续传承”；政府支持、企业推进与市场拉动3个观测指标均属于因子6，其因子载荷均大于0.75，根据题目内容将其命名为“外力可持续推动”；标志景观、村寨景观、资源适宜3个观测指标均属于因子7，其因子载荷均大于0.7，根据题目内容将其命名为“资源可持续利用”；产品升级、品牌影响与主题产品3个观测指标均属于因子8，其因子载荷均大于0.7，根据题目内容将其命名为“产品可持续吸引”。各个主成分观测指标因子载荷均在0.65以上，说明各个主成分因子观测指标间存在显著的相关性。此外，社区参与、生态环境、资金保障、发展理念、文化保护、政府支持、标志景观与主题产品8个观测指标因子载荷均大于0.75，是对各自主成分影响最大的指标。

表4-17　　方差贡献分析

成分	初始特征值			提取载荷平方和			旋转载荷平方和		
	总计	方差百分比	累计百分比	总计	方差百分比	累计百分比	总计	方差百分比	累计百分比
1	7.493	28.819	28.819	7.493	28.819	28.819	2.947	11.335	11.335
2	3.009	11.573	40.392	3.009	11.573	40.392	2.914	11.209	22.543
3	2.024	7.785	48.177	2.024	7.785	48.177	2.385	9.174	31.717
4	1.601	6.159	54.336	1.601	6.159	54.336	2.268	8.725	40.442
5	1.470	5.653	59.989	1.470	5.653	59.989	2.246	8.638	49.080
6	1.345	5.172	65.160	1.345	5.172	65.160	2.189	8.419	57.499
7	1.272	4.891	70.052	1.272	4.891	70.052	2.165	8.327	65.826
8	1.034	3.978	74.030	1.034	3.978	74.030	2.133	8.204	74.030

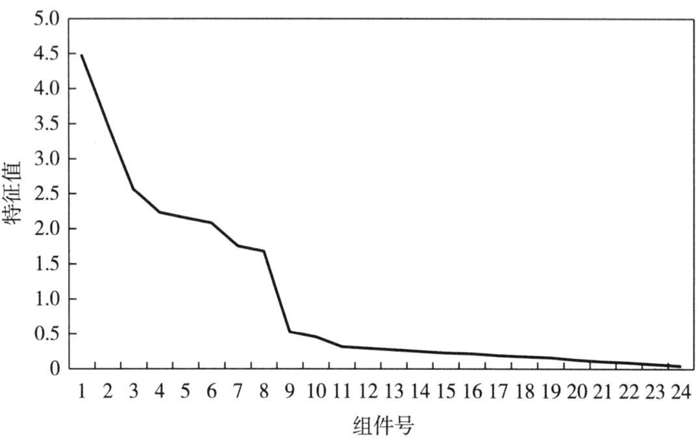

图 4-1　碎石图

表 4-18　　旋转成分矩阵

观测指标	成分							
	1	2	3	4	5	6	7	8
社区参与	0.878							
产业特色	0.853							
产业融合	0.731							
产业丰度	0.661							
生态环境		0.792						
社区和谐		0.769						
主客友好		0.759						
村容村貌		0.744						
资金保障			0.862					
融资渠道			0.811					
使用适效			0.739					
发展理念				0.870				
管理理念				0.860				
经营理念				0.702				
文化保护					0.856			
民俗风情					0.789			
文化利用					0.773			

续表

观测指标	成分							
	1	2	3	4	5	6	7	8
政府支持						0.812		
企业推进						0.780		
市场拉动						0.758		
标志景观							0.863	
村寨景观							0.766	
资源适宜							0.723	
主题产品								0.788
品牌影响								0.749
产品升级								0.739

条件诉求数据 1 各因子信度与条件诉求整体数据库得分均值排序，如表 4-19 所示。在条件诉求主成分因子确定之后对条件诉求数据库 1 的各个主成分因子进行信度检验，结果表明各因子克隆巴赫 Alpha 系数均大于 0.75，条件诉求各因子信度检验结果理想。按照得分均值由大到小对条件诉求整体数据库各个因子进行得分均值排序，因子顺序分别为资源可持续利用、外力可持续推动、资本可持续投入、产业可持续支撑、产品可持续吸引、文化可持续传承、环境可持续保障、观念可持续更新。各因子对应的均值（标准差）分别为 4.136（0.637）、4.080（0.639）、4.019（0.639）、3.991（0.638）、3.950（0.645）、3.930（0.661）、3.894（0.618）、3.806（0.680）。资源可持续利用得分均值最高，观念可持续更新均值最低，反映了在受访群体心目中，条件诉求最重要的因素在于资源的可持续利用，其他因子则相较次之。

表 4-19　条件诉求数据库 1 各因子信度与整体数据库均值排序

排序	项目	均值	标准差	克隆巴赫 Alpha
1	资源可持续利用	4.136	0.637	0.790
2	外力可持续推动	4.080	0.639	0.826
3	资本可持续投入	4.019	0.639	0.833

续表

排序	项目	均值	标准差	克隆巴赫 Alpha
4	产业可持续支撑	3.991	0.638	0.859
5	产品可持续吸引	3.950	0.645	0.758
6	文化可持续传承	3.930	0.661	0.825
7	环境可持续保障	3.894	0.618	0.811
8	观念可持续更新	3.806	0.680	0.839

2. 验证性因子分析

探索性因子分析主要目的是为了降低维度，提取主成分因子，以及确定各个因子和其观测变量间的相关程度，而验证性因子分析则是决定事前定义因子的模型拟合实际数据的能力，以试图检验观测变量的因子个数和因子荷载是否与预先建立的理论预期一致[①]。基于上文中因子分析结果，为进一步验证探索性因子分析结果的准确性，本章利用 AMOS 软件对条件诉求 8 个因子进行验证性因子分析，通过对条件数据库 2 的验证性因子分析，来确定条件诉求 8 个因子模型与实际数据的拟合程度。在验证性因子分析之前，对条件诉求数据库 2 进行信度和效度检验。如表 4-20 所示，条件诉求数据库 2 克隆巴赫 Alpha 系数值为 0.914>0.9，且条件诉求所属各主成分因子克隆巴赫 Alpha 系数值均大于 0.75，效度检验结果理想。数据库 2 的 KMO 值为 0.839>0.8，卡方值为 3121.886，自由度为 325，Sig. 值为 0.000<0.01，通过了显著水平为 1%的显著性检验。条件诉求数据库 2 适合进行因子分析且因子分析结果有效。

表 4-20　　条件诉求数据库 2 的信效度分析

项目	项数	克隆巴赫 Alpha	项目	克隆巴赫 Alpha	项数	KMO 值	Bartlett 球形检验		
							卡方值	自由度	显著性
条件诉求数据库 2	26	0.914	资源可持续利用	0.784	3	0.839	3121.886	325	0.000
			外力可持续推动	0.835	3				
			资本可持续投入	0.875	3				

① 周常春等:《政府主导型扶贫模式对乡村旅游发展的影响研究——以云南 3 个民族村寨为例》,《南京财经大学学报》2019 年第 4 期。

续表

项目	项数	克隆巴赫 Alpha	项目	克隆巴赫 Alpha	项数	KMO 值	Bartlett 球形检验		
							卡方值	自由度	显著性
条件诉求数据库 2	26	0.914	产品可持续吸引	0.774	3	0.839	3121.886	325	0.000
			产业可持续支撑	0.898	4				
			文化可持续传承	0.830	3				
			环境可持续保障	0.852	4				
			观念可持续更新	0.849	3				

（1）结构效度。结构效度用于检验实际数据与理论模型的一致性程度，本章中主要基于探索性因子分析结果所形成的 8 因子模型来进行结构性检验，检验结果通过各项拟合指标来体现。模型拟合指标则是反映模型与实际数据是否吻合的参照标准，如表 4-21 所示，从整体拟合系数表中可以看出 $\chi^2/df=1.857<3$，$RMSEA=0.065<0.08$，适配理想；$NFI=0.846$ 接近 0.9、$RFI=0.816$ 接近 0.9、$CFI=0.921>0.9$、$IFI=0.923>0.9$、$TLI=0.906>0.9$；$PNFI=0.706>0.5$、$PCFI=0.768>0.5$，所有指标均达到拟合标准值的要求，模型拟合分析结果表明条件诉求量表结构效度较好，实际数据与因子模型拟合程度较好，8 个因子能够解释民族村寨旅游可持续发展的条件诉求大部分内容，且各因子间稳定性相对较好。

表 4-21　　整体拟合系数

χ^2/df	RMSEA	NFI	RFI	CFI	IFI	TLI	PNFI	PCFI
1.857	0.065	0.846	0.816	0.921	0.923	0.906	0.706	0.768

（2）聚敛效度与区分效度。上述研究表明，民族村寨旅游可持续发展的内在诉求（条件诉求）主要由资源可持续利用、外力可持续推动、资本可持续投入、产品可持续吸引、产业可持续支撑、文化可持续传承、环境可持续保障与观念可持续更新 8 个因子来体现，而 26 个具体观测指标对这 8 个主成分因子的影响程度也不相同。验证性因子分析则是对因子模型的进一步验证与解释，如图 4-2 所示，其中，矩形内变量表示观

测指标，该变量通过问卷题项直接测量；椭圆内则是潜在变量，即在探索性因子分析中形成的主要成分或维度，该变量无法直接测量；图中各箭头上系数代表标准化回归系数，反映观测指标对潜在变量的解释力度；e 代表残差。聚敛效度通过观测指标的因子荷载及其显著性水平来进行检验，如表 4-22 所示，各个潜变量因子荷载均大于 0.6，说明各个潜变量对其所属的题项具有较高的代表性；平均方差萃取值 AVE 均大于 0.5，组合信度 CR 均大于 0.7，表明条件诉求量表聚敛效度理想。区分效度采用 Fornell 和 Larcker（1981）建议的方法进行检验，即通过平均方差萃取值 AVE 的平方根与潜变量相关系数来检验模型是否具有区分度[①]。即一个潜变量的平均方差萃取值 AVE 的平方根大于该潜变量与其他潜变量之间的相关系数，则表明该潜变量与其他潜变量之间具有显著的区分度。如表 4-23 所示，各个潜变量之间具有显著的相关性（$p<0.05$），另外相关性系数绝对值均小于 0.65，且均小于所对应的 AVE 的平方根，即说明各个潜变量之间具有一定的相关性，彼此之间又存在一定的区分度，结果表明条件诉求量表区分效度理想。综上所述，外显标志验证性因子分析结果理想，条件诉求量表设计较好，测量结果符合研究需求。

表 4-22　　　　因子荷载、AVE 与 CR 统计

路径			Estimate	AVE	CR
资源适宜	<---	资源可持续利用	0.649		
村寨景观	<---	资源可持续利用	0.770	0.566	0.795
标志景观	<---	资源可持续利用	0.827		
企业推进	<---	外力可持续推动	0.788		
市场拉动	<---	外力可持续推动	0.791	0.628	0.835
政府支持	<---	外力可持续推动	0.798		
使用适效	<---	资本可持续投入	0.781		
融资渠道	<---	资本可持续投入	0.827	0.721	0.885
资金保障	<---	资本可持续投入	0.932		

① 李秋成等：《社区人际关系、人地关系对居民旅游支持度的影响——基于两个民族旅游村寨样本的实证研究》，《商业经济与管理》2015 年第 3 期。

续表

路径			Estimate	AVE	CR
产业融合	<---	产业可持续支撑	0.698	0.694	0.900
业态丰度	<---	产业可持续支撑	0.801		
产业特色	<---	产业可持续支撑	0.871		
社区参与	<---	产业可持续支撑	0.942		
产品升级	<---	产品可持续吸引	0.641	0.545	0.780
品牌影响	<---	产品可持续吸引	0.716		
主题产品	<---	产品可持续吸引	0.843		
文化利用	<---	文化可持续传承	0.706	0.624	0.832
民族风情	<---	文化可持续传承	0.783		
文化保护	<---	文化可持续传承	0.872		
主客友好	<---	环境可持续保障	0.670	0.607	0.859
村容村貌	<---	环境可持续保障	0.729		
社区和谐	<---	环境可持续保障	0.822		
生态环境	<---	环境可持续保障	0.878		
经营理念	<---	观念可持续更新	0.674	0.667	0.856
管理理念	<---	观念可持续更新	0.857		
发展理念	<---	观念可持续更新	0.902		

表 4-23　　因子区分效度检验

潜变量	1	2	3	4	5	6	7	8
1. 资源可持续利用	0.566							
2. 外力可持续推动	0.613**	0.628						
3. 资本可持续投入	0.370**	0.428**	0.721					
4. 产业可持续支撑	0.330**	0.403**	0.607**	0.694				
5. 产品可持续吸引	0.361**	0.446**	0.419**	0.499**	0.545			
6. 文化可持续传承	0.378**	0.463**	0.360**	0.422**	0.517**	0.624		
7. 环境可持续保障	0.341**	0.311**	0.245*	0.269**	0.487**	0.513**	0.607	
8. 观念可持续更新	0.364**	0.323**	0.341**	0.335**	0.452**	0.418**	0.376**	0.667
AVE 的平方根	0.727	0.813	0.740	0.766	0.718	0.788	0.722	0.752

注：* 代表 P<0.01；** 代表 P<0.001；对角线为潜变量平均方差萃取值 AVE。

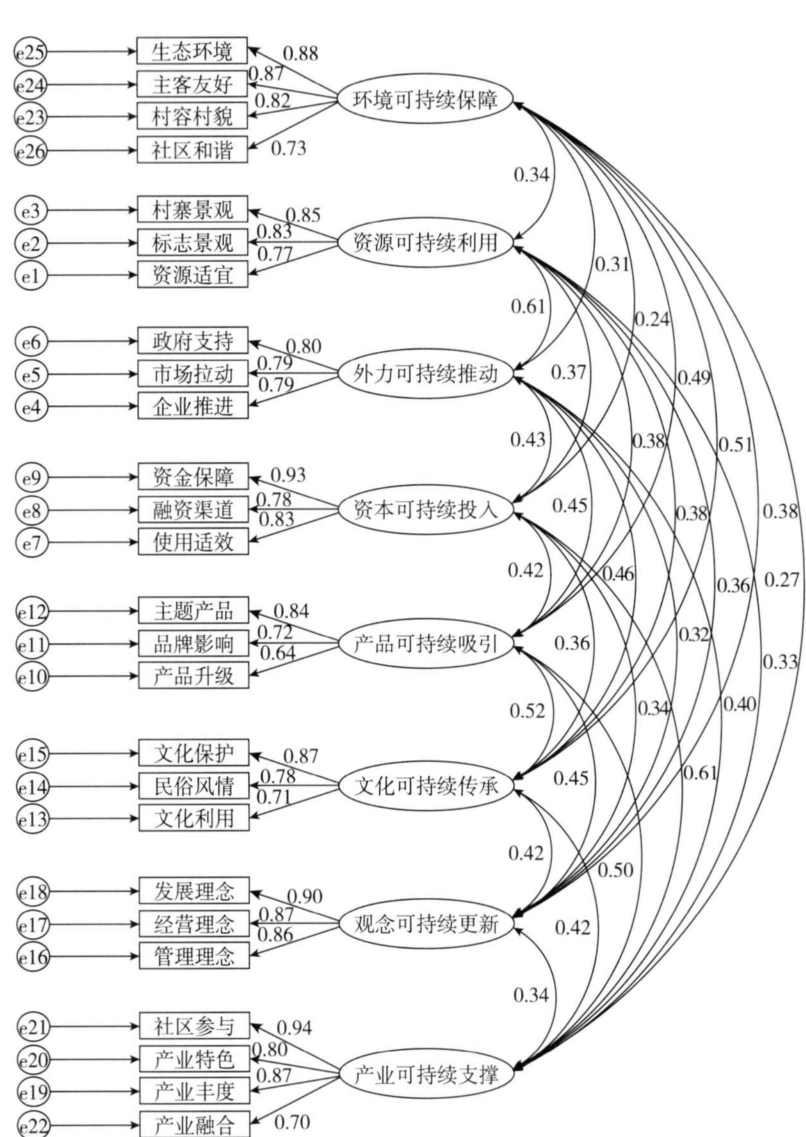

图 4-2　条件诉求 8 个因子模型

（三）外显标志

1. 探索性因子分析

（1）信度与效度。如表 4-24 所示，外显标志整体数据库克隆巴赫 Alpha 系数值为 0.799>0.75，整体数据信度检验结果理想；外显标志数据库 1 克隆巴赫 Alpha 系数值为 0. 803>0. 8，外显标志数据库 1 信度检验结果理想。如表 4-25 所示，外显标志整体数据的 KMO 值为 0. 778>0. 747，Bartlett 球形检验近似卡方值为 1143. 669，自由度为 36，Sig. 值为 0. 000<0. 01；数据库 1 的 KMO 值为 0. 747>0. 7，近似卡方值为 684. 535，自由度为 36，Sig. 值为 0. 000<0. 01，均通过了显著水平为 1%的显著性检验，外显标志整体数据库和数据库 1 检验结果理想，研究数据适合进行因子分析且因子分析结果有效。

表 4-24　信度分析

项目	克隆巴赫 Alpha	项数
外显标志整体数据	0. 799	9
外显标志数据库 1	0. 803	9

表 4-25　效度分析

项目	KMO 值	Bartlett 球形检验		
		卡方值	自由度	显著性
外显标志整体数据	0. 778	1143. 669	36	0. 000
外显标志数据库 1	0. 747	684. 535	36	0. 000

（2）主成分提取。如表 4-26 所示，通过对外显标志数据库 1 的 9 个测量指标进行主成分分析后，确定初始特征值大于 1 的因子一共有 3 个，提取外显标志的 3 大主成分，这 3 大主成分因子的解释总方差为 71. 521%，即提取的 3 个主成分因子涵盖了外显标志的大部分内容，表明主成分分析提取外显标志主成分因子结果理想。由碎石图 4-3 可知，横坐标点 4 处曲线趋于平缓，说明 9 个题项提取 3 个因子非常合适。因此，可依据旋转成分矩阵，如表 4-27 所示，判断各个题目的因子归属：旅游规模、经济效益与产业态势 3 个观测指标均属于因子 1，其因子载荷均大于 0. 75，根据题目内容将其命名为“规模与效益”；旅游人气、外界口碑与游客体验 3 个观测指标属于因子 2，其因子载荷均大于 0. 75，根据题目内容将其命名为“人气与口碑”；生态环境、村容村貌与旅游氛围 3 个观测指标属于因子 3，其因子载荷均大于 0. 75，根据题

目内容将其命名为“环境与氛围”。各观测指标因子荷载均在0.75以上，说明外显标志各主成分因子所属观测指标间存在显著的相关性。此外，旅游人气、生态环境与旅游规模3个观测指标因子荷载均大于0.85，是对各自主成分影响最大的观测指标。

表 4-26　　方差贡献分析

成分	初始特征值			提取载荷平方和			旋转载荷平方和		
	总计	方差百分比	累计百分比	总计	方差百分比	累计百分比	总计	方差百分比	累计百分比
1	3.519	39.099	39.099	3.519	39.099	39.099	2.181	24.234	24.234
2	1.502	16.694	55.793	1.502	16.694	55.793	2.139	23.764	47.998
3	1.416	15.728	71.521	1.416	15.728	71.521	2.117	23.524	71.521

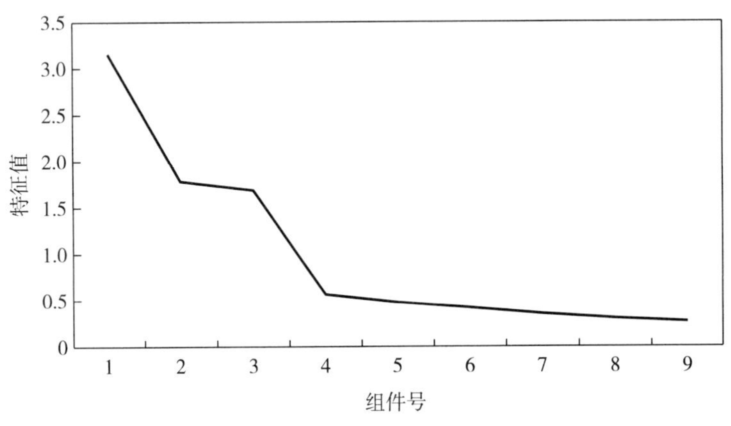

图 4-3　碎石图

表 4-27　　旋转成分矩阵

观测指标	成分		
	1	2	3
旅游规模	0.862		
经济效益	0.844		
产业态势	0.780		

续表

观测指标	成分		
	1	2	3
旅游人气		0.857	
游客体验		0.828	
外界口碑		0.767	
生态环境			0.859
旅游氛围			0.827
村容村貌			0.765

外显标志数据库 1 各因子信度与外显标志整体数据库得分均值排序，如表 4-28 所示。外显标志数据库 1 各主成分因子克隆巴赫 Alpha 系数均大于 0.75，各因子信度检验结果理想。按照各因子的得分均值将外显标志整体数据库由大到小进行排序，因子顺序分别为规模与效益、人气与口碑、环境与氛围。各因子对应的均值（标准差）分别为 3.883（0.540）、3.867（0.552）、3.756（0.588）。规模与效益得分均值最高，环境与氛围均值最低，反映了在受访对象心目中，外显标志最突出的表现在于规模与效益，其他因素相较次之。

表 4-28 外显标志数据库 1 各因子信度与整体数据库均值排序

排序	项目	均值	标准差	克隆巴赫 Alpha
1	规模与效益	3.883	0.540	0.812
2	人气与口碑	3.867	0.552	0.789
3	环境与氛围	3.756	0.588	0.785

2. 验证性因子分析

同条件诉求研究过程一样，对外显标志数据库 2 进行验证性因子分析。在验证性因子分析之前，对外显标志数据库 2 进行信度和效度检验。如表 4-29 所示，外显标志数据库 2 克隆巴赫 Alpha 系数值为 0.801>0.8，且各条件诉求所属各主成分因子均大于 0.8，效度检验结果理想。数据库 2 的 KMO 值为 0.789>0.75，卡方值为 537.265，自由度为 36，Sig. 值为 0.000<0.01，通过了显著水平为 1%的显著性检验。外显标志数据库 2 适合做因子分析且因子分析结果有效。

表 4-29　　外显标志数据库 2 的信效度分析

项目	项数	克隆巴赫 Alpha	项目	克隆巴赫 Alpha	项数	KMO 值	Bartlett 球形检验		
							卡方值	自由度	显著性
外显标志数据库 2	9	0.801	规模与效益	0.737	3	0.789	537.265	36	0.000
			人气与口碑	0.712	3				
			环境与氛围	0.786	3				

（1）结构效度。上述研究表明，民族村寨旅游可持续发展的外显标志主要由规模与效益、人气与口碑、环境与氛围 3 个因子体现，而 9 个具体观测指标对 3 个因子的影响程度也不相同。如图 4-4 所示，利用 AMOS 软件对外显标志因子模型进一步验证。如表 4-30 所示，从整体拟合系数表中可以看出 $\chi^2/df=1.729<3$，RMSEA = 0.060<0.08，适配理想；NFI = 0.924>0.9、RFI = 0.886 接近 0.9、CFI = 0.966 > 0.9、IFI = 0.967 > 0.9、TLI = 0.949>0.9；PNFI = 0.616>0.5、PCFI = 0.644>0.5，所有指标均符合拟合标准值要求，模型拟合指标结果表明外显标志量表结构效度较好，实际数据与模型拟合程度较好，3 个因子能够解释民族村寨旅游可持续发展的外显标志大部分信息，且因子之间稳定性较佳。

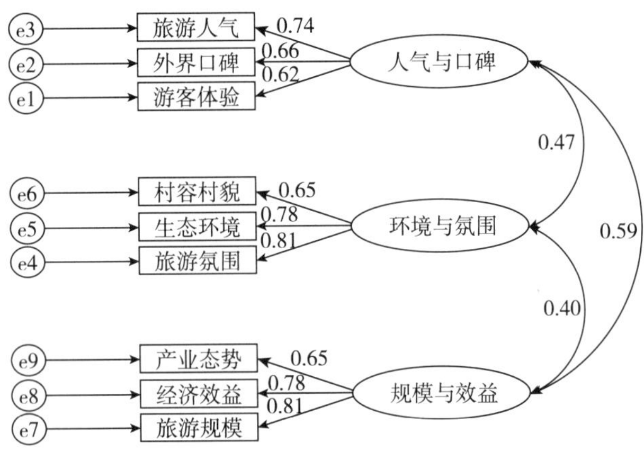

图 4-4　外显标志 3 个因子模型

表 4-30　　整体拟合系数

χ^2/df	RMSEA	NFI	RFI	CFI	IFI	TLI	PNFI	PCFI
1.729	0.060	0.924	0.886	0.966	0.967	0.949	0.616	0.644

（2）聚敛效度与区分效度。如表 4-31 所示，各个潜变量所属观测指标因子荷载均大于 0.6，说明其各个潜变量对于所属观测指标具有较高代表性；“环境与氛围”平均方差萃取值 AVE 大于 0.5，“人气与口碑”和“规模与效益”AVE 均大于 0.45 且接近 0.5，AVE 值符合研究要求；组合信度 CR 均大于 0.7，说明聚敛效度理想。如表 4-32 所示，各个潜变量之间具有显著的相关性（$p<0.05$），另外相关性系数绝对值均小于 0.6，且均小于所对应的 AVE 的平方根，即说明外显标志各个潜变量之间具有一定的相关性，且彼此之间又具有一定的区分度，即说明外显标志量表数据区分效度理想。综上所述，外显标志验证性因子分析结果理想，外显标志量表设计较好，测量结果符合研究需求。

表 4-31　　因子荷载、AVE 与 CR 统计

路径			Estimate	AVE	CR
游客体验	<---	人气与口碑	0.624	0.457	0.715
外界口碑	<---	人气与口碑	0.662		
旅游人气	<---	人气与口碑	0.737		
旅游氛围	<---	环境与氛围	0.776	0.563	0.793
村容村貌	<---	环境与氛围	0.654		
生态环境	<---	环境与氛围	0.811		
产业态势	<---	规模与效益	0.659	0.486	0.740
经济效益	<---	规模与效益	0.671		
旅游规模	<---	规模与效益	0.758		

表 4-32　　因子区分效度检验

潜变量	1	2	3
1. 人气与口碑	0.457		

续表

潜变量	1	2	3
2. 环境与氛围	0.466*	0.563	
3. 规模与效益	0.589*	0.396*	0.486
AVE 的平方根	0.676	0.750	0.697

注：* 代表 P<0.001；对角线为潜变量平均方差萃取值 AVE。

四　实证结果与讨论修正

（一）实证结果

基于上述研究，我们可以得到以下结论：

对于民族村寨旅游可持续发展的内在诉求，我们不能仅仅从村寨外部，即游客的角度去了解，而应该更多地站在村寨的角度，以村寨居民的愿望、期盼、感知和研判为主要切入点。因为当地居民作为民族村寨旅游发展的见证者、参与者和实际收益者，对民族村寨旅游可持续发展问题有着切身的感受，也最有话语权。与此同时，对民族村寨旅游可持续发展内在诉求的探寻，也不能像大多数村民所热衷的那样，过多地关注民族村寨旅游的利益诉求，而忽视民族村寨旅游可持续发展应当具备的基本条件。只有把村寨居民对民族村寨旅游可持续发展的利益诉求与条件诉求有机结合起来，我们才能更全面、更准确地了解和把握民族村寨旅游可持续发展的内在诉求。鉴于此，我们选择从利益和条件两个视角分别对民族村寨旅游可持续发展的内在诉求进行实证分析与揭示。利益诉求是指当地居民对旅游发展为村寨整体和居民个人所能带来利益的利益期望和实际带来利益的感知情况，是带有功利性的感性认知，而这种期望主要体现在经济、社会、文化与环境四个维度。依据调查问卷得分均值可知，当地居民利益期望的强烈程度由高到低依次为经济增长、社会进步、文化传承、环境优化。实际感知方面，大部分居民十分肯定民族村寨旅游开发所带来的实际效益，但也有小部分居民对民族村寨旅游发展的实际成效持怀疑态度，主要是因为在村寨旅游发展过程中，滋生了诸如文化内涵挖掘不够、民企矛盾冲突、发展资金缺乏等问题，影响了当地居民的切身利益，致使当地居民对旅游发展带来的实际效益形成负面感知。条件诉求是人们对民族村寨旅游可持续发展应具备的必要条件的认知。它是一种关乎民族村寨旅游可持续发展的最基本诉求。只有条件诉求得到满足之后，利益诉求才有可能得到满足。实证研究得出：民族村寨旅游可持续发展的条件诉求涉及资源、外力、资本、产业、产品、文化、环境与观念八个方面的内容，且依据调查问卷得分均值可知，民族村寨旅游可持续发展条件诉求重要性程度由高到低依次为资源可持续利用、外力可持续推动、资本可持续投入、产业可持续支撑、产品可持续吸引、文化可持续传承、环境可持续保障与观念可持续更新。

内在诉求揭示了当地居民对于旅游发展的利益诉求和实现民族村寨旅游可持续发展的必要条件，外显标志则是对民族村寨旅游发展状况更为直接的判断。民族村寨旅游可持续发展的外显标志是民族村寨旅游实现可持续发展的重要标志和研判依据，主要包含了三个方面的内容，且依据调查问卷得分均值可知，三个具体标志的重要性程度由高到低排序依次为规模与效益、人气与口碑以及环境与氛围。

（二）讨论修正

实证研究结果表明，“八大”条件诉求按其重要程度由高到低依次为：资源可持续利用、外力可持续推动、资本可持续投入、产业可持续支撑、产品可持续吸引、文化可持续传承、环境可持续保障以及观念可持续更新。形成上述权重结果的主要原因是：作为受访主体的当地居民，在认识条件诉求时带有功利取向，他们由衷关切旅游开发所能带来的经济效益。在实地调研过程中我们发现，当地居民在谈及如何实现民族村寨旅游可持续发展时，提到最多的是村寨是否具备游客青睐的旅游资源，是否有政府、企业的持续关注与支持，以及有无充足的资本注入等话题。较之完善旅游产业链与打造特色产品，当地居民更加强调政策性支持带来的旅游发展环境、资本注入创造的物质条件以及市场认同回馈的经济效益。尽管文化与环境对民族村寨旅游可持续发展意义非凡，但当地居民大多是在旅游发展遭遇某种问题或“瓶颈”时才意识到文化、环境的重要性，认识到独特的民族文化和浓郁的民俗风情对外部世界的强大吸引力，了解到原生态的聚落环境与和谐友好的人文环境赋予民族村寨旅游的独特魅力。至于观念层面，由于民族村寨地理位置偏僻、经济发展滞后、通信技术欠佳等原因，当地居民的思想较之外界相对保守，对于发展理念重视程度不够，仅有少部分村寨处于优势地位的社会群体大力倡导要引入与时俱进的发展理念以及科学有效的经营管理模式。针对上述研究结果，我们可以基于旅游发展的自身规律，从更加专业和理性的角度，对“八大”条件诉求依重要程度大小作如下调整，即观念可持续更新、资源可持续利用、文化可持续传承、外力可持续推动、产品可持续吸引、产业可持续支撑、资本可持续投入以及环境可持续保障。之所以作如下调整，其主要理由如下：①观念对于民族村寨旅游可持续发展至关重要，它是所有行动的先导，所有的行为都会受到思想的影响和制约。民族村寨旅游可持续发展需要有先进的发展理念来作为指导思想、有系统的规划来作为行动指南、有科学的经营管理方式来保障有效运营。②旅游资源是民族村寨旅游发展的物质基础和前提，没有旅游资源这一客体，民族村寨旅游就如同“无米之炊，无本之源”，无法进行旅游开发，更无须提及民族村寨旅游可持续发展。③民族村寨旅游的核心是民族文化。“民族传统文化是民族村寨发展旅游的生命，作为消费者的游客之所以到少数民族村寨进行旅游，一个重要的目的在于体验其独特的民族文化。[①]”民族文化是民族村寨旅游的根与魂，失去了民族文化，民族村寨旅游便失去了灵魂。④外力可持续推动虽然主要来自市场、政府和中介三个方面，但最为重要的还是旅游市场需求与规模。因为没有旅游需求，就不可能产生旅游者；没有旅游者就没有旅游活动；没有旅游活动就没有民族村寨旅游。因此，来自旅游市场的拉动是促进民族村寨旅游可持续发展的根本动力之一。当然，政府的引导与支持，也是民族村寨旅游可持续发展不可忽视的重要力量。大量事实表明，民族村寨旅游发展初期，政府的政策支持和引导性的资本投入是民族村寨旅游得以启动的最主要动力因素。可以说，很多民族村寨都是在政府一手鼓励与支持下发展起来的。⑤产品可持续吸引是保证和推动民族村寨旅游可持续发展最重要的条件之一。如果民族村寨旅游产品没有特色、没有吸引力，就不可能吸引源源不断的游客来访。一旦没有游客来访，不仅正常的民族村寨旅游难以为继，而且民族村寨旅游可持续发展也成了一句空话。⑥资金和产业是民族村寨旅游可持续发展的重要

① 曹端波、刘希磊：《民族村寨旅游开发存在的问题与发展模式的转型》，《经济问题探索》2008 年第 10 期。

支撑与保障。资金短缺一直是困扰民族村寨旅游发展的重要因素，有时甚至表现为发展的“瓶颈”因素。要保证民族村寨旅游可持续发展，充足的资金必不可少。而村寨产业的发展，不仅可以创造更多的经济效益，满足民族村寨旅游发展的资金需求，而且，通过村寨旅游带动所形成的多元化产业融合发展的产业格局，将为民族村寨旅游可持续发展提供强大的动力支撑。⑦民族村寨旅游既离不开村寨的自然生态环境和平安和谐的社区环境，也离不开主客和平友好的互动环境。尤其是在民族村寨旅游由观光旅游向休闲度假和文化体验旅游转变时，环境的重要性更自不待言。因此，环境的可持续保障是民族村寨旅游可持续发展的重要诉求。

至于外显标志，实证结果表明，“三个”主要标志按其重要程度大小依次为：规模与效益、人气与口碑、环境与氛围。如果站在村寨角度来看，该排序是非常合理的。因为对于当地居民来讲，他们最关心也最看重的，还是民族村寨旅游能给他们带来多大的经济效益，即村寨旅游所创造的综合经济收入及给村民带来的人均旅游收入。然后在此基础上，他们会关注与旅游经济效益直接相关的到访游客的数量与评价。至于环境与氛围，则排在最后。然而，对外显标志的感知与研判，不能仅仅站在村寨的角度去观察，还应该充分考虑来访游客的感受与评判。因为，民族村寨旅游发展的好坏，以及是不是可持续发展，来自村寨的判断固然重要，但最终还是要取决于旅游市场的检验与判断。可以说，来自游客的感知与评判是确定外显标志重要程度最重要的因素。如果站在游客的角度，人气与口碑比规模与效益重要得多。其次，人们才会通过走访和参阅相关报表了解民族村寨旅游的规模与效益，才会进一步通过观察和切身体验去感受村寨的自然、人文和旅游环境。基于此认识，我们认为，将民族村寨旅游可持续发展的外显标志的重要性排序，依大小调整为人气与口碑、规模与效益、环境与氛围的顺序，较为科学与合理，更有利于我们后续研究的开展。

第五章

民族村寨旅游发展的影响因素

作为一种特殊的乡村旅游，民族村寨旅游发展离不开特定的经济、社会、文化、环境等众多因素的影响和制约。深刻了解和把握影响民族村寨旅游发展的各种因素，是我们进一步探寻民族村寨旅游可持续发展动力因素的前提和基础。目前，学术界对民族村寨旅游发展影响因素的研究，或过于笼统，或仅以问题的形式予以揭示，不足以系统地把握民族村寨旅游发展影响因素的全貌。本章坚持理论与实践相结合，采用文献研究、问卷调查、重点访谈及统计分析、层次分析等方法，紧紧围绕民族村寨旅游可持续发展这一主线，试图从民族村寨内、外和可持续发展正、逆视角系统地对民族村寨旅游发展的诸多影响因素及其重要程度进行实证研究。之所以选择对民族村寨旅游非可持续发展影响因素展开研究，就是为了更好地反证和强化可持续发展影响因素的重要性。

第一节　文本分析与指标体系构建

一　文本分析

针对民族村寨旅游可持续发展影响因素，本章选取 CNKI 数据库资源，通过高级检索，以“民族村寨旅游”并含“可持续发展”两个主题词进行检索，共有相关文献 166 篇，如图 5-1 所示。同时扩大搜索范围，对影响民族村寨旅游非可持续发展的因素进行手动检索，与民族村寨旅游发展存在的问题、面临的困境、挑战等相关的文献共检索到 97 篇。随后通过手动删除相同和无效文献，最终确定 123 篇与民族村寨旅游可持续发展关系相对密切的文献，并试图从中找出民族村寨旅游可持

续发展和非可持续发展的诸多影响因素。

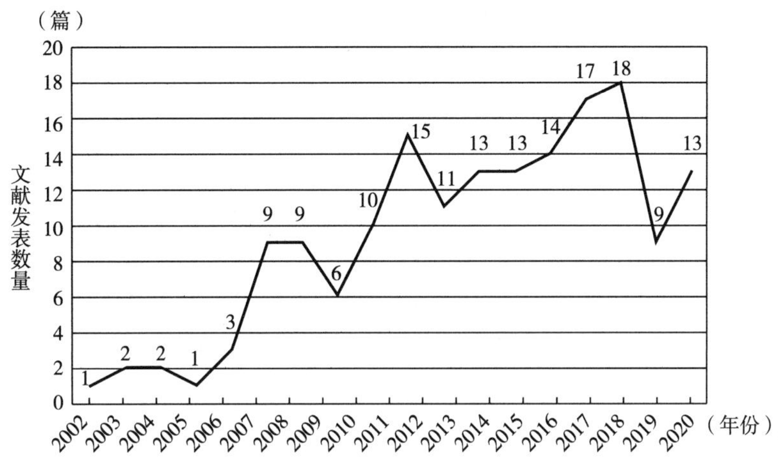

图 5-1　民族村寨旅游可持续发展相关文献发表年份分布

本章参考上述 123 篇文献，结合文献的主题、关键词等重要信息，深度挖掘了与民族村寨旅游发展影响因素相关联的部分，并从中提取了重要内容。其中，可持续发展影响因素的部分，来自文献中对促进民族村寨旅游发展内容的阐述，包括推动旅游发展的对策、措施等；非可持续发展影响因素的部分，来自文献中对阻碍民族村寨旅游发展因素的分析，包括民族村寨旅游发展存在的问题以及面临的困境等。

具体内容摘录自民族村寨旅游发展影响因素主题下的重要期刊文献（见表 5-1）。

表 5-1　民族村寨旅游发展影响因素研究动态

年份	学者	影响因素
2003	罗永常①	民族村寨旅游发展存在民族文化认同感失落、价值观改变、民族文化庸俗化以及出现了“旅游扶贫，越扶越贫”的怪圈等现状问题

① 罗永常：《民族村寨旅游发展问题与对策研究》，《贵州民族研究》2003 年第 2 期。

续表

年份	学者	影响因素
2004	杨昌儒、潘梦澜①	贵州民族村寨旅游发展在观念、产品、经营与管理方面存在较大问题
2005	黄萍、王元珑②	建立“文化生态村”是实现四川民族旅游可持续发展的一种有效模式
2006	徐永志③	保护和传承民俗文化的风情旅游是民族村寨旅游可持续发展的着力点
2007	陈志永、梁玉华④	从旅游体验视角指出贵阳市镇山村旅游业衰落的原因有旅游体验单一、缺乏民族特色、体验内容与主题形象不一致、旅游产品参与性不强、基础设施不完善、旅游服务质量低下
2007	梁玉华⑤	民族村寨旅游可持续发展必须走生态发展之路
2008	刘旺等⑥	民族村寨旅游公共秩序混乱、资源利用无度、产品供给短缺等问题阻碍了可持续发展
2008	刘韫⑦	社区参与不足是制约民族村寨旅游深度发展的瓶颈性内容
2008	曹端波、刘希磊⑧	民族村寨旅游发展存在生态环境破坏、文化资源开发与保护不当、经济效益差、利益分配不均等问题，提出社区生态旅游是贵州民族村寨旅游可持续发展的重要模式
2008	吴昌良等⑨	影响肇兴侗寨旅游业持续发展的因素主要包括特色资源、政府重视与推动、社会资金的引入、村民的积极支持与参与、政策环境保障等

① 杨昌儒、潘梦澜：《贵州民族文化村寨旅游发展问题与对策研究》，《贵州民族学院学报》（哲学社会科学版）2004 年第 5 期。

② 黄萍、王元珑：《创建四川民族文化生态旅游可持续发展模式研究》，《西南民族大学学报》（人文社会科学版）2005 年第 8 期。

③ 徐永志：《民俗风情：民族村寨旅游可持续发展的着力点》，《旅游学刊》2006 年第 3 期。

④ 陈志永、梁玉华：《民族村寨旅游地衰落研究：以贵阳市镇山村为例》，《云南社会科学》2007 年第 1 期。

⑤ 梁玉华：《少数民族村寨生态旅游开发与旅游可持续发展探讨——以贵阳花溪镇山村旅游开发为例》，《生态经济》2007 年第 5 期。

⑥ 刘旺等：《少数民族村寨旅游开发中的“公地悲剧”及其对策研究——以丹巴县甲居藏寨为例》，《开发研究》2008 年第 1 期。

⑦ 刘韫：《困境与选择：民族村寨旅游的社区参与研究》，《青海社会科学》2008 年第 2 期。

⑧ 曹端波、刘希磊：《民族村寨旅游开发存在的问题与发展模式的转型》，《经济问题探索》2008 年第 10 期。

⑨ 吴昌良等：《影响民族村寨旅游业持续发展因素综合分析——以黎平肇兴侗寨为例》，《贵州教育学院学报》2008 年第 3 期。

续表

年份	学者	影响因素
2008	叶春、陈志永①	民族村寨可持续发展要注重村寨旅游管理、加强旅游调查研究、培养村民可持续发展能力以及对旅游资源进行保护性开发
2009	叶春等②	民族村寨旅游可持续发展离不开各参与主体的积极行动
2010	龚娜③	贵州民族地区乡村旅游可持续发展存在规划滞后、产品特色不突出、基础设施建设滞后、生态环境破坏严重等制约因素
2010	蒋焕洲④	贵州民族村寨旅游发展面临产品与项目形式单一、旅游形象与品牌主题不明确、旅游人才匮乏、环境卫生较差等问题
2011	陈志永等⑤	社区参与是实现少数村寨旅游业可持续发展不可或缺的机制
2011	王虹⑥	要走可持续发展道路必须充分挖掘、展现当地深厚的民族民俗文化
2011	廖军华⑦	保护旅游环境是民族村寨旅游可持续发展的关键，民族村寨旅游发展模式对于民族村寨旅游可持续发展意义重大
2012	肖琼、赵培红⑧	民族旅游村寨各利益相关者之间利益是否协调一致影响其可持续发展
2012	于会霞⑨	民族村寨可持续发展的基本路径为完善基础设施、建立科学的管理机制、加强品牌建设、引导参与、加强民族文化保护和传承力度

① 叶春、陈志永：《基于耗散结构理论的民族村寨旅游业可持续发展研究》，《安徽农业科学》2008 年第 24 期。

② 叶春等：《民族村寨社区参与旅游可持续发展的规划行动方案设计》，《贵州农业科学》2009 年第 8 期。

③ 龚娜：《贵州民族地区乡村旅游可持续发展探析》，《贵州民族研究》2010 年第 2 期。

④ 蒋焕洲：《贵州民族村寨旅游发展现状、问题与对策研究》，《广西财经学院学报》2010 年第 2 期。

⑤ 陈志永等：《关于少数民族村寨旅游开发中的几个问题》，《黑龙江民族丛刊》2011 年第 3 期。

⑥ 王虹：《民族村寨文化空间保护与旅游可持续发展新探》，《哈尔滨商业大学学报》（社会科学版）2011 年第 5 期。

⑦ 廖军华：《民族村寨旅游环境问题探析》，《湖北农业科学》2011 年第 13 期。

⑧ 肖琼、赵培红：《我国民族旅游村寨利益相关者行为分析》，《西南民族大学学报》（人文社会科学版）2012 年第 9 期。

⑨ 于会霞：《民族村寨旅游可持续发展研究》，《旅游纵览（下半月）》2012 年第 9 期。

续表

年份	学者	影响因素
2012	胡艳丽[①]	民族村寨旅游可持续发展需要深入挖掘当地民族文化、调动村民积极性、建立完善的管理机构和管理体制等
2013	李乐京[②]	不同利益主体之间的利益冲突制约了民族村寨旅游业可持续发展
2013	周杰等[③]	"参与不足"与"过度参与"同时并存导致民族村寨可持续发展难以为继
2014	谢萍、朱德亮[④]	独特的传统民族文化和良好的自然生态环境是民族村寨吸引游客的核心资源
2015	周连斌、罗琳[⑤]	旅游产业升级、找准旅游发展定位、挖掘传统文化内涵、创新文化旅游产品等是推动社区旅游可持续发展的有效措施
2015	张中奎[⑥]	民族村寨旅游开发需要贯彻依法保护、民族文化保护风险意识优先、旅游开发与文化保护同步互动、"社区参与，社区优先受益"、打造特色文化品牌等原则来推动民族旅游可持续发展
2016	罗剑宏、叶卉宇[⑦]	民族旅游村寨存在经济、社会以及生态环境方面的现实困境阻碍可持续发展之路
2017	李培英[⑧]	政府、开发商、当地居民等旅游利益相关者的利益冲突问题，尤其是村民因处"弱势地位"利益诉求得不到满足导致哈尼梯田村寨旅游很难持续发展

① 胡艳丽：《民族村寨旅游可持续发展的路径研究——基于贵州"西江千户苗寨"的调查报告》，《民族论坛》2012 年第 24 期。

② 李乐京：《民族村寨旅游开发中的利益冲突及协调机制研究》，《生态经济》2013 年第 11 期。

③ 周杰等：《少数民族村寨社区参与旅游发展的特征及内涵解析》，《黑龙江民族丛刊》2013 年第 5 期。

④ 谢萍、朱德亮：《论人类学视角下民族村寨旅游可持续发展模式》，《贵州民族研究》2014 年第 6 期。

⑤ 周连斌、罗琳：《民族村寨社区旅游可持续发展评价研究》，《湖南财政经济学院学报》2015 年第 3 期。

⑥ 张中奎：《预警原则：民族村寨旅游预开发的实证研究》，《财经理论与实践》2015 年第 3 期。

⑦ 罗剑宏、叶卉宇：《民族旅游村寨可持续发展困境及路径探讨》，《中华文化论坛》2016 年第 10 期。

⑧ 李培英：《基于增权理论的民族地区村寨旅游发展研究——以元阳哈尼梯田景区为例》，《学术探索》2017 年第 6 期。

续表

年份	学者	影响因素
2018	熊礼明、薛其林[①]	民族村寨旅游在社区参与方面存在利益协调机制、就业机制、良性互动机制的不完善等
2018	廖军华、余三春[②]	民族村寨旅游转型升级应通过“绿色+”理念保障生态平衡、规范文化管理、促进产业发展以及培养专业化人才
2019	齐昊、孙诚钰[③]	民族村寨旅游可持续发展路径包括有针对性的旅游资源开发、保障村民参与积极性、创新旅游营销及形象塑造、提升旅游品牌与服务质量

数据来源：知网数据库整理。

此外，我们归纳总结了在民族村寨旅游发展主题下出现频次较高的影响因素。由于学者在探讨民族村寨旅游发展的影响因素时说法各有差异，经调研组多次探讨，在对学者的类似说法进行了归一整理后计算了总频次，如表 5-2 所示。

表 5-2　　　　民族村寨旅游发展的影响因素

	一级指标	因素	频次（次）
民族村寨旅游发展的影响因素	可持续发展影响因素	旅游资源开发合理	77
		民族文化利用良好	72
		旅游产品	45
		村寨整体卫生	43
		村寨生态环境优越	80
		基础设施及旅游配套设施完善	70
		社区参与程度高	74
		利益分配合理	56
		旅游专业人才	14
		景区经营与管理科学	37

① 熊礼明、薛其林：《社区参与民族村寨旅游发展的困境和思路》，《长沙大学学报》2018 年第 3 期。

② 廖军华、余三春：《基于“绿色+”理念的民族地区村寨旅游转型升级研究》，《生态经济》2018 年第 1 期。

③ 齐昊、孙诚钰：《乡村振兴战略背景下我国边疆民族地区旅游业发展问题研究——基于云南省两个民族村寨的分析》，《中共郑州市委党校学报》2019 年第 3 期。

续表

	一级指标	因素	频次（次）
民族村寨旅游发展的影响因素	可持续发展影响因素	当地旅游产业发展	15
		村寨旅游收入	14
		游客数量	10
		村民观念创新	36
		旅游服务意识及素质强	38
		村寨旅游氛围良好	42
		村寨统筹规划	25
		资金投入量	36
		市场营销与宣传	35
		政府政策支持力度大	37
		游客旅游体验感良好	20
	非可持续发展影响因素	村寨无核心吸引物	32
		民族文化遭到破坏	49
		民族文化过度商业化利用	31
		生态环境遭到破坏	37
		旅游产品单一等	30
		基础设施建设落后	25
		社区参与程度低	35
		利益分配不均衡	32
		缺乏专业经营与管理	28
		旅游产业基础薄弱	12
		旅游专业人才匮乏	10
		旅游宣传推广力度小	13
		村民思想保守	26
		旅游服务素质低下	17
		村寨旅游氛围差	20
		政府支持力度小	22
		缺乏外来资本投资	19
		缺乏旅游品牌	10
		游客旅游体验差	27

资料来源：知网数据库整理。

表 5-2 中所出现的频次数表示该因素在文献中出现的次数，频次越高代表该因素被学者提及的次数越多，即该因素在影响民族村寨旅游发展中的重要程度越高。从可持续发展因素和非可持续发展因素的两相对比来看，在两类因素中频次均较高的主要有：民族文化、旅游资源（核心吸引物）、社区参与程度、村民思想观念、利益分配、生态环境、旅游产品、基础设施建设等。经过再次梳理，上述诸多影响因素从各因素来源可以分为村寨内部因素与外部因素，其中内部因素居多，以民族文化、村寨旅游资源、生态环境、社区参与等重要因素为主，外部因素主要以政府及外来投资、游客体验、旅游品牌建设等为主。上述文献分析中对众多影响因素的揭示可以为后续开展实证研究提供一定的借鉴。

二 指标体系构建

依据层次分析理论，民族村寨旅游发展影响因素指标体系的层次结构可分为目标层、准则层和指标层。目标层是指通过众多指标的运用来实现的综合目标。这里主要指对民族村寨旅游可持续发展影响因素和非可持续发展影响因素的综合测评；准则层是指对目标层进行综合测评的准则。这里主要根据因素来源对民族村寨旅游可持续发展影响因素和非可持续发展影响因素进行了划分，即村寨内部因素与村寨外部因素两大项内容，各内容下又包含着若干要素；指标层是指能够反映准则层的内容，且能够对其进行测评的具体项，属于指标体系进行测评的实际操作层。这里主要指影响民族村寨可持续发展和非可持续发展的众多因素。结合上述文献分析，调研组参考民族村寨旅游发展影响因素的频次表，经过加工修改，对影响因素进行了进一步的层次划分，分为村寨内部因素和外部因素。为了后续数据处理更加清晰，我们将上述可持续发展因素与非可持续发展因素分开构建指标体系，初步拟定了涵盖 32 项因素的可持续发展指标体系与涵盖 23 项因素的非可持续发展指标体系。随后结合专家意见打分以及课题组的多次探讨，对两部分指标体系进行了进一步的调整与修正，最终得到了 28 项民族村寨旅游可持续发展影响因素测评指标与 20 项民族村寨旅游非可持续发展影响因素测评指标，从而构建了相应的指标体系，如表 5-3 所示。

表 5-3 民族村寨旅游可持续发展与非可持续发展影响因素指标体系

民族村寨旅游可持续发展影响因展指标体系			民族村寨旅游非可持续发展影响因素指标体系		
		村寨内部			村寨内部
	01	村寨自然与人文景观丰富且具有特色		01	村寨普遍没有特色，没有核心吸引物
	02	民族文化得到有效保护、传承与合理利用		02	民族文化得不到保护并遭到破坏
	03	民族风情浓郁并富有特色		03	民族文化过度商业化利用
	04	村寨聚落环境优美且有特色		04	村寨生态环境遭到破坏
	05	村容村貌整洁卫生		05	没有产业支撑，经济缺乏活力
	06	产业发展良好		06	资金困难，不能保障村寨旅游发展
	07	旅游产品具有很强吸引力		07	旅游产品对游客没有吸引力
	08	村寨旅游的综合效益明显		08	配套设施与服务落后，旅游从业人员严重不足
	09	完善的基础设施与旅游配套服务设施		09	村民主人翁意识不强，民族自尊心、自豪感弱
	10	强烈的主人翁意识与民族自尊心、自豪感		10	村民社区参与程度不高，参与面窄
	11	社区参与程度		11	思想保守，观念落后，不能与时俱进
	12	高素质的从业人员和高品质的服务		12	缺乏科学管理与规范运营
	13	强有力的旅游营销与宣传推广		13	旅游营销不力，没有效果
	14	高效有序的经营与管理		14	社区治安环境不好，对游客不友好
					村寨外部
	15	良好的社区治安环境		15	政府关注和支持不够
	16	和谐友好的社区氛围		16	没有外来资本投入或外来资本投入不够
	17	强烈的好客态度与主客友好相处的环境		17	缺乏对外交流与合作
	18	与时俱进的思想观念与创新精神		18	没有旅游品牌或品牌影响力不够
	19	科学民主的决策机制与不断完善的规划保障		19	不能激发强烈的旅游愿望与动机

续表

民族村寨旅游可持续发展影响因展指标体系		村寨外部	民族村寨旅游非可持续发展影响因素指标体系		村寨内部
	20	政府政策支持与引导性资金投入		20	旅游体验感差
	21	外来资本的积极参与和投资			
	22	旅游中间商高度关注与积极推广			
	23	广泛的对外交流与合作			
	24	不断高涨的人气和源源不断的游客来访			
	25	良好的品牌效应与市场影响			
	26	良好的口碑与深刻的旅游体验			
	27	强烈的旅游愿望与美好期待			
	28	期望与当地居民友好相处的愿望与态度			

第二节　实证研究

为了更好地把握民族村寨旅游发展影响因素的相关情况，调研组于2017 年 1 月至 2019 年 12 月对典型民族旅游村寨进行了持续性跟踪调查，同时于 2020 年 8 月进行了补充性实地调研，并通过问卷调查与深度访谈的方式对典型样本地的旅游发展情况进行了数据采集。

一　研究设计

（一）研究思路

第一节通过文献研究法初步构建了民族村寨旅游可持续发展与非可持续发展影响因素的若干维度及具体指标体系，其次采用 Delphi 专家咨询法提炼并优化了测评指标体系。本节将以典型民族旅游村寨为例，对其旅游发展情况展开实地调研，并进行综合分析。

（二）样本村选择

调研地点主要涉及湖北省恩施土家族苗族自治州、贵州省黔东南苗族侗族自治州、云南省以及海南省的部分民族村寨。调研组预先对以上 4 个省份共 15 个民族村寨进行了走访调查，最终选择 10 个典型村寨作为样本地进行深度调研。这 10 个样本地分别是恩施州恩施市枫香坡、宣恩县伍家台、咸丰县麻柳溪、利川市白鹊山、营上村，贵州西江千户苗寨、朗德上寨、黎平侗寨，云南傣族园以及海南中廖村。这10个民族村寨大多连片集中，旅游发展较为突出，且各民族村寨旅游发展均处在不同的阶段，有发展较为成熟的村寨，如枫香坡、麻柳溪、西江千户苗寨、朗德上寨等，也有发展较为初级的村寨，如伍家台、营上村等，它们均面临着如何使旅游业提质升级、走可持续发展之路的挑战，极具典型性和代表性，具有较高的个案研究价值。

（三）研究方法

本问题研究主要采用文献研究法、问卷调查法以及访谈法等。调研组利用CNKI数据库资源，归纳梳理了涉及民族村寨旅游发展影响因素的诸多文献内容，并对学者的研究成果展开分析和探讨，形成了本课题参考资料，为本课题研究的顺利进行打下了基础。为更好地了解民族村寨旅游发展的实际情况，调研组对典型村寨进行了实地调研，设计了以民族村寨旅游可持续发展影响因素与民族村寨旅游非可持续发展影响因素为中心的调查问卷，并进行了问卷调查。同时，为了把握村寨的整体情况，调研组还制定了与民族村寨旅游发展影响因素相关的访谈提纲，并依据提纲进行了结构性访谈。

二　数据采集

（一）问卷设计与投放

1. 问卷设计

问卷内容主要包括两大部分：第一部分主要是样本人口统计学特征变量；第二部分是问卷主体部分，主要有两大块，其一是涉及民族村寨旅游可持续发展中的影响因素，其二是涉及民族村寨旅游非可持续发展中的影响因素。这两部分共48个题项，每个题项均采用李克特5级量表制（详见附录）。

2. 问卷投放

调研组共发放问卷600份，剔除71份无效问卷，最终收回有效问卷529份，有效问卷回收率约88.2%。投放的人群主要包括当地村民、村寨旅游经营户、村干部以及部分游客等，如表5-4所示。调研组对伍家台、枫香坡、麻柳溪等部分重点村寨进行了2次问卷投放，投放数量比其他村寨略多，具体投放情况如表5-5所示。

表 5-4　　投放人群组成

人群分类	人数（人）	占比（%）
当地村民	270	45
旅游经营户	78	13
村干部	32	5. 3
游客	220	36. 7

表 5-5　　问卷投放情况统计

<table>
<tr><th>样本村寨</th><th>访问次数（次）</th><th>发放数量（份）</th><th>回收数量（份）</th><th>样本村寨</th><th>访问次数（次）</th><th>发放数量（份）</th><th>回收数量（份）</th></tr>
<tr><td rowspan="2">枫香坡</td><td rowspan="2">2</td><td>50</td><td rowspan="2">76</td><td rowspan="2">西江苗寨</td><td rowspan="2">1</td><td rowspan="2">60</td><td rowspan="2">51</td></tr>
<tr><td>30</td></tr>
<tr><td rowspan="2">麻柳溪</td><td rowspan="2">2</td><td>50</td><td rowspan="2">67</td><td rowspan="2">朗德上寨</td><td rowspan="2">1</td><td rowspan="2">60</td><td rowspan="2">54</td></tr>
<tr><td>30</td></tr>
<tr><td rowspan="2">伍家台</td><td rowspan="2">2</td><td>50</td><td rowspan="2">71</td><td rowspan="2">肇兴侗寨</td><td rowspan="2">1</td><td rowspan="2">60</td><td rowspan="2">56</td></tr>
<tr><td>30</td></tr>
<tr><td>营上村</td><td>1</td><td>50</td><td>41</td><td>傣族园</td><td>1</td><td>50</td><td>44</td></tr>
<tr><td>白鹊山</td><td>1</td><td>50</td><td>46</td><td>中廖村</td><td>1</td><td>30</td><td>23</td></tr>
<tr><td colspan="2">总计</td><td>340</td><td>301</td><td colspan="2">总计</td><td>260</td><td>228</td></tr>
</table>

（二）访谈主要内容

为了解样本地民族村寨旅游发展的整体情况，调研组在伍家台、枫香坡、麻柳溪、营上村、白鹊山、西江苗寨 6 个村寨展开了 2 次访谈，在其余 4 个村寨进行了 1 次访谈。访谈内容主要参考访谈提纲，涉及村寨旅游发展整体情况、村寨旅游可持续发展面临的困境等问题，是调查问卷的有效补充。访谈对象主要由样本地的村干部、乡镇干部、村寨产业“能人”、农家乐个体经营户以及当地文化程度较高的村民组成，访谈人数共 186 人，同时对访谈内容进行了录音，有效录音共173份，平均录音时长30分钟。调研组依据样本地基本情况和收集到的录音及纸质文件，编辑了较为完整的调研数据资料，累计总字数达28万字左右，该资料对民族村寨旅游发展影响因素的系统分析起了很大的作用。

（三）样本人口特征情况

在实地调研之后，调研组秉持科学客观、真实有效的原则对相关数据进行了整理，并采用Excel软件生成了样本人口特征情况统计表，如表5-6所示。从表中可见，样本男女比例相差较小，男性略多于女性，占比53.3%；样本中年龄在41—60岁的群体最多，占比51.4%，年龄在21—40岁的群体占比21.2%，这是由于案例地多数年轻人在外打工，留在村寨的中老年人较多；样本村寨居民普遍为初中或高中学历（含中专），大约占比61.8%，村寨内23.8%拥有大学及以上学历的村民多为旅游企业人员或大学生村干部等；家庭年收入3万—5万元的村民人数较多，占比64.1%，这表明民族地区脱贫攻坚效果比较明显，且旅游业的发展也使村寨居民收入有所提高；从事旅游相关工作的人数占比54.8%，表明村寨旅游产业的发展也为村民提供了就业岗位，促使从事旅游相关工作的人数有明显增加。此外，根据数次访谈情况得知，恩施州样本地部分居民仍以务农为主，如宣恩县伍家台以及恩施市枫香坡80%以上居民主要以种茶为生，部分参与旅游活动的居民多以景区接待或民宿、农家乐服务工作为主，其中利川市白鹊山以及营上村民宿业发展良好，居民多从事民宿接待工作；贵州西江千户苗寨以及朗德上寨的大部分居民多从事景区接待以及表演工作等。根据调研的样本地旅游可持续发展的实际情况可知，恩施市枫香坡以“侗乡风情第一寨”以及“恩施玉露”的茶品牌而著名，在过去十分火爆，但是近年来由于民族文化特色丧失、品牌滥用、村民思想观念保守、运营危机等问题导致村寨旅游发展动力明显不足，可持续发展面临严重困境；利川市因气候优越，周边“白鹊山民宿”产业运营良好，但村寨本地文化丧失、资金不足等问题也阻碍了其可持续发展；西江千户苗寨近年来也面临着利益分配不均、民族文化破坏等诸多问题。

表 5-6　　样本人口特征情况统计

项目	类别	频次（次）	百分比（%）
性别	男	282	53.3
	女	247	46.7
年龄	20 岁以下	48	9.1
	21—40 岁	112	21.2
	41—60 岁	272	51.4
	60 岁以上	97	18.3
学历	小学及以下	76	14.4
	初中或高中（含中专）	327	61.8
	大学及以上	126	23.8
是否从事旅游相关工作	是	290	54.8
	否	239	45.2
家庭年收入	3 万元及以下	56	10.6
	3 万—5 万元	339	64.1
	5 万元及以上	134	25.3

注：样本总量 N=529。

三　数据分析

本课题选取 10 个民族村寨作为典型样本地展开了实证研究，回收了 529 份有效样本数据。以下是调研组基于“民族村寨旅游发展影响因素”文献分析以及实地调研情况所进行的数据处理：首先，结合专家意见，借助 Excel 软件对有效样本数据进行一般性统计分析，即通过百分比的形式呈现了各影响因素的重要程度；其次，应用层次分析法（AHP 法）确定量表中各指标权重，得出影响民族村寨旅游发展的关键因素及影响程度的大小；最后，进行综合分析。由于问卷中涉及民族村寨旅游可持续发展影响因素以及非可持续发展影响因素两部分的调查，我们分别对这两部分内容展开了数据分析。本研究征求意见的专家主要有 27 位，由政府工作人员、高校科研人员、旅游界相关专家、从事民族村寨旅游研究的多位学者、旅游研究机构研究人员等组成。

（一）民族村寨旅游可持续发展影响因素

1. Excel 统计分析

为了解影响民族村寨旅游可持续发展的重要因素，调研组对民族村寨旅游可持续发展影响因素进行了问卷调查。在这一部分，调研组共设置了 28 个题项，基本涵盖村寨内外部所有影响旅游可持续发展的因素。同时，依据李克特量表形式对影响因子的重要程度进行了等级划分，共设定五个等级，分别是“非常重要”“重要”“一般”“不重要”“非常不重要”，如表 5-7 所示。从表中可以看到，共有 19 个村寨内部影响因素。321 人（60.7%）认为村寨自然与人文景观丰富且具有特色非常重要，230 人（43.5%）认为民族文化的保护、传承与合理利用非常重要，223 人（42.2%）认为民族风情浓郁且具有特色比较重要，有 185 人（35.0%）认为村寨聚落环境优美且具有特色非常重要，187 人（35.3%）认为村容村貌整洁卫生非常重要，248 人（46.9%）认为产业发展良好非常重要，235 人（44.4%）认为旅游产品具有很强吸引力比较重要，204 人（38.6%）认为村寨旅游的综合效益明显比较重要，199 人（37.6%）认为村寨拥有完善的基础设施与旅游配套服务设施比较重要，277 人（50.7%）认为有效的社区参与非常重要，248 人（46.9%）认为村寨高效有序的经营与管理非常重要，202 人（38.2%）认为科学民主的决策机制与不断完善的规划保障比较重要。此外，在 9 个村寨外部影响因素中，300 人（56.7%）认为政府政策支持与引导性资金投入非常重要，295 人（55.8%）认为外来资本的积极参与和投资非常重要，286 人（54.1%）认为不断高涨的人气和源源不断的游客来访非常重要，213 人（40.3%）认为良好的品牌效应与市场影响比较重要，208 人（39.3%）认为良好的口碑与深刻的旅游体验比较重要。

从以上“非常重要”和“比较重要”的诸多影响因素中，我们依据从高至低的原则分别对两个等级下的重要影响因子进行了排序。其中，“非常重要”等级下 8 个因子依次是：村寨自然与人文景观丰富且具有特色（60.7%），政府政策支持与引导性资金投入（56.7%），外来资本的积极参与和投资（55.8%），不断高涨的人气和源源不断的游客来访（54.1%），社区参与程度（50.7%），产业发展良好（46.9%），村寨高效有序的经营与管理（46.9%），民族文化是否得到有效保护、传承与合理利用（43.5%）；“比较重要”等级下 7 个因子依次是：旅游产品是否具有很强吸引力（44.4%）、民族风情是否浓郁并富有特色（42.2%）、良好的品牌效应与市场影响（40.3%）、良好的口碑与深刻的旅游体验（39.3%）、村寨旅游的综合效益是否明显（38.6%）、科学民主的决策机制与不断完善的规划保障（38.2%）、完善的基础设施与旅游配套服务设施（37.6%）。

从各影响因子所占的比重可以看出，村寨自然与人文景观丰富且具有特色占比最高，这表明村寨的核心吸引物被认为是最重要的因素，而与村寨核心吸引物密切相关的多个因素如产品是否具有吸引力、民族风情是否浓郁等比重也较高；其次是资金投入与保障。这里面主要包含了政府引导性资金投入与外来资本投资，资金的重要性在村寨受访者看来毋庸置疑；客源市场占比第四。超半数的受访者认为村寨人气以及源源不断的游客来访对旅游可持续发展来说尤为重要，其中游客群体对于村寨良好的品牌、口碑以及旅游体验等因素也较为看重；有效的社区参与、产业发展良好、高效有序的经营与管理等因素也是受访者认为非常重要的因素；值得一提的是，认为民族文化是否得到有效保护、传承与合理利用这一因素非常重要的比重不超过 50%，这表明部分受访者对文化因素的感知较为薄弱；完善的基础设施与旅游配套设施、村寨环境、人员与服务等保障性因素也是受访者认为较为重要的因素。

表 5-7　　民族村寨旅游可持续发展的影响因素比重统计　　单位：%

	题项	非常重要	比较重要	一般	不重要	非常不重要
村寨内部	村寨自然与人文景观是否丰富且具有特色	60.7	28.1	11.2	—	—
	民族文化是否得到有效保护、传承与合理利用	43.5	29.8	24.6	2.1	—
	民族风情是否浓郁并富有特色	24.9	42.2	18.5	7.3	7.1
	村寨聚落环境是否优美且有特色	35.0	32.7	23.6	5.7	3.0
	村容村貌是否整洁卫生	35.3	34.1	22.3	4.9	3.4
	产业发展是否良好	46.9	28.6	19.8	4.7	—
	旅游产品是否具有很强吸引力	26.5	44.4	22.7	3.4	3.0

续表

	题项	非常重要	比较重要	一般	不重要	非常不重要
村寨内部	村寨旅游的综合效益是否明显	26.1	38.6	21.0	8.3	6.0
	完善的基础设施与旅游配套服务设施	28.5	37.6	22.7	6.8	4.4
	强烈的主人翁意识与民族自尊心、自豪感	33.1	35.9	21.9	6.0	3.1
	社区参与程度	50.7	22.5	18.1	4.7	4.0
	高素质的从业人员和高品质的服务	32.5	35.2	20.4	6.7	5.2
	强有力的旅游营销与宣传推广	26.5	30.6	20.6	15.3	7.0
	村寨高效有序的经营与管理	46.9	26.2	15.7	6.3	4.9
	良好的社区治安环境	27.3	36.1	24.6	6.6	5.4
	和谐友好的社区氛围	22.4	34.9	30.9	7.5	4.3
	强烈的好客态度与主客友好相处的环境	16.8	34.4	32.3	10.6	5.9
	与时俱进的思想观念与创新精神	36.3	27.4	25.6	5.8	4.9
	科学民主的决策机制与不断完善的规划保障	23.8	38.2	18.5	11.0	8.5
	政府政策支持与引导性资金投入	56.7	21.6	15.7	3.8	2.2
	外来资本的积极参与和投资	55.8	20.8	17.4	3.4	2.6
村寨外部	旅游中间商高度关注与积极推广	32.5	22.1	25.0	12.6	7.8
	广泛的对外交流与合作	20.9	23.2	38.7	10.3	6.9
	不断高涨的人气和源源不断的游客来访	54.1	19.7	15.8	5.3	5.1
	良好的品牌效应与市场影响	22.7	40.3	22.7	7.5	6.8
	良好的口碑与深刻的旅游体验	29.1	39.3	17.6	8.7	5.3
	强烈的旅游愿望与美好期待	21.9	32.7	34.2	6.6	4.5
	期望与当地居民友好相处的愿望与态度	20.0	36.1	27.2	8.7	7.9

资料来源：依据调查问卷整理所得。

2. 层次分析

层次分析法（Analytic Hierarchy Process，AHP）是系统工程理论中比较好的权重确定方法之一。它将复杂问题中的众多因素划分成相关联的有序层次，通过定量与定性分析，层层排序，计算得到最终各方案所占的比重，从而辅助决策。它有效弥补了专家打分法在一定程度上的主观性和不确定性。层次分析法的一般步骤是构建判断矩阵、计算重要性排序、进行一致性检验等，它将决策者的主观性依据用数量的形式表达出来，同时利用一致性检验作为专家意见的约束，使之更为科学与有效，避免了由于决策者的主观性所导致的权重结果与实际情况相矛盾的现象，克服了决策者的个人偏好性，从而得到的最终结果具有较强的说服力，应用价值广泛。因此层次分析法是确定民族村寨旅游可持续发展影响因素权重较为有效的办法，我们利用该方法进行了具体分析，以下是分析过程：

（1）构建判断矩阵。判断矩阵是 AHP 法的信息来源，参加层次分析的专家学者，要对各层元素关于上一层某一准则进行相对重要性的判断，并通过引入合适的标度，用一定的数量表示出来，从而形成判断矩阵，如下所示：

$$P=\begin{pmatrix} x_{11} & \cdots & x_{1m} \\ \cdots & \ddots & \cdots \\ x_{m1} & \cdots & x_{mm} \end{pmatrix} \tag{5-1}$$

其中，x_{ij} 为第 i 个样本的第 j 个指标值。

$$\Downarrow$$

$$\begin{pmatrix} k_{11} & \cdots & k_{1n} \\ \cdots & \ddots & \cdots \\ k_{m1} & \cdots & k_{mn} \end{pmatrix} (k_{ij}=x_i-x_j) \tag{5-2}$$

$$\Downarrow$$

$$A=\begin{pmatrix} a_{11} & a_{12} & \cdots & a_{1n} \\ a_{21} & a_{22} & \cdots & a_{2n} \\ \cdots & \cdots & \cdots & \cdots \\ a_{i1} & a_{i2} & \cdots & a_{in} \\ \cdots & \cdots & \cdots & \cdots \\ a_{m1} & a_{n2} & \cdots & a_{mn} \end{pmatrix}\left(k_{ij}\geqslant 0\text{时，}a_{ij}=2k_{ij}+1;\ k_{ij}<0\text{时，}a_{ij}=\frac{1}{|2k_{ij}-1|}\right) \tag{5-3}$$

其中，a_{ij} 表示 A_i 相对 A_j 重要程度的数值（对重要程度按 1—9 赋值，1 为非常不重要，9 为非常重要）。判断矩阵元素的值一般采用标度法，在单层次判断矩阵 A 中，当 $a_{ij}=a_{ik}/a_{jk}$，i，$j=1$，2，3，…，n，称判断矩阵为一致性矩阵。层次单排序之后要进行单排序的一致性检验，即计算一致性检验指标 C_I 的数值。

$$C_I=\frac{\lambda_{\max}-n}{n-1} \tag{5-4}$$

其中，$\lambda_{\max}$ 为 n 阶判断矩阵 A 的最大特征值。当 $C_I=0$ 时，$\lambda_{\max}=n$，则矩阵 A 是一致阵；当 C_I 的数值越大时，A 的不一致程度越严重。相应地，随机一致性比例 $C_R=C_I/R_I$，式中，C_I 为一致性指标，R_I 为平均随机一致性指标。当 $C_R<0.1$ 时，判断矩阵的一致性较优，说明赋权合理；当 $C_R\geqslant 0.1$ 时，则需要对矩阵 A 进行调整判断，直到得到满意的一致性为止，否则就可舍弃不用。

（2）进行模糊综合评价确定因子权重。在确定评价因素集和评价集并建立基本指标的权重分配向量 A 后，构建评价因素集与评价集之间的模糊关系矩阵 R。矩阵 R 中的元素 r_{ij} 描述了因素集第 i 个因素隶属于评价集第 j 个元素的程度。一般将其归一化使之满足 $\sum_{j=1}^{n}=1$。由 $B=A\cdot R$，得到综合评价向量 B。

通过上述方法可以得出民族村寨旅游可持续发展的各影响因子权重，并得到最终评价结果。根据已有的民族村寨旅游可持续发展影响因素指标体系，结合 27 位具备优秀的专业知识和丰富经验的专家打分，运用上述数学模型，通过计算机软件可以测量得到指标权重及位次，如表 5-8 所示。

表 5-8　民族村寨旅游可持续发展影响因素指标权重

目标层	准则层	指标层	权重	位次
民族村寨旅游可持续发展影响因素	村寨内部（0.6667）	村寨自然与人文景观是否丰富且具有特色	0.1217	2
		民族文化是否得到有效保护、传承与合理利用	0.1180	3
		民族风情是否浓郁并富有特色	0.0166	16
		村寨聚落环境是否优美且有特色	0.0249	10
		村容村貌是否整洁卫生	0.0241	11

续表

目标层	准则层	指标层	权重	位次
民族村寨旅游可持续发展影响因素	村寨内部（0.6667）	产业发展是否良好	0.0423	8
		旅游产品是否具有很强吸引力	0.0179	15
		村寨旅游的综合效益是否明显	0.0138	17
		完善的基础设施与旅游配套服务设施	0.0187	14
		强烈的主人翁意识与民族自尊心、自豪感	0.0197	13
		社区参与程度	0.0472	7
		高素质的从业人员和高品质的服务	0.0081	25
		强有力的旅游营销与宣传推广	0.0135	18
		高效有序的经营与管理	0.0299	9
		良好的社区治安环境	0.0119	21
		和谐友好的社区氛围	0.0102	24
		强烈的好客态度与主客友好相处的环境	0.0080	26
		与时俱进的思想观念与创新精神	0.1224	1
		科学民主的决策机制与不断完善的规划保障	0.0076	28
	村寨外部（0.3333）	政府政策支持与引导性资金投入	0.0755	5
		外来资本的积极参与和投资	0.0120	20
		旅游中间商高度关注与积极推广	0.0078	27
		广泛的对外交流与合作	0.0113	22
		不断高涨的人气和源源不断的游客来访	0.1081	4
		良好的品牌效应与市场影响	0.0235	12
		良好的口碑与深刻的旅游体验	0.0620	6
		强烈的旅游愿望与美好期待	0.0110	23
		期望与当地居民友好相处的愿望与态度	0.0121	19

（3）指标权重说明。从准则层来看，村寨内部因素所占权重较大，达66.7%，外部因素仅占33.3%，这说明村寨内部因素相较于外部因素而言对民族村寨旅游可持续发展具有更为重要的影响力。从指标层来看，村寨自然与人文景观是否丰富且具有特色（12.2%），民族文化是否得到有效保护、传承与合理利用（11.8%），与时俱进的思想观念与创新精神（12.2%），不断高涨的人气和源源不断的游客来访（10.8%）这四项指标的权重较高，且权重总和近50%，其中与时俱进的思想观念与

创新精神是这些指标中最高的，说明这四项指标因子是民族村寨旅游可持续发展非常重要的影响因素，其中与时俱进的思想观念与创新精神是最为关键的影响因素。此外，政府政策支持与引导性资金投入、良好的口碑与深刻的旅游体验、社区参与程度、产业发展良好、高效有序的经营与管理、村寨聚落环境优美且具有特色、村容村貌整洁卫生、良好的品牌效应与市场影响等因子的指标权重均超过 2%，也是民族村寨旅游可持续发展的关键影响因子。

3. 对比分析

问卷投放群体主要涉及村寨当地居民、村干部、村寨旅游投资商、经营户、游客等，其中大部分是当地居民（45%）以及游客（37%），他们对村寨旅游可持续发展的印象较为感性，对影响村寨旅游可持续发展重要因素的感知也各有侧重。其中约半数的村寨普通居民受文化水平的局限，在量表的影响因子勾画上颇具主观性和片面性。他们普遍认为村寨资金投入、景观价值、游客来访等因素在村寨旅游可持续发展影响因素中最为重要；部分村干部、旅游投资商、经营户等文化水平略高，且村寨旅游的大力发展给他们带来的经济效益可观，因此，他们更看重村寨景观价值、资金投入、民族文化、游客来访、产业发展、社区参与、经营与管理等因素；游客作为旅游主体，与村寨居民所处情境不同，他们在受访中更看重村寨的景观价值、民族文化、村寨口碑、人气、环境等因素。在实地调研中，我们发现部分村寨以牺牲环境与民族文化为代价大力发展旅游经济，这在一定程度上印证了村寨居民认为民族文化保护和环境保护等因子不够重要的观点。因此，受访者所处文化层次不同、样本主客之间的比例差异、受访者在实际面对问题时带有较强的主观色彩等种种原因，会导致实证研究存在一定的局限性，影响问卷调查结果的科学性，即影响村寨旅游可持续发展因素的占比和权重大小。而专家受教育程度较高，思考问题更为理性和全面，他们对问卷调查所产生的指标权重进行了深入研判，并给予了调整与指标修正。我们通过层次分析法将专家意见量化，得到了更为科学的指标权重。受访者和专家都认为村寨景观价值、民族文化、产业发展、社区参与、经营与管理、资金投入、游客来访等因素非常重要，但在重要程度排序中，专家修正较为明显的是“与时俱进的思想观念和创新精神”“民族文化是否得到有效保护、传承与合理利用”“村寨聚落环境是否优美且有特色”“村容村貌是否整洁卫生”等因子。专家认为民族村寨旅游可持续发展过程中，思想观念与民族文化保护的重要性不容忽视，且环境作为可持续发展的保障因素重要性较为显著。体现在数值上，即思想观念因子比重排到了第 1 位（0. 1224），民族文化保护、传承与合理利用因子比重排到了第 3 位（0. 1180），充足的资金保障和持续的资本投入因子下降到了第 5 位（0. 0755）；村寨聚落环境优美以及村容村貌卫生则分别排到了第 10 位（0. 0249）、第 11 位（0. 0241）。表 5-9 为统计分析结果与层次分析结果对比分析。

表 5-9　　统计分析结果与层次分析结果对比分析

统计分析（受访者观点）	层次分析（专家修正后）
村寨自然与人文景观是否丰富且具有特色	与时俱进的思想观念与创新精神
政府政策支持与引导性资金投入	村寨自然与人文景观是否丰富且具有特色
外来资本的积极参与和投资	民族文化是否得到有效保护、传承与合理利用
不断高涨的人气和源源不断的游客来访	不断高涨的人气和源源不断的游客来访
社区参与程度	政府政策支持与引导性资金投入
产业发展良好	良好的口碑与深刻的旅游体验
村寨高效有序的经营与管理	社区参与程度
旅游产品是否具有很强吸引力	产业发展良好
民族文化是否得到有效保护、传承与合理利用	高效有序的经营与管理
民族风情是否浓郁并富有特色	村寨聚落环境是否优美且有特色
良好的品牌效应与市场影响	村容村貌是否整洁卫生
良好的口碑与深刻的旅游体验	良好的品牌效应与市场影响
村寨旅游的综合效益是否明显	
科学民主的决策机制与不断完善的规划保障	
完善的基础设施与旅游配套服务设施	

（二）民族村寨旅游非可持续发展的影响因素

1. Excel 统计分析

为了解影响民族村寨旅游可持续发展的重要因素，进一步反证和强化可持续发展影响因素的重要程度，调研组对民族村寨旅游非可持续发展的诸多影响因素也进行了问卷调查。这一部分共设置 20 个题项，基本涵盖了村寨内外部所有民族村寨旅游非可持续发展的影响因素，同样依据李克特量表形式进行了影响程度的等级划分，共设定五个等级，分别是“非常认同”“认同”“一般”“不认同”“非常不认同”，如表 5-10 所示。在非可持续发展影响因素量表中，共设定 14 个内部影响因素和 6 个外部影响因素。其中，329 人（62.2%）非常认同村寨普遍没有特色，没有核心吸引物是影响民族村寨旅游非可持续发展的重要因素；307 人（58.0%）非常认同民族文化得不到保护并遭到破坏会导致民族村寨旅游发展不可持续；270 人（51.0%）非常认同村寨生态环境遭到破坏会导致民族村寨旅游发展不可持续；256 人（48.4%）非常认同没有产业支撑，经济缺乏活力，民族村寨旅游发展将不可持续；213 人（40.3%）非常认同资金困难，不能保障村寨旅游发展；236 人（44.6%）非常认同村民社区参与程度不高、参与面窄等问题影响较大；203 人（38.3%）非常认同思想保守，观念落后，不能与时俱进影响较大；204 人（38.6%）非常认同缺乏科学管理与规范运营影响较大；207 人（39.1%）比较认同政府关注和支持不够影响较大；198 人（37.4%）比较认同旅游体验感差影响较大。

以上就“非常认同”和“比较认同”这两个等级列举了 10 项占比较高的影响因素。我们依据从高至低的原则进行了排序，依次是：村寨普遍没有特色，没有核心吸引物（62.2%）；民族文化得不到保护并遭到破坏（58.0%）；村寨生态环境遭到破坏（51.0%）；没有产业支撑，经济缺乏活力（48.4%）；村民社区参与程度不高，参与面窄（44.6%）；资金困难，不能保障村寨旅游发展（40.3%）；政府关注和支持不够（39.1%）；缺乏科学管理与规范运营（38.6%）；思想保守，观念落后，不能与时俱进（38.3%）；旅游体验感差（37.4%）。这 10 个影响村寨旅游不可持续发展的重要因素中包含了 8 个村寨内部因素和 2 个村寨外部因素，表明受访者对村寨内部不可持续发展因素的重要程度更为敏感。

表 5-10　　民族村寨旅游非可持续发展的影响因素比重统计　　单位：%

	题项	非常认同	比较认同	一般	不认同	非常不认同
村寨内部	村寨普遍没有特色，没有核心吸引物	62.2	26.3	11.5	—	—
	民族文化得不到保护并遭到破坏	58.0	24.5	12.9	4.6	—
	民族文化过度商业化利用	25.8	30.6	27.2	9.3	7.1
	村寨生态环境遭到破坏	51.0	26.9	19.3	2.8	
	没有产业支撑，经济缺乏活力	48.4	29.0	18.5	3.2	0.9
	资金困难，不能保障村寨旅游发展	40.3	23.5	23.3	12.9	—
	旅游产品对游客没有吸引力	30.2	27.6	19.3	14.7	8.2
	配套设施与服务落后，旅游从业人员严重不足	26.7	31.2	21.0	15.7	5.4
	村民主人翁意识不强，民族自尊心、自豪感弱	28.8	32.5	21.2	13.2	4.3
	村民社区参与程度不高，参与面窄	44.6	26.5	19.5	5.5	3.9
	思想保守，观念落后，不能与时俱进	38.3	27.6	21.2	7.6	5.3
	缺乏科学管理与规范运营	38.6	24.7	22.5	8.7	5.5
	旅游营销不力，没有效果	17.0	38.7	23.4	17.0	3.9
	社区治安环境不好，对游客不友好	27.5	20.6	30.6	15.1	6.2
村寨外部	政府关注和支持不够	28.9	39.1	22.8	5.7	3.5
	没有外来资本投入或外来资本投入不够	35.7	24.6	27.5	7.1	5.1
	缺乏对外交流与合作	32.5	22.1	25.0	12.6	7.8
	没有旅游品牌或品牌影响力不够	20.9	33.2	28.7	10.2	7.0
	不能激发强烈的旅游愿望与动机	30.1	29.7	24.7	10.2	5.3
	旅游体验感差	29.5	37.4	16.7	9.3	7.1

资料来源：依据调查问卷整理所得。

（2）层次分析

同表 5-10 相同，表 5-11 首先需要构建相应的判断矩阵，进行重要性排序和一致性检验，随后进行模糊综合评价确定村寨旅游非可持续发展影响因素的权重。根据已有的民族村寨旅游非可持续发展影响因素指标体系，结合专家打分，进行相应的矩阵运算，可以得到以下各指标权重及位次，如表 5-11 所示。

表 5-11　　民族村寨旅游非可持续发展影响因素指标权重

目标层	准则层	指标层	权重	位次
民族村寨旅游非可持续发展影响因素	村寨内部（0.7500）	村寨普遍没有特色，没有核心吸引物	0.1912	1
		民族文化得不到保护并遭到破坏	0.1433	2
		民族文化过度商业化利用	0.0236	13
		村寨生态环境遭到破坏	0.0654	5
		没有产业支撑，经济缺乏活力	0.0953	4
		资金困难，不能保障村寨旅游发展	0.0173	15
		旅游产品对游客没有吸引力	0.0151	17
		配套设施与服务落后，旅游从业人员严重不足	0.0160	16
		村民主人翁意识不强，民族自尊心、自豪感弱	0.0262	11
		村民社区参与程度不高，参与面窄	0.0644	6
		思想保守，观念落后，不能与时俱进	0.0495	8
		缺乏科学管理与规范运营	0.0301	10
		旅游营销不力，没有效果	0.0106	19
		社区治安环境不好，对游客不友好	0.0082	20
	村寨外部（0.2500）	政府关注和支持不够	0.1031	3
		没有外来资本投入或外来资本投入不够	0.0432	9
		缺乏对外交流与合作	0.0207	14
		没有旅游品牌或品牌影响力不够	0.0260	12
		不能激发强烈的旅游愿望与动机	0.0121	18
		旅游体验感差	0.0448	7

从准则层来看，村寨内部因素占比较大，这说明导致民族村寨旅游非可持续发展的内部因素较外部因素更为重要。从指标层来看，村寨普

遍没有特色，没有核心吸引物（19.1%）；民族文化得不到保护并遭到破坏（14.3%）；政府关注和支持不够（10.3%）；没有产业支撑，经济缺乏活力（9.5%）这四项指标的权重较高，且这四项指标权重总和达到53.3%，超过一半。其中，村寨没有核心吸引物占比是这些指标中最高的，说明这四项指标因子是导致民族村寨旅游非可持续发展非常重要的因素，且村寨没有核心吸引物是最关键的因素。此外，村寨生态环境遭到破坏；村民社区参与程度不高，参与面窄；旅游体验感差；思想保守，观念落后，不能与时俱进；没有外来资本投入或外来资本投入不够；缺乏科学管理与规范运营等指标权重均超过了3%，也是影响民族村寨旅游非可持续发展的关键因素。

（3）对比分析

将统计分析与层次分析结果进行对比分析可知，两者权重排序相似，仅个别因子有所不同，即受访者和专家虽然文化层次差异较大，但对影响民族村寨旅游非可持续发展因素的重要程度感知类似，都认为没有核心吸引物，没有民族文化的保护、传承与合理利用，村寨旅游将无法持续发展，这两项最为重要。相应地，受访者仍然关注到环境问题、资金问题等，认为是制约村寨旅游可持续发展的重要因素。

（三）综合分析

总体来看，民族村寨旅游可持续发展影响因素量表与民族村寨旅游非可持续发展影响因素量表的指标权重在输出结果上保持了相对一致。例如，村寨自然与人文景观具有特色是影响村寨旅游非常重要的可持续发展因子（0.1217）。若是村寨没有特色与核心吸引物，那这一题项很快转变为导致民族村寨旅游不可持续发展的因子（0.1912），且重要性占比尤为突出，即核心吸引物的重要性在指标权重的数值上得到了体现；同样，民族文化的重要性也十分突出。民族文化得到有效传承与合理利用则推动村寨旅游可持续发展（0.1180），民族文化遭到破坏则阻碍村寨旅游可持续发展（0.1433）；此外，与时俱进的思想观念与创新精神在推动村寨旅游可持续发展上的重要性显著（0.1224），没有产业支撑在导致村寨旅游不可持续发展上的认同度较高（0.0953），社区参与、景区运营与管理、政府支持与资金投入等因素的重要性也较为明显。

第三节 结论与讨论

一 结论

基于对民族村寨旅游发展影响因素的文献分析和实证研究，我们得出如下结论：

（1）影响民族村寨旅游发展的因素多种多样，既有来自村寨内部的因素，也有来自村寨外部的因素；既有主观性的因素，也有客观性的因素；既有属于资源、环境方面的因素，也有属于经济、社会和文化方面的因素；既有影响民族村寨旅游可持续发展的因素，也有影响民族村寨旅游非可持续发展的因素。对于这些众多的影响因素，基于系统思维，按照村寨内外和可持续发展的正、逆视角来进行分析与揭示更有价值，也更有利于我们对民族村寨旅游可持续发展的动力因素和阻力因素的探寻与揭示。按照可持续和非可持续发展的双重视角，通过实证，我们揭示出影响民族村寨旅游可持续发展的因素共有 28 个，其中来自村寨内部的因素有 19 个，来自村寨外部的因素有 9 个。影响民族村寨旅游非可持续发展的因素共有 20 个，其中来自村寨内部的因素有 14 个，来自村寨外部的因素有 6 个。

（2）在这众多影响因素中，无论是可持续发展的因素，还是非可持续发展的因素，它们扮演的角色各不相同，对民族村寨旅游的影响也存在较大的差异。通过运用 Excel 统计法和层次分析法分别对可持续发展影响因素和非可持续发展影响因素的影响程度进行分析，得出两种方法核算的权重存在明显的差异。这种差异既表现在数量上，也表现在具体指标的选择及排序上。其中，在 28 个民族村寨旅游可持续发展影响因素中，Excel 统计结果显示：权重占比较高的主要因素有 15 个（依据“比较重要”等级以上的影响因素占比所得），即村寨自然与人文景观丰富且具有特色、政府政策支持与引导性资金投入、外来资本的积极参与和投资、不断高涨的人气和源源不断的游客来访、社区参与程度、产业发展良好、村寨高效有序的经营与管理、民族文化得到保护传承与合理利用、旅游产品具有很强吸引力、民族风情浓郁并富有特色、良好的品牌效应与市场影响、良好的口碑与深刻的旅游体验、村寨旅游的综合效益明显、科学民主的决策机制与不断完善的规划保障、完善的基础设施与旅游配套服务设施。而层次分析结果显示：其权重占比较高的主要因素只有12个（依据权重高于2%的影响因子所得），即与时俱进的思想观念与创新精神、村寨自然与人文景观丰富且具有特色、民族文化得到有效保护传承与合理利用、不断高涨的人气和源源不断的游客来访、政府政策支持与引导性资金投入、良好的口碑与深刻的旅游体验、社区参与程度、产业发展良好、高效有序的经营与管理、村寨聚落环境优美且有特色、村容村貌整洁卫生、良好的品牌效应与市场影响。

同样地，在20个民族村寨旅游非可持续发展影响因素中，Excel统计结果显示：权重占比较高的主要因素有10个（依据“比较认同”等级以上的影响因素占比所得），即村寨普遍没有特色，没有核心吸引物；民族文化得不到保护并遭到破坏；村寨生态环境遭到破坏；没有产业支撑，经济缺乏活力；村民社区参与程度不高，参与面窄、资金困难；不能保障村寨旅游发展；政府支持和关注不够；缺乏科学管理与规范运营；思想保守，观念落后，不能与时俱进；旅游体验感差。而层次分析结果显示：其权重占比较高的主要因素也有10个（依据权重高于3%的影响因子所得），即村寨普遍没有特色，没有核心吸引物；民族文化得不到保护并遭到破坏；政府关注和支持不够；没有产业支撑，经济缺乏活力；村寨生态环境遭到破坏；村民社区参与程度不高，参与面窄；旅游体验感差；思想保守，观念落后，不能与时俱进；没有外来资本投入或外来资本投入不够；缺乏科学管理与规范运营。

二 讨论

受访者身份的差异带来了问题研判的差异。实地调查与专家征询的结果之所以出现一定差异，主要在于受访者身份的差异。在实地调查中，无论是重点访谈，还是问卷调查，调查的空间主要在村寨，调查的对象除了少部分到访游客外，大部分为村寨的居民，主要包括村寨普通村民、个体经营户、村干部及部分外来投资商等。他们中的大部分人文化素质相对较低，对我们所提的一些重要问题的回答，以及对问卷中一些指标的勾画，都带有一定的主观性和片面性，也反映出一定的功利性。因此，从统计分析中得到的数据仅仅只是他们对众多影响因素的基本判断，具有一定的局限性，还不能直接拿来作为我们实证的最终结果。统计分析结果显示，站在村寨的角度，他们从自身利益出发，认为政府及外来资金投入非常重要，忽视了民族文化保护与环境的重要性。为了更科学和全面地了解和揭示民族村寨旅游可持续发展与非可持续发展影响因素，我们就这两部分指标体系进一步向相关专家征询了意见，并引入了层次分析法将专家意见量化形成了更为科学的指标权重。层级分析结果显示，专家基于专业知识和经验积累，对各影响因素的权重作出了更为理性的分析。他们普遍认为，与时俱进的思想观念与创新精神是影响村寨旅游可持续发展最为重要的因素，旅游资源吸引力与民族文化保护次之。这一结论与样本地的实际情况较为符合。例如，恩施州宣恩县的伍家台村，在引入先进发展理念后，迅速走上了“茶旅融合”的产业可持续发展的道路，近年来红红火火，名气大涨。而同样属于恩施州的“侗乡第一寨”枫香坡，在经过数年的热闹之后，由于发展理念和经营管理理念未能与时俱进，导致村寨旅游在“啃老本”基础上，开始出现了萧条与衰落的迹象，村寨旅游可持续发展正面临着新的挑战。两相比较，无论是对民族村寨旅游可持续发展和非可持续发展因素的揭示，还是对可持续发展和非可持续发展因素的重要性的研判，基于专家意见的层次分析结果更具有参考与借鉴价值。也就是说，在 28 个民族村寨旅游可持续发展影响因素中，有 12 个相对重要的影响因素，按重要程度排序依次是与时俱进的思想观念与创新精神、村寨自然与人文景观丰富且具有特色、民族文化得到有效保护传承与合理利用、不断高涨的人气和源源不断的游客来访、政府政策支持与引导性资金投入、良好的口碑与深刻的旅游体验、社区参与程度、产业发展良好、高效有序的经营与管理、村寨聚落环境优美且有特色、村容村貌整洁卫生、良好的品牌效应与市场影响。在 20 个民族村寨旅游非可持续发展影响因素中，也有 10 个相对重要的影响因素，按重要程度排序依次是村寨普遍没有特色与核心吸引物、民族文化得不到保护并遭到破坏、政府关注和支持不够、没有产业支撑、生态环境破坏、村民社区参与程度不高、旅游体验感差、村民思想保守落后、没有外来资本投入或外来资本投入不够、缺乏科学的管理与运营。

上述对民族村寨旅游可持续发展与非可持续发展影响因素的探索与揭示，一方面有助于我们更加全面系统地了解和把握民族村寨旅游发展的诸多影响因素，另一方面为我们进一步从中探寻影响民族村寨旅游可持续发展的动力与阻力因素提供了信息与依据。

第六章

民族村寨旅游可持续发展的动力系统构建

系统论认为，系统是由相互作用和相互依赖的若干组成部分结合而成的具有特定功能的有机整体，系统各单元间、系统间都存在物质、能量、信息等的流动①。民族村寨旅游可持续发展的动力系统是指由推动和维持民族村寨旅游可持续发展的各种动力及动力因子相互作用而形成的具有一定结构的有机整体。构建民族村寨旅游可持续发展的动力系统框架是我们进一步分析和揭示其机制激励的前提和基础。基于第五章从可持续和非可持续角度对民族村寨旅游发展影响因素的揭示，我们认为，这些可持续发展的因素有可能转化成为影响民族村寨旅游可持续发展的动力因素（动力因子）并进而形成相应的动力，这些非可持续发展因素则可能转化为影响民族村寨旅游可持续发展的阻力因素（阻力因子）并进而形成相应的阻力。既然在民族村寨旅游可持续发展的过程中，既有动力和动力因子存在，也有阻力和阻力因子存在，因此，我们在构建民族村寨旅游可持续发展的动力系统时，不能按照传统的思维模式，只追求由动力因子所构成的动力系统，而应该以构建更加完整、更具价值的有效动力系统为目标。因为只有有效动力才是推动民族村寨旅游可持续发展的真正动力。基于此认识，接下来本章将按照“动力因子→动力”“阻力因子→阻力”及“动力—阻力→有效动力”的思维框架来进行分析与探讨，并构建民族村寨旅游可持续发展的有效动力系统。

① 高振荣、陈以新编著：《信息论系统论控制论 120 题》，解放军出版社 1987 年版，第 8 页。

第一节 动力因子与动力系统

一 动力因子揭示

（一）相关重要文献对动力和动力因子的揭示

为了更好地揭示影响民族村寨旅游可持续发展的动力因子，探寻民族村寨旅游可持续发展动力系统的构建视角，我们进一步从现有文献找依据、找灵感，期望从相关重要文献对旅游发展动力及动力因子的揭示中，获得构建民族村寨旅游可持续发展动力系统的有益信息。下面是我们收集到的30余篇相关重要文献对旅游发展动力及动力因子的揭示情况，如表6-1所示。

表6-1 相关重要文献对动力和动力因子的揭示

研究者	研究范畴	研究视角	动力揭示	动力因子揭示
Lewin（1944）	旅游行为	旅游动机		个体对目标的价值期待
Hull（1943）	旅游行为	旅游动机	驱动力	个体需要
Tolman（1932）	旅游行为	旅游动机		内在动机、外在动机
Dann Graham, M. S.（1977）	旅游行为	旅游行为	推力 拉力	个体不平衡或紧张引起的动机或需求——推的因素 旅游者对目的地及吸引物的价值认识——拉的因素
Leiper, N.（1995）	旅游系统	系统构成		由旅游者、旅游业、旅游客源地、旅游通道和旅游目的地5个要素组成
Laws（1995）	旅游目的地	动力产生	动力	以市场推动为主
室谷正裕（1998）	旅游目的地	吸引力和魅力度	吸引力	资源赋存、活动菜单、食宿设施、空间快适
Butler（1980）	旅游目的地	旅游地生命周期理论	动力	吸引力因素、效应因素、需求因素和环境因素
彭华（1999）	旅游发展动力	旅游供需	旅游消费牵动 旅游产品吸引	需求系统、引力系统、中介系统、支持系统
钟韵、彭华（2003）	旅游发展动力	旅游供给		吸引系统、支持系统和中介系统
袁国宏、郭强（2011）	旅游系统	旅游活动基本矛盾	5种基本矛盾	旅游者、旅游产业、目的地政府、客源地政府、社区

续表

研究者	研究范畴	研究视角	动力揭示	动力因子揭示
袁国宏等（2015）	旅游系统	旅游适应性主体	5种根本动力	旅游者、旅游产业、目的地政府、客源地政府、社区
杨军（2006）	乡村旅游动力系统	旅游系统	需求动力 供给动力 营销动力 扶持动力	反向性、乡村性、本土性、市场性、一体化、现代化、产业化、小康化
邹统钎等（2006）	乡村旅游动力机制	内生机制	内动力	产业链本地化、经营者共生化
叶红（2007）	乡村旅游动力系统	动力机制		市场需求、市场供给、营销策略、政府促进
潘顺安（2007）	乡村旅游动力系统	动力构成	基本动力	需求子系统、供给子系统、媒介子系统、出行子系统
孟娇娇（2009）	乡村旅游动力系统	动力构成	推力 引力	推力因子：经济收入、闲暇时间、旅游者心理需求、政府政策 引力因子：乡村文化、乡村风光、乡村生产生活
刘涛、徐福英（2010）	乡村旅游可持续发展	系统动力学推拉理论	内部压力 外部拉力 外部推动力	三种“压力”：农民增收压力、农村就业压力、农业现代化发展压力 外部拉力：市场拉力 外部推动力：政府政策、产业要素
杨洋等（2011）	乡村旅游	动力构成	核心景区驱动力 资源内生动力 城镇促动力 交通促动力	核心景区、资源、城镇、交通
吴学成等（2014）	民族村寨旅游	动力机制	推动力 引导力 吸引力 支持力 调控力	需求、供给、中介和支持四个子系统
陈坤秋等（2014）	乡村旅游	动力机制	内生动力 外生动力	内生动力：谋求发展的驱动力、资源和条件的策动力、乡村的学习力、乡村的创造力、乡村对外生动力的响应力 外生动力：市场拉动力、政府引导力、企业推动力、专家（学者）创新力、城市辐射力

续表

研究者	研究范畴	研究视角	动力揭示	动力因子揭示
苏飞、王中华（2020）	乡村旅游	驱动力	核心驱动力	经济发达度、交通便捷度、环境舒适度
彭华（2000）	城市旅游	动力系统	消费牵动力 产品吸引力	旅游消费牵动、旅游产品吸引、中介系统、条件支持系统
龙江智、保继刚（2005）	城市旅游	动力机制	主导驱动力	
龚伟（2006）	城市旅游	动力类型	驱动力	吸引物驱动、需求驱动、城市发展驱动、系统驱动、阶段驱动
王旭科（2008）	城市旅游	动力模式	体制动力 市场动力 形象动力 社会动力	体制动力模式、市场动力模式、形象动力模式、社会动力模式
贾玉成（2005）	区域旅游一体化	动力机制	内部推动力 外部推动力 阻碍力	内部推动力因子：旅游需求、旅游供给 外部推动力因子：公权界定的驱动、一体化正外部性效应的诱导制约因素：市场壁垒、补偿欠缺
靳诚等（2006）	区域旅游合作	动力机制	空间生长力 市场驱动力 政府调控力	
宋子千（2008）	区域旅游合作	动力机制		区域基础条件、旅游市场
邓超颖、张建萍（2012）	生态旅游	系统动力学 动力系统	推动力 吸引力 传送力 支撑力 鞭策力	需求系统、吸引系统、中介系统、支撑系统、监管系统
周连斌（2011）	低碳旅游	系统论 可持续发展 动力机制	需求力 吸引力	引导、激励、吸引、控制

从表 6-1 中我们可以看出，尽管研究者研究的视角和范畴各有差异，但他们对旅游发展的动力及动力因子的揭示和表述仍有重要的参考与借鉴价值。

从他们所揭示的动力来看，我们可以把它们归纳为驱动力、推动力（推力）、促动力、压力、吸引力（引力）、拉动力（拉力）、需求力、牵引力、传送力、支撑力、鞭策力等主要动力。而且，在这些主要动力中，又包含着不同层次、不同范畴、不同内涵的动力。从层次来讲，动力有基本动力和根本动力；驱动力有核心驱动力、主导驱动力；吸引力有一般吸引力和核心吸引力。从范畴上来看，动力有内动力或内生动力、外动力或外生动力；驱动力有内部驱动力和外部驱动力。从动力的内涵特征来看，仅动力有需求动力、供给动力、营销动力、扶持动力、体制动力、市场动力、形象动力、社会动力、空间生长动力、政府调控动力等；驱动力有基本矛盾驱动力、核心景区驱动力、资源内生驱动力和市场驱动力；吸引力有资源吸引力和产品吸引力；促动力有城镇促动力、交通促动力、体制促动力、社会促动力、政策鞭策力、政府调控力等；拉力有市场拉动力、需求拉动力、消费牵动力等。

从他们所揭示的动力因子来看，有基于旅游行为产生的动力因子如价值期待、旅游动机（内在动机、外在动机）、旅游需求（由个体不平衡或紧张引起）等；有基于旅游产品供给的动力因子如需求系统、引力系统、中介系统、支持系统、监管系统等；有基于旅游供给所揭示的动力因子如吸引系统、支持系统、中介系统；核心景区、资源、城镇、交通；资源赋存、活动菜单、食宿设施、空间快适；产业链本地化、经营者共生化；经济发达度、交通便捷度、环境舒适度等；有基于旅游活动适宜性主体或基本矛盾所揭示的动力因子如旅游者、旅游产业、目的地政府、客源地政府、社区等；有基于旅游系统所揭示的动力因子如旅游消费牵动、旅游产品吸引、中介系统、条件支持系统；内部农民增收压力、农村就业压力、农业现代化发展压力，外部市场拉力以及政府政策、产业要素推动力；等等。

为了便于更好地构建民族村寨旅游可持续发展的动力系统，我们选择按照村寨内部动力和外部动力两个维度，对上述基于不同视角所揭示的动力和动力因子进行综合归纳与概念化处理后，可以得出旅游发展的一些基本动力和动力因子，如表 6-2 所示。

表 6-2　　　　基于重要文献揭示的旅游发展动力及动力因子

<table>
<tr><th></th><th>动力揭示</th><th>动力因子揭示</th></tr>
<tr><td rowspan="4">内部</td><td>吸引力（引力）</td><td>旅游资源、核心景区、旅游产品、资源赋存、活动菜单、食宿设施、空间快适</td></tr>
<tr><td>驱动力（压力）</td><td>吸引物驱动、压力（增收、就业、现代化发展）驱动</td></tr>
<tr><td>促动力（推力）</td><td>体制促进、形象塑造、社会促进、营销促进</td></tr>
<tr><td>支撑力</td><td>区域基础条件、产业要素与产业发展、活动菜单、食宿设施、空间快适、经济发达度、交通便捷度、环境舒适度</td></tr>
<tr><td rowspan="3">外部</td><td>拉动力（拉力）</td><td>市场拉动（价值期待、需求拉动、动机拉动、消费牵动）</td></tr>
<tr><td>引导力</td><td>政府政策引导、政府投资引导、政府产业引导</td></tr>
<tr><td>促进力</td><td>中介（旅游企业、专家学者）支持</td></tr>
</table>

（二）相关实证对动力因子的揭示

为了构建民族村寨旅游可持续发展的动力系统，并进而探寻民族村寨旅游可持续发展的动力机制与机理，我们还花很大的气力，紧紧围绕“民族村寨旅游可持续发展的内在诉求与外显标志”“民族村寨旅游可持续发展的影响因素”“民族村寨旅游非可持续发展的影响因素”等基础性问题进行了实证研究，希望从这些鲜活的“诉求”和众多的“影响因素”中，找到构建民族村寨旅游可持续发展动力系统的构建因子及动力状况。现将相关实证研究所揭示的“诉求”和“影响”因素分别列表，如表 6-3、表 6-4 所示。

表 6-3　　　　民族村寨旅游可持续发展的内在诉求与外显标志

<table>
<tr><th colspan="2">内在诉求</th><th colspan="2">关联因子</th></tr>
<tr><td rowspan="8">利益诉求</td><td></td><td>村寨整体</td><td>居民个人</td></tr>
<tr><td rowspan="4">经济增长</td><td>带动产业发展、增强经济实力</td><td>增加收入改善生活</td></tr>
<tr><td>加快脱贫致富和小康建设</td><td>扩大经营规模</td></tr>
<tr><td>改善基础设施和公共服务设施</td><td>提高经营管理能力</td></tr>
<tr><td>促进民生改善</td><td></td></tr>
<tr><td rowspan="3">社会进步</td><td>扩大就业渠道</td><td>提高参与机会</td></tr>
<tr><td>促进开放开化</td><td>谋求更好职位，参与村寨管理</td></tr>
<tr><td>提升社会治理</td><td>增强主人翁意识，获得更多尊重</td></tr>
</table>

续表

内在诉求		关联因子	
利益诉求	社会进步	促进乡风文明	
		增进社会和谐	
	文化传承	保护、传承和合理利用民族文化	扩大视野，增长见识
		增强民族自尊心、认同感和凝聚力	增强民族自尊心和自豪感
		促进文化交流与传播	
	环境优化	保护和优化原生态聚落环境	平安和谐
		改善村容村貌，促进美丽乡村建设	主客友好
条件诉求	观念可持续更新	发展理念	
		管理模式	
	资源可持续利用	资源适宜	
		标志景观	
		村寨景观	
	文化可持续传承	文化利用	
		民族风情	
		文化保护	
	外力可持续推动	游客来访	
		企业推进	
		政府支持	
	产品可持续吸引	产品升级	
		品牌影响	
		主题产品	
	产业可持续支撑	社区参与	
		产业融合	
		业态多样	
	资本可持续投入	使用适效	
		融资渠道	
		资金保障	
	环境可持续保障	热情好客	

续表

内在诉求		关联因子	
条件诉求	环境可持续保障	生态环境	
		村容村貌	
		社区和谐	
外显标志		关联因子	
人气与口碑		游客体验	
		外界口碑	
		旅游人气	
规模与效益		产业态势	
		经济效益	
		旅游规模	
环境与氛围		旅游氛围	
		村容村貌	
		生态环境	

资料来源：根据本书第四章实证研究整理。

表 6-4　　影响民族村寨旅游可持续发展的因素

来源属性	影响因素
村寨内部	村寨自然与人文景观丰富且具有特色
	民族文化得到有效保护、传承与合理利用
	民族风情浓郁并富有特色
	村寨聚落环境优美且有特色
	村容村貌整洁卫生
	产业发展良好
	旅游产品具有很强吸引力
	村寨旅游的综合效益明显
	完善的基础设施与旅游配套服务设施
	强烈的主人翁意识与民族自尊心、自豪感
	社区参与程度
	充足的资金保障和持续的资本投入
	高素质的从业人员和高品质的服务
	强有力的旅游营销与宣传推广

续表

来源属性	影响因素
村寨内部	高效有序的经营与管理
	良好的社区治安环境
	和谐友好的社区氛围
	强烈的好客态度与主客友好相处的环境
	与时俱进的思想观念与创新精神
	科学民主的决策机制与不断完善的规划保障
村寨外部	政府政策支持与引导性资金投入
	外来资本的积极参与和投资
	旅游中间商高度关注与积极推广
	广泛的对外交流与合作
	不断高涨的人气和源源不断的游客来访
	良好的品牌效应与市场影响
	良好的口碑与深刻的旅游体验
	强烈的旅游愿望与美好期待
	期望与当地居民友好相处的愿望与态度

资料来源：根据本书第五章实证研究整理。

从表 6-3 中我们可以看出，民族村寨旅游可持续发展直接关系着村寨整体和村寨居民的切身利益。这些利益无论是出于经济方面的考虑，还是出于社会、文化方面的期盼，都可能成为推动民族村寨旅游可持续发展的动力因子。尽管这些动力因子带有较强的功利性，但它们却是内生的、强劲的和最为直接的动力因子，是孕育和催生民族村寨旅游可持续发展内生动力的重要源泉。另外，从民族村寨旅游可持续发展的条件诉求来看，实证研究所揭示的“八大条件”，既是促进和保证民族村寨旅游可持续发展的必要条件，也是最能体现可持续发展理念的重要诉求，更是我们探寻民族村寨旅游可持续发展动力因子和动力生成的重要线索与重要素材。

从表 6-4 我们可以更加系统地了解和把握民族村寨旅游可持续发展的各种影响因素。这些影响因子既有来自村寨内部的，也有来自村寨外部的；既有主观方面的因子，也有客观方面的因子；既有经济、社会方面的因子，也有文化和环境方面的因子；既有涉及村寨整体方面的因子，也有关乎村寨居民个人方面的因子，而且这些影响因子都可或强或弱地表现或转化为影响民族村寨旅游可持续发展的动力因子，而由这些动力因子又可孕育和生成为推动或保障民族村寨旅游可持续发展的各种动力。

二 动力与动力因子

基于上述重要研究文献和相关实证研究对民族村寨旅游可持续发展的动力因子的分析与揭示，我们可以得知，民族村寨旅游可持续发展的动力系统并不是一个简单的线性系统，而是一个由若干个子系统相互作用而形成的具有复杂结构的巨型系统。在这个庞杂的系统中，动力因子是形成各种动力的基本元素。按照"动力因子—动力生成"的一般规律，综合考虑动力因子的内外区分、主客呈现和经济、社会、文化、环境等多方面涉猎的特点，通过对众多动力因子进行概念化提炼和主成分分析之后，我们认为，民族村寨旅游可持续发展的动力系统主要离不开"七大内部动力"和"三大外部动力"。"七大内部动力"主要指来自民族村寨内部的七种动力，即思想引领力、产品吸引力、产业支撑力、环境保障力、文化根基力、机制协同力、社区促动力。"三大外部动力"主要指来自村寨外部的三种动力，即市场拉动力、政府引导力、中介促进力。这些动力既是由相应的动力因子相互作用而生成的，又是构成民族村寨旅游可持续发展动力系统的主要子动力系统。现将这些子动力与动力因子的相互关系阐述如下：

（一）思想引领力

思想是行动的先导。思想引领力是指由先进的观念、理念或思想所产生的一种主观性动力。思想有多远，人就能走多远，这充分说明了思想观念对人们行为的引导和指引作用。与东部发达地区相比，民族村寨所在地因长期受制于地理环境、区位交通、经济水平和文化传统等方面因素的制约，人们的思想观念相对保守，面对村寨的发展问题往往陷入无可奈何和无能为力的境地。大量实践证明，民族村寨旅游的出现本身就是先进理念与思想引领的结果。许多民族地区都把发展民族村寨旅游作为民族地区脱贫致富和振兴民族经济的重要突破口来对待，并取得了令人瞩目的成就。在我们重点关注的 15 个民族村寨旅游样本村中，几乎全部都是通过发展村寨旅游，在当地率先实现了整村脱贫，并正在建设小康社会。可以说，先进的发展理念和与时俱进的观念创新是推动民族村寨旅游可持续发展的重要力量。这些思想观念主要包括发展理念、经营理念和管理理念三大方面。发展理念是从整体上引领民族村寨旅游发展方向与道路的一些理念与思考，如生态发展理念、融合发展理念、品牌发展理念、共享发展理念等；经营和管理理念则是保证民族村寨旅游有序、高效和可持续发展的一些理念与思想，如多元合作的经营管理理念、农旅公司经营管理的理念、专业合作社经营管理的理念，以及家庭经营管理的理念等。而这些思想观念的形成又与民族村寨所在地的开放开化、对外交流、文明程度和政策学习有关。实践证明，凡是开放开化程度较高的民族村寨，那里的对外交流也较频繁，社会文明程度也较高，人们对新事物、新思想、新政策的关注与接纳的敏感性也较强，而这些正是孕育和催生新思想、新观念的重要源泉。

（二）产品吸引力

从旅游供给的角度来讲，民族村寨旅游就是一种特殊的乡村旅游产品。现代旅游活动之所以开展，除了具有强烈旅游愿望的旅游者以外，具有强劲吸引力的旅游产品也是不可或缺的先决条件。要保持民族村寨旅游可持续发展，就必须要保证民族村寨旅游这种产品对游客具有强劲和可持续的吸引力。可以说，这种吸引力既是民族村寨旅游产生的必要条件，更是促进民族村寨旅游可持续发展的根本动力。那么，民族村寨旅游产品的吸引力来自哪里？按照旅游学对旅游产品的解释，旅游产品是一个整合性的产品概念，它主要由旅游资源、区位和可进入性、旅游设施、旅游服务、旅游环境和旅游形象等要素组成。其中，旅游资源是构成旅游产品的核心要素，而旅游资源的吸引力则主要取决于旅游资源的特色、价值及所处的地理位置。具体到民族村寨旅游可持续发展，我们认为，民族村寨旅游产品吸引力的产生和维持主要取决于如下 4 个动力因子。一是民族村寨旅游资源的特色与价值。这是民族村寨旅游吸引力产生的重要源泉。一个在资源上没有特色和旅游价值的民族村寨是不可能吸引外来游客并发展民族村寨旅游的。二是民族村寨核心、标志性景观或产品。这是打造和培育民族村寨旅游核心吸引力的重要支撑。凡是民族村寨旅游发展较好的民族村寨，无一例外地都拥有自己的核心吸引物。例如，恩施州枫香坡的“侗寨风情+生态茶园”、麻柳溪的“羌族风情+有机茶园”、白鹊山的“乡村民宿+土家风情”、五峰山的“农家乐+土家风情”等。三是民族村寨旅游产品的品质与品牌影响。这是提升和拓展民族村寨旅游市场吸引力的重要因素。例如，恩施州枫香坡“侗寨风情”和“恩施玉露”茶叶品牌、伍家台“茶旅融合”和“伍家台贡茶”品牌、白鹊山的旅游民宿品牌等，都产生了良好的市场影响与品牌效应，促进了民族村寨旅游可持续发展。四是民族村寨旅游产品的市场适宜与转型升级。没有旅游市场，就没有民族村寨旅游。民族村寨旅游产品只有与旅游市场需求相适宜，才能充分发挥和展示民族村寨旅游的吸引力和市场影响力，才能在满足游客旅游需求的基础上，实现民族村寨旅游吸引力与市场需求力的有效对接与匹配，而这种吸引力与需求力的互动共振，正是推动民族村寨旅游可持续发展最为根本的两种动力。而要保证这两种动力的持久互动，就必须遵循旅游地生命周期理论，不断根据旅游市场变化的趋势与特点，不失时机地对民族村寨旅游产品进行升级换代或转型升级，只有这样，才能保证民族村寨旅游可持续发展。

（三）产业支撑力

旅游业是一个关联带动作用非常强的产业。发展民族村寨旅游一个重要的目标追求就是促进当地经济发展和民生改善，帮助当地脱贫致富和建设小康，而这一目标的实现有赖于村寨活跃的经济和强大的产业支撑。民族村寨旅游发展的实践证明，许多民族村寨通过发展旅游，不仅促进了民族村寨旅游业的发展，而且改变了过去相对单一的传统农业结构，带动和催生了诸如特色农业、休闲农业、农特产品加工、农特产品商贸、劳务提供和民族文化创意等许多新的产业形态，逐步形成了旅游统筹、多业融合发展的新格局，成为民族村寨旅游和经济发展的重要支撑。这种产业支撑力的形成及其大小主要取决于民族旅游村寨的产业丰度、特色产业质量，以及产业融合程度。多元化的产业结构是夯实民族村寨经济的基础，特色产业则是引领和支撑民族村寨旅游和经济的中坚，而产业融合则是培育新业态、延长产业链、提升产业价值的重要力量。产业的协同发展，不仅直接推动了当地经济的增长和民生的改善，而且反过来为民族村寨旅游发展提供了新的动能与强大的资金支持，保证了民族村寨旅游的可持续发展。

（四）环境保障力

旅游活动的开展，除了要有好的吸引物外，还必须要有好的环境。尤其是当现代旅游消费从传统的观光旅游向休闲度假和文化体验转变的时候，人们对旅游环境的需求更加强烈，要求也越来越高。“旅游就是卖环境、度假就是享受环境”日趋成为一种新的共识和时尚。对于民族村寨旅游来讲，以民族风情为特色的民族文化体验是民族村寨旅游的核心吸引和魅力所在，而这种文化体验更有赖于特定的民族文化生态环境和主客和谐互动的旅游环境；否则，要实现高品质的民族文化体验，只能是一句空话。可以说，没有环境作为保障和支撑的民族村寨旅游不是真正意义上的民族村寨旅游，也不可能是可持续的民族村寨旅游。那么，保证民族村寨旅游可持续发展的环境主要包括哪些呢？通过实地调研和实证研究，并结合民族村寨旅游未来发展趋势，我们认为，这些环境主要包括村寨的自然生态环境和聚落环境、村容村貌、平安和谐社区、居民好客态度和主客友好互动等。这些环境既有硬的生态环境和聚落环境，也有软的人文环境和旅游环境。它们相互作用，共同构成了民族村寨旅游可持续发展的环境保障力。

（五）文化根基力

文化是旅游的灵魂，旅游是文化的载体，“文化促成了旅游，没有文化就没有旅游”①。在欣赏诗和远方、倡导文旅融合的今天，“以文促旅、以旅彰文”“宜融则融，能融尽融”，已成为新时代文化和旅游发展的主旋律。对于一般景区而言，文化在文旅融合中最突出的作用在于其提升功能，即通过文化的引入、渗透与适宜表达，来丰富旅游的内涵，提升旅游的品质，增强旅游的魅力。而对于民族村寨旅游来讲，文化的作用就不仅仅表现为一种提升功能了，它更表现为一种根基的作用。因为，民族村寨本身就是一种文化的产物，它既是民族文化的重要组成部分，又是民族文化的重要载体。一个民族村寨，包括了该民族所有的文化要素，是最全面、系统、集中的负载本民族各类民俗事象的相

① 龚娜：《贵州民族地区乡村旅游可持续发展探析》，《贵州民族研究》2010 年第 2 期。

对完整社区[2]。同时，民族村寨是原生的，“可以给旅游者更真实更深刻的文化体验”[1]。依托少数民族特色村寨发展起来的民族村寨旅游，其核心资源就是独具特色的民族文化旅游资源，而这种资源的根基和灵魂就是承载于民族村寨的民族文化。民族传统文化是民族村寨发展旅游的生命，作为消费者的游客之所以到少数民族村寨进行旅游，一个重要的目的在于体验其独特的民族文化[2]。别具一格的民族文化是吸引游客前往民族村寨旅游的优势所在[3]。“民族村寨旅游如同一场文化旅游，民族地区充满神秘色彩的传统文化是民族村寨旅游区别于其他地区旅游业的最明显特征。”[4]可以说，没有民族文化，就没有民族文化旅游资源；没有民族文化旅游资源，就没有民族村寨旅游。民族文化是民族村寨旅游的根基和灵魂。丢掉和舍弃了这一根基，不仅民族村寨旅游失去了灵魂，失去了魅力，而且民族村寨旅游可持续发展更无从谈起。因此，保护好、传承好，并合理地利用好民族文化，不仅是促进民族村寨旅游可持续发展的必要条件，更是不断提升民族村寨旅游品质和魅力的不竭源泉与动力。

（六）社区促动力

社区促动力主要由如下两方面因素来催生和体现。

一是能人的示范带动。榜样就是一种力量，示范就是一种动力。当人才缺乏成为民族村寨旅游发展过程中普遍面临的一种挑战时，能人的引领和带动作用就成了推动民族村寨旅游发展不可忽视的一种重要力量。尤其是在今天资本下乡、能人返乡的大背景下，能人的示范引领作用尤为明显。这些能人主要表现为村寨的管理人员、经营能手和技术高手。从许多文献披露和实地调研中，我们都能真切地感受到这种能人的作用。在恩施伍家台，作为村支书和伍家台昌臣茶叶有限公司总经理的郑时兵，不仅带领当地村民探索出了一条“茶旅融合、景村通建”村寨发展之路，而且还通过创办“昌臣茶叶有限公司”

---

① 黄萍、王元珑：《创建四川民族文化生态旅游可持续发展模式研究》，《西南民族大学学报》（人文社会科学版）2005 年第 8 期。

② 曹端波、刘希磊：《民族村寨旅游开发存在的问题与发展模式的转型》，《经济问题探索》2008 年第 10 期。

③ 廖军华、余三春：《基于“绿色+”理念的民族地区村寨旅游转型升级研究》，《生态经济》2018 年第 1 期。

这一龙头企业，带动当地茶场、茶叶专业合作社和众多茶农，构建起集茶叶种植、加工、商贸及茶文化旅游于一体的完整产业链条和合作共赢的利益共同体，不仅将伍家台成功打造成了国家4A级景区，而且还将伍家台“贡茶”产业做成了名扬海外的富民产业和休闲产业。在利川白鹊山，能人谢国贵带着打工挣来的资金与当地农户合作，发展村寨民宿旅游。一下子让名不见经传的土家贫困村变成了湖北民宿旅游的标杆和旅游扶贫的典范。可见，能人的带动力的确不可小视。民族村寨旅游要保持可持续发展，还必须充分调动和发挥能人及其龙头企业的示范带动作用。

二是社区居民的广泛参与。对于民族村寨旅游来讲，社区居民既是民族村寨旅游发展不可或缺的主体，也应成为民族村寨旅游发展成果的直接受益者。他们既是民族村寨的主体，也是民族村寨文化的直接创造者、演绎者和传承者。发展民族村寨旅游，如果舍弃或忽视了当地居民的参与和配合，轻视或剥夺当地居民正当的权利与利益，民族村寨旅游不可能是真正意义上的民族村寨旅游，也不可能可持续发展。相反，广泛的社区参与，不仅能有效保护和传承作为民族村寨旅游根基的民族文化，而且还能为民族村寨旅游发展提供充足的人力资源，营造良好的旅游氛围，拓展广阔的旅游空间，是促进民族村寨旅游可持续发展不可忽视的一种重要力量。

（七）机制协同力

再好的资源，如果没有好的调配机制，就不可能得到有效组织与合理利用。再好的旅游发展态势，如果没有相适宜体制机制来保障，也不可能长久地保持下去。大量的文献披露和实地调研感知都说明，体制机制是影响民族村寨旅游可持续发展的重要因素。在恩施，虽然枫香坡旅游开发较早，曾创造过恩施乡村旅游标杆的辉煌，但目前因受制于各自为阵的经营管理机制而无法做大做强和实现产品的转型升级，民族村寨旅游可持续发展正面临着严峻的挑战。相反，伍家台在“龙头企业+专业合作社+农户+基地”的经营管理体制和机制驱动下，形成了完整的产业链和利益共同体，民族村寨旅游在“茶旅融合、景村同建”的道路上越走越宽，取得了骄人的业绩。在走访调研中，我们发现，影响民族村寨旅游可持续发展的体制机制主要有发展决策机制、社区参与机制、多元投资机制、利益分享机制，以及经营管理的模式与机制等。只有当这些机制与模式有机结合在一起，相互匹配，协同共振，民族村寨旅游可持续发展才能获得持久的动力来源。

（八）市场拉动力

没有旅游者，就没有旅游活动，也就没有旅游业。旅游客源市场的存在与拉动是保证民族村寨旅游可持续发展的一个必要条件。这种由市场因素所形成的拉动力主要取决于三大因素。一是旅游需求程度。只有当民族村寨旅游成为客源市场强烈的旅游需求时，民族村寨旅游才能兴旺发达并保持可持续发展。实践证明，民族村寨旅游之所以产生并得到快速发展，一个很重要的原因就是民族村寨旅游所带给人们的异质文化体验。尤其当旅游需求热点由传统的村寨观光向村寨度假和民族文化体验转变时，人们对民族村寨旅游的强烈需求必将会转化为一种强大的市场驱动力。二是旅游市场规模。民族村寨旅游发展是需要人气来支撑的。没有足够量的旅游者来访，民族村寨旅游不可能做大做强；没有源源不断的旅游者来访，民族村寨旅游不可能可持续发展。因此，旅游市场规模是影响民族村寨旅游可持续发展的重要因素。三是旅游消费牵引。民族村寨旅游要可持续发展，除要有源源不断的大量游客来访外，游客在民族村寨旅游中的消费取向、消费结构和消费水平等，也是其不可忽视的因素。在调研走访中，我们经常看到，不少民族旅游村寨，虽然游客不少，人气也旺，但旅游消费水平普遍较低，村寨的旅游综合收入也并不太高。这一方面虽然有游客消费能力不足的原因，但更多的是民族村寨旅游所能提供给游客消费的产品有限。因此，旅游市场消费的引导与牵引，对增强旅游市场的拉动能力也非常重要。

（九）政府引导力

解决“三农”问题，加快民族地区脱贫致富和小康建设，是当地政府义不容辞的职责和使命。当地政府是民族村寨旅游发展的重要利益相关主体。政府在民族村寨旅游发展中的作用主要体现在政策性引导和引导性投资两大方面。根据对 15 个典型样本村的调查，我们可以清楚地看到，这些村寨的旅游发展无一不是特定政策下的产物，无一不受政府引导性政策的支持与激励。尤其是在村寨旅游发展的初期，这些村寨几乎都获得了来自政府或多或少的政策性引导投资，少则几百万元，多则上千万元，甚至上亿元。有些村寨，甚至从一开始就是被政府作为发展民族村寨旅游的典型或标杆来予以关注和支持的，可以说是政府一手打造起来的旅游典范。这一切都说明，在民族村寨旅游发展过程中，政府的政策性引导和引导性投资都发挥着强大的动能作用。民族村寨旅游要可持续发展，政府相关政策的持续引导和引导性投资的必要投入，也是必不可少的动力来源。

（十）中介促进力

根据现有文献披露和实地调研得知，在民族村寨旅游发展过程中，由旅游企业、旅游行业组织、相关媒体和专家智库所组成的中介组织也发挥着非常重要的作用，成为民族村寨旅游可持续发展必须依靠的重要力量。以旅行社为龙头的旅游企业（包括旅游交通、旅游购物、旅游电商等）和相关媒体组织，为民族村寨旅游市场开拓、产品营销和专业服务提供着重要支撑，促进了民族村寨旅游可持续发展；以专家智库为代表的智力支持，则可直接破解民族村寨旅游中人才困乏的“瓶颈”，促进民族村寨旅游可持续发展。

三　动力系统框架模型

基于对上述影响民族村寨旅游可持续发展的动力及动力因子的分析，我们以民族村寨为参照，以动力来源和动力生成为构建主线，综合考虑动力因子的主、客观属性和经济、社会、文化、环境等多维范畴，按照“动力系统—子动力系统—动力因子”的基本结构，初步构建起民族村寨旅游可持续发展动力系统框架结构，如图 6-1 所示。这一框架结构表明，民族村寨旅游可持续发展的动力系统是一个复杂的巨型系统，主要由内部动力系统和外部动力系统所构成。其中，内部动力系统主要表现为思想引领力、产品吸引力、产业支撑力、环境保障力、文化根基力、机制协同力、社区促动力七大子动力。外部动力系统主要表现为市场拉动力、政府引导力和中介促进力三个子动力。各个子动力又是由相互关联的动力因子互动催生而形成的。各个子动力及内外动力相互联结与相互作用构成了民族村寨旅游可持续发展的动力系统。

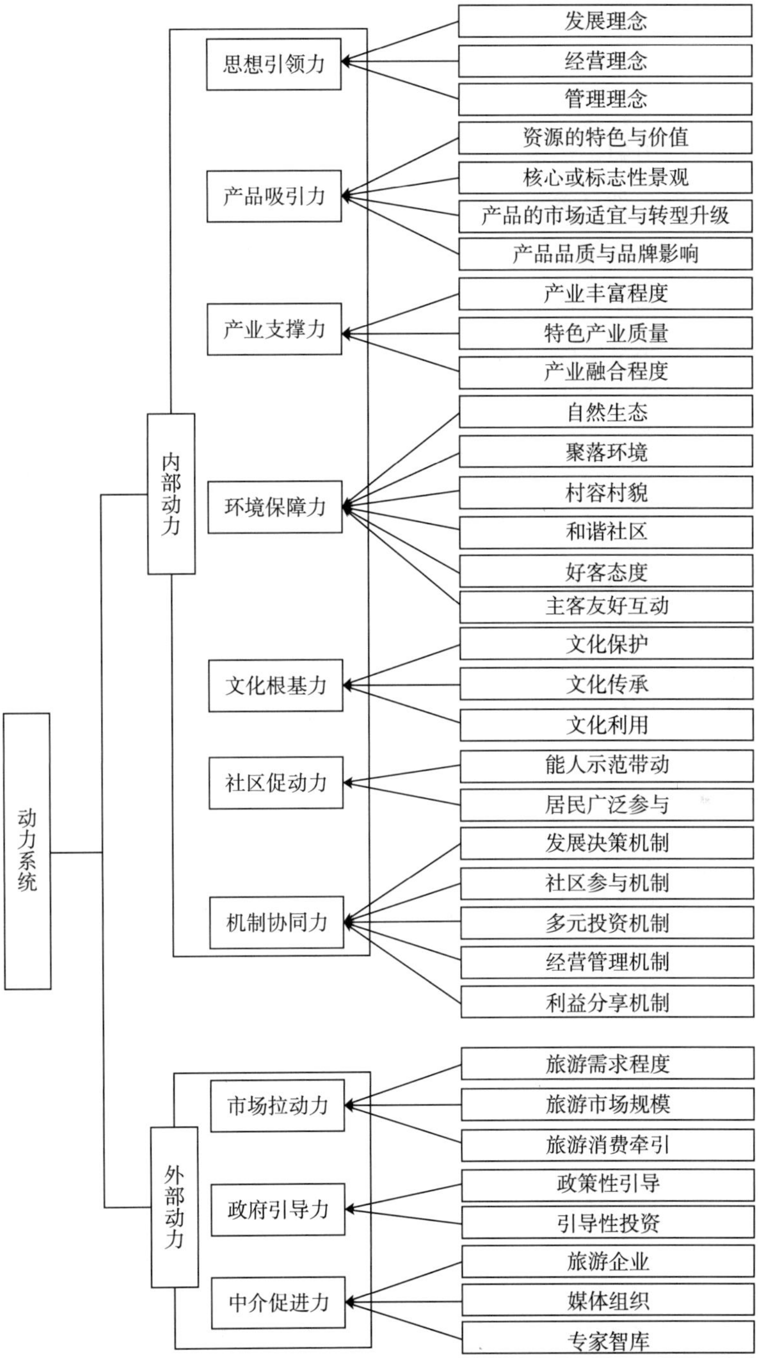

图 6-1　民族村寨旅游可持续发展动力系统框架结构

第二节 阻力因子和阻力系统

一 阻力因子揭示

由于受多种自然和人为方面因素的影响，民族村寨旅游发展并不是一帆风顺的。无论是发展初期，还是发展进程中，民族村寨旅游都有可能面临或存在诸多问题，如发展理念跟不上形势、开发资金短缺、专业人才缺乏、旅游产品单一同质、旅游市场无法打开、民族文化过度商业化利用、村寨自然生态环境恶化、主客矛盾加剧与激化等。对于这些问题，不少学者给予了密切关注，并进行了深刻揭示。如早在2003年，学者罗永常基于对贵州民族村寨旅游发展现实的调查分析，及时发出了民族村寨旅游存在“民族文化认同感失落、价值观改变、民族文化庸俗化”[①] 等问题的警示。2007年，陈志永、梁玉华从旅游体验视角，对贵阳镇山村旅游发展现状进行检视之后，指出民族村寨旅游存在着“旅游体验单一、缺乏民族特色、体验内容与主题形象不一致、旅游产品参与性不强、基础设施不完善、旅游服务质量低下”[②] 等诸多问题。2008年，曹端波、刘希磊则指出：民族村寨旅游发展存在生态环境破坏、文化资源开发与保护不当、经济效益差、利益分配不均等问题[③]。2010年，龚娜、蒋焕洲两位学者分别对贵州民族村寨旅游发展现状进行实地调研后指出，贵州民族村寨旅游“存在规划滞后、产品特色不突出、基础设施建设滞后、生态环境破坏严重”[④] 等问题，正面临着“产品与项目形式单一、旅游形象与品牌主题不明确、旅游人才匮乏、环境卫生较差”[⑤] 等问题。2017年，李培英基于利益相关者理论，对云南哈尼梯田村寨旅游非可持续发展的原因进行了揭示，指出“政府、开发商、当

---

① 罗永常：《民族村寨旅游发展问题与对策研究》，《贵州民族研究》2003年第2期。

② 陈志永、梁玉华：《民族村寨旅游地衰落研究：以贵阳市镇山村为例》，《云南社会科学》2007年第1期。

③ 曹端波、刘希磊：《民族村寨旅游开发存在的问题与发展模式的转型》，《经济问题探索》2008年第10期。

④ 龚娜：《贵州民族地区乡村旅游可持续发展探析》，《贵州民族研究》2010年第2期。

⑤ 蒋焕洲：《贵州民族村寨旅游发展现状、问题与对策研究》，《广西财经学院学报》2010年第2期。

地居民等旅游利益相关者的利益冲突问题，尤其是村民因处‘弱势地位’利益诉求得不到满足”① 是导致其很难持续发展的主要原因。

为了全面了解民族村寨旅游发展中所面临或所出现的各种问题，把握民族村寨旅游非可持续发展的影响因素，课题组专门从 15 个样本村中挑选出 10 个典型村寨进行实地调研与实证研究，初步找出了民族村寨非可持续发展的主要影响因素。其实证结果如表 6-5 所示。

表 6-5　　民族村寨旅游非可持续发展的主要影响因素

因素来源	主要影响因素
村寨内部	村寨普遍没有特色，没有核心吸引物
	民族文化得不到保护并遭到破坏
	民族文化过度商业化利用
	村寨生态环境遭到破坏
	没有产业支撑，经济缺乏活力
	资金困难，不能保障村寨旅游发展
	旅游产品对游客没有吸引力
	配套设施与服务落后，旅游从业人员严重不足
	村民主人翁意识不强，民族自尊心、自豪感弱
	村民社区参与程度不高，参与面窄
	思想保守，观念落后，不能与时俱进
	缺乏科学管理与规范运营
	旅游营销不力，没有效果
	社区治安环境不好，对游客不友好
村寨外部	政府关注和支持不够
	没有外来资本投入或外来资本投入不够
	缺乏对外交流与合作
	没有旅游品牌或品牌影响力不够
	不能激发强烈的旅游愿望与动机
	旅游体验感差

资料来源：根据本书第五章实证研究整理。

① 李培英：《基于增权理论的民族地区村寨旅游发展研究——以元阳哈尼梯田景区为例》，《学术探索》2017 年第 6 期。

从学者对民族村寨旅游发展中所面临或存在的主要问题的揭示，以及本课题组对民族村寨旅游非可持续发展影响因素的实证研究，我们可以看出，影响民族村寨旅游非可持续发展的主要因素还是在于村寨内部，主要涉及村寨旅游资源特色与价值、旅游产品吸引力与品牌影响、民族文化保护、传承与利用、旅游投资与旅游资金投入、社区参与和产业发展、自然生态与旅游环境、开发理念与体制机制等多个方面。在外部因素当中，除政府方面因素外，其余来自市场和中介组织方面的因素，如吸引外来资本投资弱、旅游品牌影响力小、旅游体验感差、难以激发强烈的旅游动机等，实际上都与民族村寨内部的旅游资源、旅游产品或民族文化等方面的“问题”或“因素”有着密切的关联。这些在民族村寨旅游发展中所出现的“问题”不解决，以及上述民族村寨旅游非可持续发展影响因素的大量存在，都将给民族村寨旅游发展带来困惑、挑战，并使其陷入困境，从而影响民族村寨旅游健康和可持续发展。可以说，这些“问题”或“非可持续影响因素”的存在和蔓延，就有可能成为阻碍民族村寨旅游可持续发展的重要因子，即阻力因子。为了进一步把握影响民族村寨旅游可持续发展的阻力因子，我们通过对学者所揭示的“问题”和实证研究所揭示的“非可持续影响因素”进行概念化提炼和主成分分析处理后，可以得到影响民族村寨旅游可持续发展的主要阻力因子如表 6-6 所示。

表 6-6　　影响民族村寨旅游可持续发展的主要阻力因子

第一主成分	第二主成分	第三主成分
产品阻力因素	产品缺乏吸引力	没有特色和核心吸引物
		产品单一、供给短缺
		参与性不强、体验感差
		配套设施落后，服务质量低下
	品牌缺乏影响力	没有品牌或品牌形象不鲜明
		营销不力，不能激发旅游动机
文化阻力因素	文化认同缺失	民族文化认同感失落、价值观改变
		民族自尊心、自豪感减弱

续表

第一主成分	第二主成分	第三主成分
文化阻力因素	保护传承不力	民族文化得不到有效保护与传承
		民族文化挖掘与对外交流不够
	文化利用不当	民族文化商业化利用
		民族文化庸俗化开发
		民族文化不适宜表达
资金阻力因素	发展资金短缺	资金投入与项目开发不匹配
		投资单一、融资困难
		没有产业支撑、经济缺乏活力
环境阻力因素	生态环境遭破坏	村寨自然生态环境遭到破坏
		村寨聚落环境遭到破坏
		村容村貌卫生环境差
	人文环境不和谐	治安环境差，各利益相关主体不和谐
		好客态度差、主客矛盾突出
思想阻力因素	保守观念	思想保守、观念落后
		不能与时俱进、创新改革
	急功近利	重开发轻保护
		只注重经济利益，不注重文化和环境保护
机制阻力因素	民主决策不充分	领导或经营能手主宰、主观臆断
	社区参与不充分	参与范畴不广、参与渠道狭窄
		参与能力不够、参与积极性不高
	利益分享不充分	利益分配不均、相关利益主体不和谐
		权益不明晰，合法利益得不到保障
	人才保障不充分	居民素质较低
		专业人才缺乏
	运营保障不充分	旅游发展与村寨管理不匹配
		产业发展与经营模式不匹配

二　阻力和阻力因子

基于上述对影响民族村寨旅游可持续发展的阻力因子揭示，按照“阻力因子—阻力”一般生成规律。我们认为，影响民族村寨旅游可持续发展的主要阻力主要表现为思想、产品、文化、环境、机制、资金和人才七大阻力。

（一）思想阻力

影响民族村寨旅游可持续发展的思想阻力主要源于两大阻力因素。一是相对保守的观念。民族村寨所在的民族地区因受制于区位、交通、经济和信息等不利态势，再加上长期受民族传统文化习惯的影响，那里的开发开放程度相对较低，对外界的新思想、新观念的关注与吸收相对较慢，因此，在发展民族村寨旅游的问题上，他们开始一般不会非常主动地去接受新理念、新思想，面对发展新机遇和新挑战，他们要么显得束手无策，要么仍留恋于“等、靠、要”的发展思维，从而导致民族村寨旅游不能很好地适时而兴、乘势而为，坐失大好发展时机。在实际调研中，我们经常发现，不少有特色的民族村寨本身就具有发展民族村寨旅游的良好条件，但就是因为受阻于观念的保守而无法开启发展旅游的新思路。还有些村寨虽然在当地政府的鼓励和支持下开启了民族村寨旅游，但由于没有采用先进经营管理理念与模式而陷入举步维艰、惨淡经营的境地。另外，还有一些发展起来的民族旅游村寨，在经过一段红红火火的时期之后，由于在思想观念上不能与时俱进，不能根据旅游市场需求的变化而及时地进行产品升级换代或转型升级，民族村寨旅游的可持续发展也遇到了严重的障碍。二是急功近利的思想。在实践中，当发展民族村寨旅游被视为民族地区脱贫致富奔小康的重要突破口和主要抓手时，不少民族村寨在发展旅游的过程中，过分重视和强调了旅游的经济功能，一味追求旅游的经济效益。他们轻视规划，热衷模仿，不顾市场，盲目开发，不顾一切地随意和滥用村寨独特的文化和旅游资源，任意改变和破坏村寨优美和谐的生态环境。还有些村寨，虽然考虑了市场的需求，但为了一味地迎合游客的口味，将许多优秀的民族文化资源进行了过度商业化利用，从而导致了民族文化的庸俗化开发和失真性的艺术再现。这种急功近利、急于求成，以牺牲村寨资源环境和民族文化为代价的民族村寨旅游开发，不仅不可能获得良好的经济效益；相反，还会动摇和损毁到民族村寨旅游可持续发展的重要根基，成为影响民族村寨旅游可持续发展的一种严重障碍。

（二）产品阻力

这里的旅游产品概念仍然是一个整合了旅游资源、旅游区位、旅游设施、旅游服务等要素之后的整体概念。对于旅游消费者来讲，民族村寨旅游就是一种以体验异质文化为主要内涵的旅游产品类型。对于民族村寨来讲，能否打造和提供对游客具有强烈吸引力和品牌影响力的旅游产品，就成了民族村寨旅游能否顺利开展和能否可持续发展的核心关键。从学者对民族村寨旅游产品开发的“问题”揭示和课题组所开展的相关实证研究得知，民族村寨旅游产品缺乏吸引力和品牌缺乏市场影响力是生成民族村寨旅游可持续发展产品阻力的主要阻力因子。其中，产品缺乏吸引力又主要是因为如下三个原因所造成的。一是村寨本身无论从旅游资源上，还是从民族文化方面，都没有特色价值和比较优势。二是没有本村寨的核心吸引物，自然也就不能打造出标志性的景观或产品，并对旅游市场产生吸引力。三是由于许多村寨在打造旅游产品时，盲目模仿的多、创新的少，“只要有成功先例，效仿者蜂起，结果是无个性、无差异，最终就可能导致民族村寨最本质、最有韵味、最具吸引力的宝贵东西遭致损失”①，造成产品的单一和雷同，带给游客的感受只能是参与性和体验感“双差”的结果。这样的产品不可能对游客产生强烈而持久的吸引力。另外，有些民族旅游村寨虽然特色鲜明，也有核心吸引物，但就是因为地处偏僻，交通不便，尤其是因为旅游配套设施落后、旅游服务质量低下等原因，大大降低了民族村寨旅游的吸引力。至于品牌缺乏影响力，其主要生成原因，一是在于许多村寨在发展旅游的过程中，没能很好地抓住和彰显村寨的特色并形成强势品牌。二是在于市场营销的不得力，不能针对旅游品牌和旅游主题形象进行有针对性的营销，从而影响民族村寨旅游品牌的市场感召力与影响力。

（三）文化阻力

富有特色的民族文化是发展民族村寨旅游最重要的根基和源泉。文化不存，旅游难兴；文化不兴，旅游无望，文化阻力是影响民族村寨旅游可持续发展的根本性阻力。文化阻力主要生成于三大阻力因子。一是民族文化认同感的缺失或丧失。村寨居民是村寨文化的创造者、传承者和演绎者，离开了村寨居民的文化自觉和文化行为，民族文化便不能可

① 黄萍、王元珑：《创建四川民族文化生态旅游可持续发展模式研究》，《西南民族大学学报》（人文社会科学版）2005 年第 8 期。

持续传承与发展。然而，在不少村寨，随着民族村寨旅游的发展，外来文化对民族村寨本土文化带来了严重的干扰与冲击。在这种文化干扰与冲击下，不少村寨的居民误认为自己的文化落后于外来文化，开始产生文化上的自卑与价值观的动摇。有些村民甚至甘愿放弃本民族的文化而去盲目追逐、模仿外来的文化，从而导致民族文化认同感的缺失与丧失，从根本上动摇了民族村寨旅游可持续发展的根基。二是民族文化保护与传承的不得力。不少村寨在发展民族村寨旅游过程中，只注重文化资源的开发利用，不注重文化保护、传承与对外交流；只注重旅游的经济效益，不注重旅游的文化和环境效益。有些地方甚至可以为一些带来经济效益的旅游项目随意地乱投入，而不愿意为民族文化的保护与传承花一分钱。对民族文化的如此态度与行为，怎能不动摇民族村寨旅游可持续发展的根基？三是民族文化的不当利用。这主要表现为在急功近利思想的驱使下，民族文化被过度商业化利用而走向扭曲化和庸俗化，失去了原真性与自身的魅力，降低了民族文化对民族村寨旅游的核心支撑作用。对此，有学者曾尖锐地指出：民族传统文化的肤浅化和庸俗化，往往是因为旅游开发主体急功近利，对民族传统文化过度开发引起的①。

（四）环境阻力

从游客的角度来讲，民族村寨旅游追求的就是对异质文化的体验与享受。随着民族村寨旅游由传统的观光休闲向生活性度假体验转化时，人们对旅游环境的需求更加强烈，可以说，没有良好的旅游环境，就没有高品质的度假生活与文化体验。影响民族村寨旅游可持续发展的环境阻力主要来自两个方面的阻力因素。一是因村寨自然生态环境遭到破坏而引起。在实践中，有不少村寨在开发民族村寨旅游时，既不要规划统筹，也不讲市场需求，只是凭主观臆断、盲目模仿与简单复制，导致村寨独特的资源与优美的环境被随意利用与破坏。更有甚者，有些村寨为了追逐一时的经济利益，竟然可以牺牲环境为代价。在这里，遭到破坏的生态环境集中表现在村寨的自然景观环境（如山地景观环境、水体

① 杨昌儒、潘梦澜：《贵州民族文化村寨旅游发展问题与对策研究》，《贵州民族学院学报》（哲学社会科学版）2004 年第 5 期。

景观环境、生物景观环境、田园景观环境等)、村寨的聚落环境(村寨聚落选址、村寨建筑风格等),以及村容村貌卫生环境等。二是因村寨人文环境遭受破坏而引起。这里的人文环境主要表现为村寨的治安环境、和谐的社区环境和良好的主客互动环境等。如果这些环境遭到了干扰与破坏,必然会影响到民族村寨旅游活动的开展,必然会影响到游客的体验效果与感受,必然会影响到民族村寨旅游可持续发展。然而,从不少学者的研究披露和我们的实地调研中,我们总能看到,有些民族村寨旅游中仍然存在较为严重的偷盗、抢劫、斗殴等不良社会现象;有些民族村寨因权益分享不公导致村寨居民之间以及各利益主体之间发生尖锐的矛盾与冲突;还有一些村寨,由于居民参与不充分、利益分享不公平,当地居民对游客的态度也发生了变化,由开始的热情好客到中间的冷眼漠视,再到后来的敌视与抵制,导致主客矛盾冲突和互动环境的破坏。所有这些行为和现象的存在,都将对民族村寨旅游可持续发展形成严重的障碍与阻力。

(五)资金阻力

资金困扰一直被认为是影响民族村寨旅游可持续发展的一个重要“瓶颈”问题。影响民族村寨旅游可持续发展的资金阻力主要来自三个方面的阻力因素。一是有限的资金投入与项目开发不匹配,形成资金短缺现象。很多村寨因受制于经济实力,在发展民族村寨旅游时,都感到资金困难,很多好的项目都不能及时地开发出来而贻误了发展良机。还有些村寨在发展旅游的过程中,也因为受制于资金的困扰而无法及时地进行旅游产品的转型升级与更新换代,从而导致村寨旅游的衰落和不可持续发展。二是投资渠道单一、融资困难。有些民族村寨旅游是靠政府的鼓励和政策性引导投资发展起来的,如恩施枫香坡、麻柳溪等,有些村寨是由村寨居民或个体经营户等民间资本分散投资发展起来的,如恩施五峰山村,还有些村寨则是在引入外来投资的基础上发展起来的,如恩施利川的白鹊山、营上村等。不过总的来讲,民族村寨旅游的投资渠道都较单一,投资规模也较小。也正是因为投资实力不强,影响到对外融资的能力和水平,进而导致开发资金不足的问题。三是村寨的产业支撑不够,不能提供充足的资金来源。在不少村寨,虽然旅游看似发展起来了,但旅游对村寨经济的贡献并不大。虽然大家都说旅游的产业带动能力很强，但在一些村寨，除村寨旅游业外，其他产业诸如特色农业、农产品加工业和农特产品商贸服务业并没有很好地带动起来。在这种情形下，村寨的产业发展并不能为民族村寨旅游提供足够的资金来源，从而影响了民族村寨旅游的良性循环与发展。

（六）机制阻力

从学者的研究揭示与课题组的实证研究中，我们可以发现，影响民族村寨旅游可持续发展的机制阻力主要离不开如下五个方面的阻力因子。一是民主决策不充分。在许多村寨，有关民族村寨旅游发展的大问题，要么由村委会主要领导直接拍板，要么由主要投资商自行决策或与村委会领导协商决策。可以说，村寨旅游发展的重大决策大多为村寨领导、业主和能人所控制、所主宰，当地普通居民因某些自身的原因往往被人为地排斥在决策之外。在这种决策机制下，普通居民的参与意识被压抑、参与权利被剥夺，他们参与村寨旅游的积极性就很难调动起来，也很难在民族村寨旅游中发挥主人翁的作用。二是社区参与不充分。社区参与是实现少数民族村寨旅游业可持续发展不可或缺的机制。在一些村寨，除部分经营户、少数能人及外来投资商能充分参与到民族村寨旅游并从中受益以外，普通村寨居民因受制于自己的资金能力、文化素质和专业技能等因素，无法顺利地参与到民族村寨旅游之中并获益，这也在一定程度上影响着民族村寨旅游的可持续发展。三是利益分享不充分。在许多村寨，没有健全的利益分配与分享机制，许多属于村寨的公共资源，如自然山林、河湖草地和民族文化资源等，被部分投资商、个体经营户或能人无偿占用与开发，社区居民的公共利益得不到合理补偿与分享。再加上社区居民在被动参与旅游的过程中，许多合法的权利与应有的收益被不公正或不公平的对待与处置，这除导致社区居民正当的权益受损以外，必然会加剧当地居民与部分经营者或领导层的矛盾，从而影响到村寨的社区和谐与旅游环境的营造，影响民族村寨旅游可持续发展。四是人才保障不充分。主要表现为，一方面，当地居民素质相对较低，不能很好地参与到民族村寨旅游。另一方面，懂技术、善经营、会管理的旅游专业人才普遍奇缺，也是影响民族村寨旅游可持续发展的严重障碍。五是运营保障不充分。在一些村寨，村委会既是村寨的管理者，又是村寨旅游的经营者，村委会对村寨旅游过多的干预不利于村寨

旅游正常的经营与管理。另外，村寨产业的发展模式与产业经营模式的不匹配，也在一定程度上影响着产业发展的规模与效益，不利于村寨旅游产业的综合发展。这种经营管理模式的不匹配、不和谐、不协同，必然会影响到民族村寨旅游的可持续发展。

三 阻力系统框架模型

基于上述对影响民族村寨旅游可持续发展的阻力及阻力因子的分析与揭示，我们可以构建起由思想阻力、产品阻力、文化阻力、环境阻力、资金阻力和机制阻力 6 个阻力子系统所构成的民族村寨旅游可持续发展的阻力系统框架模型，如图 6-2 所示。

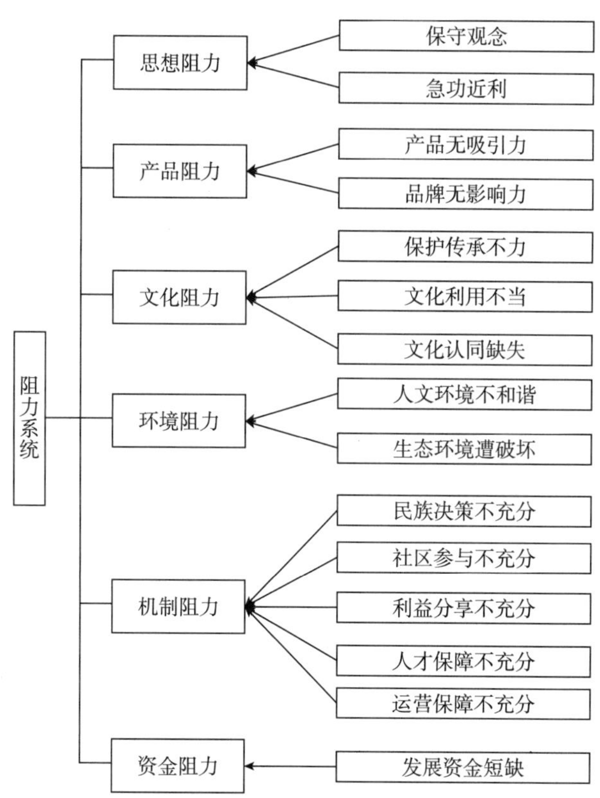

图 6-2 民族村寨旅游可持续发展的阻力系统框架模型

第三节　有效动力系统构建

影响民族村寨旅游可持续发展的因素多种多样，既有起推动作用的积极因素，也有起阻碍作用的消极因素。这些积极因素交互作用可以形成推动民族村寨旅游可持续发展的各种动力，同样，这些消极因素继续存在和蔓延，则可形成影响民族村寨旅游可持续发展的各种障碍和阻力。在推进民族村寨旅游可持续发展的过程中，只有当动力大于阻力并克服阻力之后，民族村寨旅游才能获得真正的动能和力量，民族村寨旅游可持续发展才能步入快车道，这种动力才是真正的动力。反之，当阻力大于动力并抵消动力之时，民族村寨旅游必然陷入发展困境，民族村寨旅游可持续发展也就成了一句空话。由此可见，只有有效动力才是推动和保证民族村寨旅游可持续发展的真正动力。

基于上述对影响民族村寨旅游可持续发展的动力及动力系统、阻力及阻力系统的分析与揭示，我们可以进一步对民族村寨旅游可持续发展的有效动力系统进行揭示与构建。

首先，我们可以用数学公式将民族村寨旅游可持续发展的有效动力表达为：

$Effectivedynamic=Dynamic-Obstruction$

有效动力=动力-阻力

$Dynamic=f(Internal, External)$

Internal—内部动力

External—外部动力

$Internal=f(ide, pro, ind, env, cul, com, mec)$

ide—思想引领力

pro—产品吸引力

ind—产业支撑力

env—环境保障力

cul—文化根基力

com—社区促动力

mec—机制协同力

$External=f(mak, gov, age)$

mak—市场拉动力

gov—政府引导力

age—中介促进力

$Obstruction=f(ide_2, pro_2, cul_2, env_2, mec_2, cap)$

ide_2—思想阻力

pro_2—产品阻力

cul_2—文化阻力

env_2—环境阻力

mec_2—机制阻力

cap—资金阻力

这一公式表明：推动民族村寨旅游可持续发展的有效动力是各种子动力形成的合动力减去各种子阻力形成的合阻力的结果。当这一结果大于0时，动力方为有效动力；当这一结果小于或等于0时，表明动力为无效动力。

其次，我们还可以民族村寨旅游可持续发展为主线，遵循“动力子系统→动力系统”“阻力子系统→阻力系统”，以及“动力系统—阻力系统→有效动力系统”的基本思维，构建民族村寨旅游可持续发展的有效动力系统框架结构模型，如图6-3所示。

这一框架结构模型表明：推动民族村寨旅游可持续发展的真正动力在于有效动力。而有效动力是各种动力和阻力交互作用的结果。只有当动力大于阻力并克服阻力之后，民族村寨旅游才能获得真正的动能和力量，民族村寨旅游可持续发展才能步入快车道。只有有效动力才是推动和保证民族村寨旅游可持续发展的真正动力。

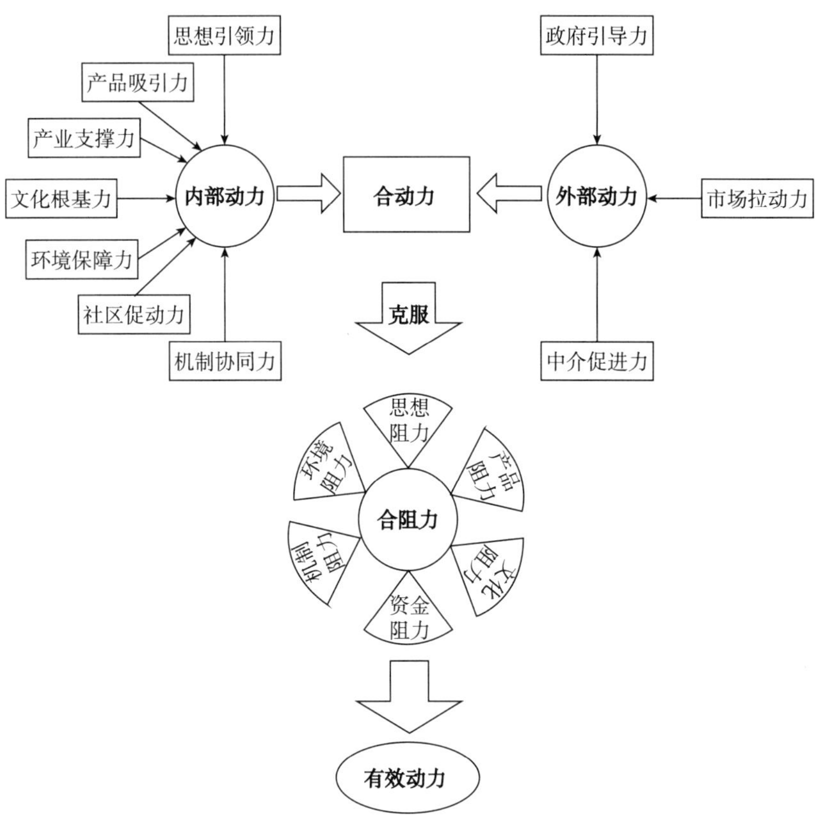

图 6-3　民族村寨旅游可持续发展的有效动力系统框架结构模型

第七章

民族村寨旅游可持续发展的动力机制与保障

动力机制主要是指动力系统中各动力因子的相互关系及互动机理与规律。学者彭华、吴必虎等曾将旅游发展动力机制定义为：在一定的环境下，旅游发展要素在旅游发展推动力的作用下，旅游发展因子的相互作用关系及其发展程式规律[①]。受上述动力机制界定的启发，并结合第六章对民族村寨旅游可持续发展的动力系统的分析与构建，我们认为：民族村寨旅游可持续发展动力机制研究的主要任务在于探讨和揭示民族村寨旅游可持续发展动力系统中各种动力与阻力，以及动力因子与阻力因子之间的互动关系、互动机理及其发展程式规律。在这里，动力系统是基础、是平台，动力要素的互动关系与互动机理是其主要关注点。为了更好地揭示民族村寨旅游可持续发展的动力机制，我们借助第六章所构建的民族村寨旅游可持续发展的有效动力系统框架模型，将系统动力学原理引入其中，进一步从系统的结构、功能及因果互动关系等方面来进行探讨与研究，并试图构建起民族村寨旅游可持续发展的动力机制框架模型。

第一节　系统动力学的基本原理与方法

系统动力学（System Dynamics，SD）是 1956 年美国麻省理工学院

---

① 年四锋、李东和：《国内关于旅游发展动力机制研究述评》，《资源开发与市场》2011 年第 2 期。

福瑞斯特（Jay W. Forrester）教授首次提出的，主要用于分析企业生产管理及库存管理等问题的系统仿真分析方法[①]。它是一门以系统论、控制论、信息论等为理论基础，综合自然科学和社会科学，将定性与定量方法相结合，用于研究复杂系统内部的动态结构和反馈机制的交叉性学科[②]。系统动力学是结构的方法、功能的方法以及历史的方法的统一，它以计算机仿真技术为其主要手段，以“结构—功能”的有效模拟为其突出特点[③]，尤其擅长处理非线性、高阶层、多反馈和复杂时变的系统问题[④]。系统动力学认为构成系统整体的各个功能要素在其相互作用的反馈环内存在因果关系，且反馈之间也存在系统的联系，共同构成了系统的结构，而该结构是决定系统整体功能和变化规律的根本原因。因此，系统动力学的核心思想是依据系统内部结构的特征属性来解释系统的行为性质和分析问题产生的根源，并强调通过寻找较好系统结构来取得较好的系统行为[⑤]。

从研究方法来看，系统动力学是将系统整体看作一个具有多重信息的因果反馈机制[⑥]。基于对系统深入剖析所获得的信息来构建因果关系反馈图以及系统流图，依据所编写的系统动力学方程式形成完整的系统动力学模型，并通过仿真语言和仿真软件对系统动力学模型进行计算机模拟，以此来完成对实际系统动态行为的仿真模拟。即将系统整体分解为各个功能要素，构建出反映各要素之间相互关联的因果关系图，设计反映系统行为的反馈回路，并充分利用实际系统中定性与量化两方面的资料信息，建立基本符合实际系统运行规律的系统流图以及系统动力学

---

① 杨秀平等:《城市旅游环境系统韧性的系统动力学研究——以兰州市为例》,《旅游科学》2020 年第 2 期。

② 张俊、程励:《旅游发展与居民幸福：基于系统动力学视角》,《旅游学刊》2019 年第 8 期。

③ 张春香、刘志学:《基于系统动力学的河南省文化旅游产业分析》,《管理世界》2007 年第 5 期。

④ 姜钰、贺雪涛:《基于系统动力学的林下经济可持续发展战略仿真分析》,《中国软科学》2014 年第 1 期。

⑤ 张鸽娟:《系统动力学视角下陕西传统村落营建的多方参与机制及效应分析》,《城市发展研究》2020 年第 10 期。

⑥ 寇晨欢等:《物流基础设施与人力资源驱动区域经济发展的实证》,《统计与决策》2019 年第 6 期。

方程式，最后通过计算机仿真技术来完成对系统动力学模型的仿真模拟，来探究现实世界中系统动态变化的规律与特征[①]。

系统动力学分析的基本步骤可归纳为6个方面：①问题识别；②确定系统边界，即确定研究对象和系统范围；③绘制因果关系图及系统流图；④编写系统动力学方程式，即将系统各个要素设置为符合实际系统运行规律和满足仿真软件运行需要的函数表达式；⑤进行计算机仿真模拟实验；⑥结果分析与策略选择，即寻找最优的系统行为[②]。

第二节　动力机制模型构建与机理分析

一　结构模型

民族村寨旅游可持续发展的动力系统是一个包括动力和阻力在内的复杂的巨型系统。对于这一复杂系统的动力机制问题，本可以用系统动力学原理和方法去进行探讨。但鉴于以下四个方面的原因：①民族村寨旅游可持续发展动力系统部分要素无法实现量化，或者难以函数化。例如，思想引领力，其辐射力和影响面都较大，且影响程度又受到多方面因素的干扰，因此难以用系统动力学方程式去定义该要素。②调研组在实际调研过程中所采集的数据存在大量的瞬时性数据，波动较大，难以满足系统动力学进行长期性、周期性的系统动态运行趋势与规律的研究需要，会对仿真结果的可靠性和准确性产生较大的影响，许多数据不适用于某些要素计量化或函数化表达。③实际调研过程中，由于数据的瞬时性，部分数据变化较快，且部分村寨管理缺乏规范，数据资料容易丢失或者信息失真，无法收集整理到15个样本村寨的完整数据，以用于系统动力学的仿真模拟。④虽然能收集个别村寨的完整数据，但实验结果又难以反映全部样本的真实情况，影响其研究结果的可信度。我们虽然不能按照系统动力学的原理和方法进行完整的计算机仿真模拟实验，但其关于结构、功能以及因果关系的思想与方法，对我们构建民族村寨

① 张丽丽等：《基于系统动力学的新疆旅游业可持续发展研究》，《管理评论》2014年第7期。

② 张波等：《系统动力学简介及其相关软件综述》，《环境与可持续发展》2010年第2期。

旅游可持续发展的动力机制模型仍具有重要的启示价值。鉴于此，我们将以上一章所构建的民族村寨旅游可持续发展有效动力系统框架结构模型为基础，充分运用系统动力学有关结构、功能及因果互动关系的原理，并借助 Vensim 仿真分析软件，构建起民族村寨旅游可持续发展动力机制因果互动结构模型，如图 7-1 所示。

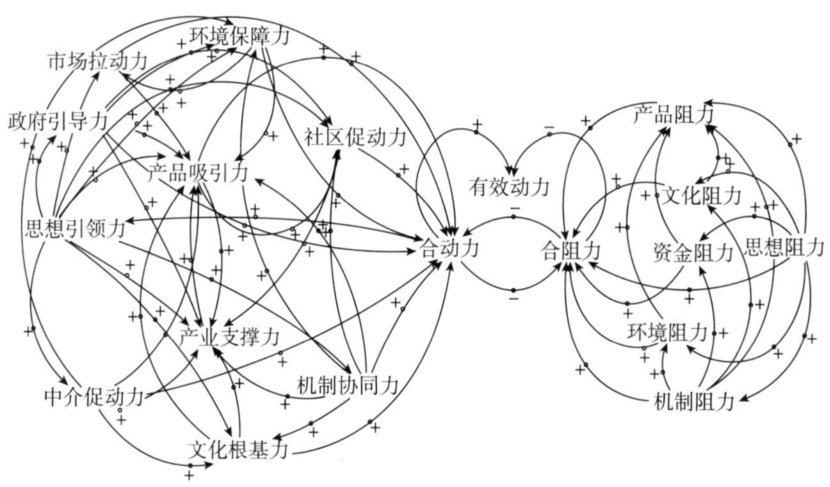

图 7-1　民族村寨旅游可持续发展动力机制因果互动结构模型

二　机理分析

依据上面民族村寨旅游可持续发展动力机制因果互动结构模型，我们可以分别从系统的结构、功能及各种动力、阻力因果互动关系来进行机理分析。

（一）结构机理分析

从结构上来讲，推动民族村寨旅游可持续发展的动力系统是一个包含了动力和阻力在内的巨型复杂系统。在该系统中，既包括来自村寨内外的思想引领力、产品吸引力、文化根基力、思想引领力、产品吸引力、产业支撑力、环境保障力、文化根基力、机制协同力、社区促动力、市场拉动力、政府引导力、中介促进力 10 种子动力交互作用所形成的合动力系统，也包括由思想阻力、产品阻力、文化阻力、环境阻力、资金阻力和机制阻力 6 个子阻力所形成的合阻力系统。在该系统运动中，各种动力和阻力交互作用、彼此制约，形成了相互抗衡、此消彼长的力量作用态势。当动力大于阻力并成功克服阻力时，这种动力方为有效动力。只有有效动力才是推动民族村寨旅游可持续发展的真正动力。反之，当阻力大于动力并抵消动力时，那么这种动力为无效动力。这时各种阻力会成为阻碍民族村寨旅游可持续发展的主要力量。

（二）功能机理分析

从功能上讲，系统中的各种动力和阻力均扮演着不同的角色，发挥着不同的功能。其中：

民族文化根基力是民族村寨旅游发展的一种本底性动力，它构成了民族村寨旅游发展的本底基础。因为民族文化是民族村寨的灵魂，也是民族村寨旅游赖以生存和发展的核心资源。根基不牢，地动山摇。一旦民族文化因不当开发导致破坏、失去本真，或被过度商业化利用走向庸俗化，那么，由民族文化中的消极因素所形成的文化阻力，必将成为影响民族村寨旅游可持续发展的基础性阻力，直接动摇着民族村寨旅游的根基。

思想引领力是统领和指引民族村寨旅游可持续发展的一种方向性动力，它是民族村寨旅游的风向标，发挥着整合资源、凝练主题、确定目标、选择路径的战略性作用。先进的理念和思想，必然能统一人们的思想和行动，并凝聚成强大的力量，引领民族村寨旅游走上有序、高效和可持续发展之路。相反，若思想因循守旧、急功近利而形成思想阻力时，必然会导致民族村寨旅游开发中的肤浅、粗俗、盲目或低档次的行为，导致民族村寨旅游可持续发展难以为继。

市场拉动力、产品吸引力、环境保障力、社区促动力和产业支撑力5种动力，对于民族村寨旅游来讲，都属于一种支撑性动力。其中，市场拉动力和产品吸引力是直接影响民族村寨旅游发展的、不可或缺的核心支撑力。因为民族村寨开发出来的旅游产品如果没有特色、没有吸引力，或者不能很好地切合旅游市场的需求热点，就不可能吸引和招徕大量游客，民族村寨旅游可持续发展也就成了问题。同样地，没有强烈的市场需求存在，没有大量对民族村寨旅游青睐的游客产生，民族村寨旅游即便有吸引力，也仅仅是一种潜在的吸引力，它不可能转化为促进民族村寨旅游可持续发展的现实动力。因此，产品吸引力和市场拉动力这两种动力，一吸一拉、吸拉互动所产生的强大动力，不仅可以很好地解决民族村寨旅游中供需矛盾的问题，而且还可以大大提升民族村寨旅游的魅力和市场影响，保证民族村寨旅游可持续发展。另外，主要由民族村寨优美的自然生态环境、原真朴素的民族文化环境、平安和谐的社区环境，以及主客友好互动的旅游环境等因素所生成的环境保障力，也是对民族村寨旅游起重要支撑的一种动力。尤其当民族村寨旅游需求由传统的观光、游乐向文化性体验和生活性度假转变时，民族村寨的环境便显得尤为重要。因为此时的环境不仅对民族村寨旅游具有支撑的作用，而且还有可能成为吸引游客消费的吸引物。在民族村寨旅游发展中，社区参与越来越被重视，成为一支不可或缺的重要力量。因为当地社区居民不仅是民族文化的演绎者和传承者，而且还是民族村寨旅游的资源本体和利益主体，保证当地居民积极参与并通过参与村寨旅游公平获得相应的经济利益，以改善民生和脱贫致富，是发展民族村寨旅游的重要目的之一。可以说，没有社区参与的旅游不是真正意义上的民族村寨旅游，没有社区参与，民族村寨旅游也不可能可持续发展。产业对民族村寨旅游来讲同样具有重要意义。虽然民族村寨旅游业可以给村寨带来巨大的人气，并产生一定的经济效益，但大量的事实证明，光靠单一的村寨旅游业还不足以支撑民族村寨的整体经济。没有显著经济效益和雄厚经济实力支撑的民族村寨旅游，终将会陷入非可持续发展的境地。只有当村寨旅游业带动和催生出诸如特色农业、休闲农业、农特产品加工业、农特产品商贸服务业，以及民族文化创意产业等众多新的产业形态，并形成多元化的产业融合发展格局时，产业才能为民族村寨旅游可持续发展提供强大的经济支撑。

政府引导力、中介促进力和机制的协同力则构成了民族村寨旅游可持续发展的一种支持性动力，主要其保障或促进作用。其中，政府的引导力主要表现在通过政策性引导和政府引导性投资来促进民族村寨旅游发展。中介促进力主要通过品牌营销、资本投入、服务与智力提供等方式来支持民族村寨旅游发展。当无外来资本投入，或政府引导性资本投入不足时，资金短缺就会成为影响民族村寨旅游可持续发展的一种阻力。机制协同力主要是通过创新机制，化解各种矛盾、协调各种关系、优化资源配置，来聚合与释放相关动能，促进民族村寨旅游可持续发展。当机制不全、机制不优、难以协同时，来自机制方面的阻力就会形成对民族村寨旅游发展的一种障碍。

（三）因果机理分析

从因果机理来看，无论是动力与有效动力之间，阻力与有效动力之间，还是动力与阻力之间，以及动力系统各子动力之间和阻力系统各阻力之间，都存在一定的因果关系与相互作用的机理。其表现的形式主要有“一因一果”“一因多果”的正强化或负减弱的因果关系，以及“一因一果”正强化的互为因果关系。

首先，从大的方面来讲，合动力与有效动力之间存在正强化因果关系。表明动力越强，克服阻力的能量也越大，对有效动力的提升作用也越强。合阻力与有效动力系统之间则表现为负减弱因果关系。表明阻力越大，对动力的抵消作用也越大，那么对有效动力的减弱程度也越高。至于合动力与合阻力，以及各子动力与相应的子阻力之间，均表现为负减弱的互为因果关系。表明动力越强，越能降低阻力。反之，阻力越强，越能抵消动力。

其次，从动力系统中各子动力之间关系来看：

思想引领力是一种辐射最为广泛的动力，几乎与所有子动力都存在正强化的因果关系。思想观念直接影响着资源的有效利用、产品的创新开发、文化的保护传承、环境的保护优化、产业发展模式、社区参与状况、市场营销方式，以及对政府政策的理解与利用程度。作为民族村寨旅游发展的一种本底性动力，文化根基力与产品吸引力和产业支撑力之间表现为一种正强化因果关系。表明民族文化越深厚、越典型、越富有特色，依托独特的民族文化资源开发出来的民族村寨旅游产品就越有吸引力。同时，由民族村寨文旅融合和文旅农融合而形成的特色产业就越有前途，对民族村寨旅游可持续发展就越能提供强大的支撑力。

社区促动力与产品吸引力和产业支撑力也表现为正强化因果关系。因为民族村寨旅游最为吸引人的地方是民族文化。而当地居民既是民族文化的创造者和演绎者，也是民族文化的保护者与传承者。他们既是民族文化旅游资源的重要本体，也是民族村寨旅游最为鲜活的载体。因此，没有社区参与的民族村寨旅游是不完整的旅游，也是缺乏魅力和吸引力的旅游。另外，社区居民村寨的主体，也是发展村寨产业的生力军。发展民族村寨旅游一个很重要的目的就是让当地居民通过参与旅游并获得收益，尽快脱贫致富奔小康。而实践证明，产业扶贫是一种最有效的扶贫方式。可见，村寨的产业发展离不开社区参与，社区参与又为村寨产业发展提供着大量的劳动力。

机制协同力与社区促动力、产品吸引力、产业支撑力、文化根基力和环境保障力之间存在正强化因果关系。由旅游决策机制、社区参与机制、利益分享机制、旅游投资机制和旅游经营管理机制等生成的机制协同力则是除思想引领力之外的又一个辐射较广的内在动力。机制的好坏及其配合的程度，直接影响着村寨旅游的发展方向、产品开发、产业发展、社区参与、文化传承和环境保护等众多方面，成为影响民族村寨旅游可持续发展的一种重要的软实力。

环境保障力与产品吸引力和市场拉动力表现为正强化因果关系。无论是民族文化，还是民族村寨旅游，都需要环境的支撑与保障。环境不仅是构成旅游产品的重要因素，也是民族村寨旅游得以开展的必要条件。尤其是当民族村寨旅游由过去观光休闲向今天度假体验转变时，优美生态环境、和谐的社区环境和友好互动的旅游环境就更显得珍贵与重要。

政府引导力与产品吸引力、产业支撑力、环境保障力和社区促动力之间存在正强化因果关系。因为来自政府的政策指引和引导性投资直接影响着民族村寨旅游的产品开发、产业发展、环境保护及社区参与的程度与水平。

中介促进力与产品吸引力、产业支撑力、文化根基力和环境保障力也存在正强化因果关系。主要由外来投资商、旅游服务企业和专家智库所构成的旅游中介组织，他们在村寨旅游的产品开发、市场营销、智力提供、文化保护、环境保护等方面都发挥着各自非常重要的作用，分别从不同的方面促进着民族村寨旅游的发展。

而产品吸引力与产业支撑力，市场拉动力与产品吸引力，则形成正强化因果互动关系。对于民族村寨旅游来讲，有好的产品必然会催生好的产业；有好的产业支撑又必然会更好地促进产品升级换代和高质量发展。同时，市场拉动力与产品吸引力有机互动，正好反映出民族村寨旅游在供需方面良好的配置水平与发展态势。

最后，从阻力系统中的各种阻力之间的关系看：

思想阻力也是一种影响最为广泛的阻力，几乎与所有子阻力都形成正强化因果关系。

文化阻力、资金阻力、环境阻力、机制阻力与产品阻力分别形成正强化因果关系。

机制阻力则与资金阻力、环境阻力、文化阻力和产品阻力则形成正强化因果关系。

第三节　动力机制运行保障对策

一　与时俱进，强化思想引领

思想是行动的先导。从前面的实证研究中，我们都能深切地感受到来自思想观念方面的动力和阻力都占有较高的权重，是影响民族村寨旅游可持续发展的最重要的因素之一。从民族村寨旅游的大量实践案例中，我们也能感受到思想观念在其发展中的分量。例如，贵州早在 20 世纪八九十年代率先在全国提出了“旅游扶贫”的理念，并将乡村旅游发展的重点放在了民族村寨旅游，提出要发展民族村寨旅游作为“促进对外开放和脱贫致富”的指导思想①。在这一思想观念的指引下，贵州不仅成为我国大规模发展民族村寨旅游最早的省份，也是我国发展民族村寨旅游最好的省份，在全国占有非常重要的地位。再如，从单个民族村寨旅游来讲，湖北恩施宣恩县的伍家台村所践行的“农旅融合、景村同建”的发展理念，贵州雷山郎德上寨所倡导的“社区参与”和“工分制”的经营发展理念，以及湖北利川白鹊山所推出的“以小民宿推动大产业”的转型升级发展理念等，都说明了先进的思想理念对民族村寨旅游发展的深刻影响与巨大的动力作用。尤其值得关注的是，从上面动力机制模型的机理分析中，我们可以看到，无论是思想的引导力，还是思想的阻力，对其他动力或阻力的因果影响几乎是全方位的，是辐射面最广、关联度最高的影响力量。因此，要保障和推进民族村寨旅游可持续发展，先进的思想理念和与时俱进的创新精神是必不可少

---

① 龚娜：《贵州民族地区乡村旅游可持续发展探析》，《贵州民族研究》2010 年第 2 期。

的，要将先进的思想观念作为民族村寨旅游可持续发展的重要引擎，并发挥其统领作用。针对民族村寨旅游发展的现实，我们认为，要保证民族村寨旅游可持续发展，尤其要确立和践行系统思维、战略思维、创新思维和规划意识。

系统思维就是要在坚持整体、联系和动态观念的基础上，把民族村寨旅游可持续发展作为一个大系统来看待，既要全面考虑影响民族村寨旅游可持续发展的各种内部和外部因素、主观和客观因素，以及分属于经济、社会、文化、环境、市场等不同范畴的因素，还要考虑这些因素之间的相互作用，以及对民族村寨旅游可持续发展大系统的影响。既要从产品供给与市场需求的角度来探讨民族村寨旅游可持续发展的问题，也要从产品、文化、环境、产业、社区参与，以及政府、中介等多元视角来研究民族村寨旅游可持续发展的支撑、支持和保障等问题。单就民族村寨旅游可持续发展的动力系统来讲，我们首先要建立有效动力系统的观念，只有有效动力才是推动民族村寨旅游可持续发展的真正动力。然后，我们既要关注、培育或激发促进民族村寨旅游可持续发展的各种动力，也要分析、规避或减少阻碍民族村寨旅游可持续发展的各种阻力，并努力探寻动力克服阻力、优化有效动力的条件与路径。只有这样，我们才能从整体上来谋划民族村寨旅游可持续发展的问题，并从系统上破解民族村寨旅游可持续发展过程中所面临、所出现的各种问题，使民族村寨旅游获得更多、更强和更持久的发展动力。

战略思维就是要从大局和长远的角度来思考和谋划民族村寨旅游可持续发展的问题。民族村寨旅游可持续发展追求的不仅仅是经济的可持续发展，还包括社会、文化和环境的可持续发展。虽然“民族村寨旅游肩负着社区居民脱贫致富和民族文化传承保护的双重责任”①，但是在许多村寨，人们由于脱贫心切，一开始就把发展村寨旅游的重心定位在了经济层面，只重开发，不重保护，只注重眼前的经济利益，不注重生态环境和民族文化的保护。有些村寨甚至为了匆匆上马所谓“具有明显经济效益”的旅游项目而不惜牺牲村寨的生态环境和民族文化，

① 曹端波、刘希磊：《民族村寨旅游开发存在的问题与发展模式的转型》，《经济问题探索》2008 年第 10 期。

从而导致生态环境破坏和民族文化变异与衰落。对此现象，学者罗永常早在 2003 年就发出了警言：经济性的旅游发展观的实践是短视而片面的行为，今天中国民族村寨旅游发展的不尽如人意甚至是走向死胡同，就是单纯追求经济效益的结果①。因此，要保证民族村寨旅游可持续发展，必须站在战略的高度，从村寨整体利益和长远发展的角度来统筹谋划与有序推进民族村寨旅游的发展问题，彻底摒弃唯利是图、急功近利和急于求成的功利思想与短视行为，正确处理好发展民族经济与村寨环境保护、文化传承、社会进步之间的相互关系，正确处理好“旅游扶贫”的应急重任与民族村寨长远发展的相互关系，努力做到局部与整体、应急与谋远的有机统一与协同共进。

创新思维就是要通过观念、体制、机制、模式等方面的不断创新，确保思想的与时俱进和发展动能的不断供给。保守有余，创新不足，一直是困扰民族村寨旅游可持续发展的一个重要阻力因子。因此，要保证民族村寨旅游可持续发展，我们不仅要树立创新思维，而且还要将创新思维贯穿于民族村寨旅游发展的全过程和全领域。要通过创新思维，找准民族村寨旅游的发展道路和发展模式；要通过创新思维，构建起有序、高效、协同的民族村寨旅游发展的各种体制、机制；要通过创新思维，及时找到化解民族村寨旅游发展过程中的各种矛盾、破解各种问题的良策；还要通过创新思维，不失时机地促进民族村寨旅游转型升级和高质量发展。只有这样，民族村寨旅游可持续发展才能获得源源不断的动力保障与力量源泉。

规划意识就是要确立“要发展，先规划”的理念，要用科学的规划来指导民族村寨旅游的发展。大量的事实证明，在民族村寨旅游发展的初期，很多村寨是没有规划的，即便有，也是一种浅层次和低档次的规划。决定村寨旅游发展方案的常规做法，或出于村寨的“长官”意志，或出于政府的项目激励，或出于投资者的功利思考，甚或出于向外盲目的模仿与复制。村寨旅游“在没有进行科学规划和市场论证的情况下，就进行盲目的、浅层次的开发”，结果必然会造成村寨原有的个性丧失，出现“千村一面”的产品雷同和争抢客源的恶性竞争，“既浪

① 罗永常：《民族村寨旅游发展问题与对策研究》，《贵州民族研究》2003 年第 2 期。

费了大量的人力、物力、财力，又破坏了资源和环境”，使很多村寨的旅游开发总走不出“热热闹闹开发、冷冷清清经营、负债累累收场”的怪圈。因此，树立规划意识，强化科学规划对民族村寨旅游发展的指导具有十分紧迫的现实意义。民族村寨旅游不能因为“大开发”而遍地开花，也不能因为群众的脱贫心切而顾不上决策的科学性和旅游业的内在规律，任何开发都必须以科学的规划为前提，做好充分的市场论证。我们要通过科学规划，在保护村寨生态环境和民族文化的基础上，整合村寨资源，突出村寨特色，有序开发和精心打造具有强劲吸引力和品牌感召力的民族文化旅游产品，促进和保障民族村寨旅游可持续发展。

二　突出特色，打造精品名牌

资源的可持续利用和旅游产品的可持续吸引是民族村寨旅游可持续发展的重要内在诉求。目前民族村寨旅游在旅游产品方面普遍存在的单一、雷同、低档、粗糙，以及参与性不足、体验感不强等问题，已经或正在成为民族村寨旅游可持续发展的重要障碍和主要阻力。因此，要改变民族村寨旅游的产品现状，保证民族村寨旅游产品可持续吸引，突出村寨特色，打造村寨旅游精品名牌已成为民族村寨旅游发展刻不容缓的关键问题。那么，如何来打造民族村寨旅游的精品名牌？我们认为，必须做好如下四方面工作：

一是要深刻把握民族村寨旅游资源的特色与价值。特色与价值是决定旅游资源吸引力大小以及能否被利用的关键因素。一般来讲，民族村寨旅游资源主要表现为民族文化旅游资源和自然生态旅游资源。其中，民族文化旅游资源是村寨最为重要的核心旅游资源，它主要表现为村寨的聚落景观、建筑景观以及生产、生活民俗景观等。自然生态旅游资源则主要表现为村寨及其周边具有旅游价值的山、水、林、田及气候、气象景观等。从表面上看，这些资源对于大多数民族村寨来讲，似乎是相同的，具有明显的同质性，这也是导致民族村寨旅游开发中出现盲目模仿、简单复制和产品雷同现象的主要原因。但从深层比较的角度来看，不同民族、不同区域乃至同一区域不同民族和同一区域同一民族村寨之间，也存在差异，也有自己的特色。如在贵州黔东南，虽然普遍表现为浓郁的苗族和侗族风情，但这些风情尤以雷山的西江苗寨和黎平的肇兴侗寨最为典型、最具有代表性，也就是具有明显的比较优势。再如湖北恩施，大家都知道这是土家族和苗族的聚居区，相较于土家族和苗族风情，生活在同一区域的枫香坡侗寨风情和麻柳溪羌寨风情则更具有特色。即便在恩施州，宣恩的彭家寨和来凤的舍米湖村，虽然都是土家村寨，都保留了浓郁的土家风情，但两个村寨仍有自己鲜明的特色。其中，彭家寨凭借依山傍水的独特聚落景观和典型的吊脚楼民居建筑群景观而被誉为整个武陵山区“吊脚楼之典藏”。舍米湖则完整保留和传承了土家族摆手舞而被誉为土家摆手舞的发祥地。因此，对待民族村寨旅游资源，我们不能像过去只停留在表面认识上，还要从村寨的生态基因和文化基因上去挖掘其特色，从不同民族、不同区域的村寨比较之中发掘其特色和优势。除此之外，我们还要从旅游开发和市场需求的角度来看待村寨的特色与价值，也就是要进一步研究村寨旅游资源的市场适宜性问题。从村寨生态、文化本底揭示的特色与价值，并不代表村寨在旅游开发和市场需求方面的特色与价值。只有当民族村寨旅游资源的本底特色与旅游消费需求相契合，并可为旅游开发所利用时，这种特色才具有旅游开发和市场消费的双重价值，村寨旅游资源才能真正成为吸引游客来访的旅游资源。否则，只能是具有潜在特色与价值的旅游资源。“旅游决策行为研究表明：民族旅游地与旅游者所在地文化差异越大，民族味越浓，民族特色越鲜明，对游客的吸引力越强，进行旅游开发的价值越大。”① 因此，我们必须从村寨本底、市场需求和旅游开发等多维视角来分析和把握民族村寨旅游资源的特色与价值，才能真正保证民族村寨旅游资源的合理和可持续利用。

二是要精心打造村寨标志性景观和核心吸引物。按照心理学“刺激—反应”理论，外界刺激越强，人们对其反应越敏感，感知程度也越高。对于民族村寨旅游来讲，标志性景观和核心吸引物就是向游客输出的一种强烈刺激，既是激发游客旅游动机和旅游兴奋感的重要刺激，也是满足游客民族文化旅游体验感的重要支撑。大凡成功的民族旅游村寨，几乎都有自己的标志性景观或核心吸引物。例如，贵州西江苗寨就是以“苗族聚落景观+苗族风情演艺”为核心吸引，肇兴侗寨就是以

① 丁健、彭华：《民族旅游开发的影响因素分析》，《经济地理》2002 年第 1 期。

“侗族标志性建筑（侗寨鼓楼、侗寨风雨桥和侗寨萨岁庙）+侗族大歌”为核心吸引；湖北恩施伍家台则是以“土家风情+贡茶文化景观”为核心吸引；利川白鹊山则是以“乡村民宿+土家风情”为核心吸引；海南三亚中廖村则是以“黎族风情+海滨度假”为核心吸引等。因此，在发展民族村寨旅游过程中，我们虽然要开发丰富而多彩的旅游项目或产品，但精心打造村寨标志性景观和核心吸引物是必不可少的。它对于培育村寨旅游的核心竞争力，塑造村寨旅游的品牌形象，提升村寨旅游的市场感召力与影响力，从而保证民族村寨旅游可持续吸引具有非常重要的意义。

三是要在彰显特色的基础上打造村寨旅游的强势品牌。品牌就是吸引力，品牌就是竞争力。现在许多村寨呈现的“千村一面”的雷同景象和“热闹开场、冷清收摊”的局面，一个很重要的原因就在于没有自己的旅游品牌，或者旅游品牌不强势，不能产生良好的市场感召和持久的影响。如何来打造村寨旅游品牌？我们认为，首先，要紧扣市场的需求来审视村寨的特色和旅游主题，避免盲目模仿和简单复制，走自己的旅游发展之路。其次，要实施精细化策略，抓住核心资源，重点打造核心产品或核心吸引物，切忌粗制滥造和低层次的产品开发。最后，要强化品牌策划与品牌营销，塑造村寨旅游的主题形象，提升村寨旅游的市场影响。只有这样，才能真正提高民族村寨旅游的品质与魅力，才能真正通过品牌的影响力来增强民族村寨旅游持久的吸引力，从而促进民族村寨旅游可持续发展。

四是要不失时机地实行旅游产品的转型升级。按照 Butler 所提出的旅游地生命周期理论，任何一个旅游目的地都不会长久地兴旺下去。他认为，旅游目的地一般要经历一个由探查、参与、发展、巩固、停滞到衰落或复苏六个阶段、呈“S”形曲线的演化过程。并且在各个阶段综合受到吸引力因素、效应因素、需求因素和环境因素的作用而促进或减缓旅游地旅游业发展①。旅游地生命周期理论同样适用于解读民族村寨旅游可持续发展的问题。在民族村寨旅游发展的过程中，许多村寨在开发之初因适应了人们对村寨文化观光与休闲的需要，其独特的村容寨

① 吴必虎：《区域旅游规划原理》，中国旅游出版社 2001 年版。

貌、鲜活的民俗风情表演和地道的民族饮食风味，曾吸引了大批游客纷至沓来，带火了村寨旅游，并催生出了众多的效仿者。但几年过后，许多村寨旅游就陷入了不温不火，甚至门庭冷落的境地，真正能够稳定发展的村寨并不太多。尤其当今天旅游市场需求的热点由观光、休闲向生活性度假转变的时候，民族村寨旅游正面临着严峻的挑战，如果不及时进行旅游产品的升级换代或转型升级，民族村寨旅游就不可能走出“衰退”的境地而获得可持续发展。在此方面，湖北恩施州的不少民族旅游村寨进行了许多有益的探索。例如，枫香坡在进一步彰显“侗乡风情第一寨”的基础上，将“恩施玉露”茶文化体验和风情民宿度假作为该村旅游产品转型升级的重点来打造，已开始显现出良好的发展势头。宣恩伍家台则充分利用“贡茶”品牌的影响，将茶园观光、茶文化体验与土家民俗风情深度融合，茶旅融合，景村同建，收到了明显的效果，提升了伍家台的品质与市场影响力。再如利川白鹊山，充分利用当地的凉爽的气候条件，将过去的农家乐改造升级为不同主题的风情民宿，很快适应了旅游度假市场的需求，形成了巨大的人气，并成为湖北乡村民宿发展的标杆。所有这些都说明，不失时机地实施旅游产品转型升级是确保民族村寨旅游可持续发展的重要举措和不可或缺的重要步骤。

三 固本强基，善待民族文化

民族文化既是民族村寨的根，也是民族村寨旅游的魂，“是民族村寨旅游最吸引消费者的地方”①。民族村寨旅游的主要动机应该是了解、品味少数民族独特文化，达到增长知识、开阔眼界的目的②。民族村寨旅游的生命力在于保持民族村寨的原始、古朴、宁静、神秘的氛围和状态③。然而在民族村寨旅游发展中，不少村寨出于脱贫心切，急功近利，片面追求经济利益而忽视民族文化的保护，对民族文化进行了过度商业化的开发，有的村寨甚至为了迎合游客“寻异猎奇”的需要，对

① 曹端波、陈菓：《西部民族地区乡村旅游中的环境问题与可持续发展》，《生态经济》2008 年第 10 期。

② 罗永常：《民族村寨旅游发展问题与对策研究》，《贵州民族研究》2003 年第 2 期。

③ 熊礼明、周丽洁：《乡村振兴背景下我国民族村寨旅游发展探讨》，《长沙大学学报》2019 年第 6 期。

民族文化进行了随意的歪曲、更改或不适宜的表达，致使“民族文化失去了原真性和独特性而被商品化和庸俗化”①。可以说，不当的民族村寨旅游开发带给民族村寨最大的负面影响和最为严重的损伤就是对民族传统文化的破坏，而且这种破坏是根基性的和毁灭性的。根基不牢，地动山摇，以牺牲民族文化为代价来发展民族村寨旅游，绝对不是、也不可能是可持续发展的旅游。因此，要促进和维护民族村寨旅游可持续发展，我们必须善待民族文化，并努力做好民族文化固本强基的工作。

首先，我们要保护好民族文化。一是要通过民族传统文化的教育与宣传，摒弃民族村寨旅游发展过程中“只重开发、不重保护，片面追求经济效益”的功利思想，提振各利益主体对民族文化的保护意识，尤其是要增强当地居民对本民族传统文化的认同感与自豪感。因为当地居民承担着保护与传承民族文化的双重责任，只有高度的文化认同，才能达到高度的文化自觉。只有当民族村寨旅游让当地居民对本民族优秀的传统文化高度认同之后，他们才能自觉地去保护和传承民族文化。二是要出台最为严厉的民族文化保护条例及相关保护政策，并设立民族文化保护专项资金，为民族文化保护行动提供强大的法律、政策与资金支持。在此方面，贵州针对民族文化的不当利用和遭受破坏的情形，很早就出台了《贵州省民族民间文化保护条例》，在抢救与保护、开发与利用方面提供了很好的指南，积累了不少成功的经验。三是要通过对民族文化的全面摸底、挖掘与整理，确定民族文化保护与传承的范畴及有效方式。在此方面，贵州也走在全国前列。他们依托朗德上寨、西江苗寨、六枝梭嘎、花溪镇山、黎平堂安等村寨所建立起来的民族文化生态博物馆或民族文化生态保护区，就是一些很好的开发与保护的模式。另外，像四川阿坝桃坪羌寨所践行的民族文化生态旅游村建设和湖北恩施彭家寨所践行的“生态家园”模式，也是探寻民族文化保护与开发平衡点的有益尝试。四是要将先进的科学技术与手段引入民族文化的保护之中，提高民族文化保护的科技含量。例如，将先进的防腐、防虫、防火、防潮等技术及材料运用于民族村寨传统建筑的修复，将 VR、AR 等虚拟仿真技术应用于民族文化场景的再现与渲染，都可提升民族文化

① 廖军华：《民族村寨旅游环境问题探析》，《湖北农业科学》2011 年第 13 期。

保护的科技含量。另外，面对数字经济时代的到来，像故宫博物院运用数字技术所推出的“云赏故宫”的“云展览”和敦煌莫高窟所推出的“云游敦煌”的“云旅游”，也可以引入民族村寨文化的保护之中。

其次，我们要传承好民族文化。一是要通过挖掘、整理，确定需要保护和传承的优秀民族文化。不能像有些村寨为了讨好和迎合外来游客猎奇的需要，甘愿放弃本民族优秀的民族文化，而把一些落后的、不健康的东西当成民族文化的精华、亮点予以展示与推崇，导致民族文化的庸俗化。要传承好民族文化，我们必须先把民族文化中优秀的东西挖出来、选出来。二是要加强民族文化传承队伍建设，构建起主要由文化传承人、当地居民和专家学者构成的民族文化传承主体体系。要通过设立民族文化传承专项资金，及时解决文化传承人的后顾之忧，并通过传承人的“传帮带”作用培养更多的文化传承人。同时，要通过有效的资金投入，确保民族文化传承工作的顺利开展。三是要创新传承方式，积极推进民族文化“活态化”传承。要在维护和优化民族文化生态环境的基础上，将优秀的民族文化传统融入人们的生产与生活之中，通过日常的饮食、服饰、居住及生产、社交、节庆等民俗活动，将好的文化传统转化成为人们的生活常态与自然行为。只有这样，民族文化才能获得鲜活的养分，并呈现自然、生动的传承景象。

最后，要利用好民族文化。一是要在挖掘和梳理民族文化内涵的基础上，进一步突出和彰显民族文化的特色与价值。“民族村寨旅游，最重要的是文化，核心是民俗风情。”[①] 在民族村寨旅游发展过程中，无论是在开发较早的贵州黔东南，还是后来居上的湖北恩施州，我们经常能看到“千村一面”、遍地开花式的民族风情展示与表演的景象。这实际上就是对民族文化的一种简单、肤浅的泛化处理，没有挖掘和把握每一个民族村寨的文化特色。这样做的结果，除了增强外来游客对民族村寨旅游的审美疲劳以外，那就势必会形成村寨之间的产品雷同和争抢客源的无序竞争。因此，深刻把握每一个民族村寨的文化特色与价值，对于民族村寨旅游可持续发展至关重要。我们除要从不同区域、不同民

① 崔玉范：《关于民族文化旅游资源收益权问题的思考》，《黑龙江民族丛刊》2009 年第 2 期。

族，以及同一区域的不同民族的角度去挖掘和把握民族文化的特色与价值外，更需要从同一区域同一民族的文化本底基因上去把握。我们不仅要从村寨文化本身去把握，更要从旅游开发和市场消费需求的角度去把握每一个民族村寨文化的旅游价值与市场价值，只有这样，我们才能开发既具有民族文化特色，又具有旅游开发价值，且适销对路的民族村寨旅游产品。二是要重视和找准民族文化的适宜表达。民族文化的生存与表达，有赖于特定的生产生活场景和恰当的呈现方式，否则，民族文化就会出现“失真”的现象。例如，在不少村寨出现的一天数次循环呈现的民族婚礼场景，不顾文化背景、一天数次举办的傣族泼水节，以及其他低俗迷信的民俗习惯等，都是对民族文化的一种庸俗性的不适宜表达。因此，要做到民族文化的适宜表达，我们不能把眼光仅仅盯在民族文化的特质上，还要关注和重视孕育和催生这种文化特质的土壤环境，正确处理好主打文化和文化背景之间的关系。同时，还要积极搭建民族文化表达的各种平台，如文化性景区、文化演艺剧场、文化旅游节庆，以及旅游文创产品等。只有这样，优秀的民族文化才能在适宜的平台上，以适宜的方式表达出来，带给人们真实而生动的文化体验。三是要促进民族文化与村寨旅游的深度融合。民族村寨旅游就是民族地区文旅融合发展的典型范例。我们一方面要通过文旅融合，进一步提升民族村寨旅游的文化品位与核心吸引，打造民族村寨旅游的文化品牌；另一方面要通过文旅融合，进一步彰显民族文化的魅力，并催生出诸如民族文化演艺、民族工艺制作等民族文化创意产业，以促进民族村寨旅游可持续发展。

四　坚守本底，强化环境保障

无论是民族文化，还是民族村寨旅游，都需要环境的支撑与保障。环境的可持续利用是民族村寨旅游可持续发展的重要内在诉求。由环境因素所形成的环境保障力，也是促进民族村寨旅游可持续发展的重要动力。如何来优化和提升环境对民族村寨旅游可持续发展的影响？我们认为，必须做好如下工作。

首先，要坚守生态红线，夯实生态本底环境。这里的生态既包括民族村寨赖以生存和发展的自然生态，也包括民族文化赖以生存和发展的文化生态。导致生态环境破坏是民族村寨旅游发展中片面追求经济利益、急于求成或唯利是图所造成的严重后果，也是影响民族村寨旅游非可持续发展的重要因素。因此，在民族村寨旅游发展中，我们一定要本着“生态第一，保护优先”的原则，自觉守护和不断优化民族村寨自然和文化生态环境。一方面，要通过宣传教育和出台民族村寨环境保护条例等地方性法规，强化民族村寨各利益主体的环保意识，有效约束一些盲目和随意性的开发行为。另一方面，还要通过科学规划，因地制宜，合理利用村寨资源、保护环境，使村寨的山、水、林、田等自然生态与村寨居民的生产、生活场景有机协调，相得益彰，处于自然共生的状态，努力消除或避免因不当开发所造成的生态破坏、风貌改变和文化丧失的现象发生。

其次，要打造和构建平安、和谐的社区环境。平安和谐的社区环境既是维护民族村寨居民正常生活之所必需，也是保证民族村寨旅游正常进行和可持续发展的必要条件。我们要按照“共建共治共享”的原则，强化社会治安环境整治，构建强有力的民族村寨社会治理体系，打造平安社区，避免和杜绝偷抢、欺诈、斗殴等不良社会行为的发生。同时，我们还要本着公平、公正的原则，依法、依规或依据当地优良的村规民约来处理各种矛盾，调解各种纠纷，协调各种利益，不断增进睦邻友好和社区和谐，构建良好的邻里关系与和谐的社区环境，既为村寨居民营造一个良好的生活家园，也为外来游客营造一个安全友好的旅游氛围。

最后，要营造主客友好互动的旅游环境。民族村寨旅游实际上是一种民族社区文化旅游，当地居民是这种社区旅游不可或缺的主体之一，他们不仅扮演着民族文化的演绎者和传承者的角色，而且他们日常的生产和生活场景更是民族村寨旅游最为重要的核心吸引物。游客来到民族村寨旅游，一个很重要的原因就是希望了解和体验到当地居民真实的生产和生活情景，而这种体验是以主客友好互动为基础的。如果当地居民对游客不热情、不友好，甚至表现出冷漠或敌视的态度，那么，游客在民族村寨的文化体验活动必将受到严重的影响，其体验感也必将随之降低。因此，建立主客友好互动的旅游软环境对民族村寨旅游可持续发展至关重要。一方面，我们要通过切实有效的社区参与机制和公平合理的利益分享机制，让当地居民积极参与到民族村寨旅游中来，并通过有效的参与和利益的公平分享，不断增强其主人翁意识，不断激发其旅游好客态度，让他们真正成为民族村寨旅游和平、友好的使者与民族文化的传播者。另一方面，我们还要通过有效的宣传教育，引导游客尊重当地的文化传统、风俗习惯，平等友好地对待村寨的每一位居民，用文明旅游的行动搭建起主客友好互动的桥梁，共同营造和谐、友好、互动、共享的旅游环境与氛围，以促进民族村寨旅游可持续发展。

五　促进融合，夯实产业支撑

促进经济增长，加快脱贫致富，改善民生环境，是发展民族村寨旅游的普遍初衷，也是当地居民最急迫的诉求与期盼。但大量的实践证明，单纯依靠民族村寨旅游业的发展，虽然在短时间内可以聚集不少的人气，但并不能很快促进民族村寨经济的增长，单一的旅游业对村寨经济的直接贡献率并不太高。根据课题组对湖北恩施伍家台和麻柳溪两个旅游发展较好的民族村寨的产业摸底与调查，发现两个村寨的旅游业对村寨经济的直接贡献率都没超过25%[①]。所以在不少民族村寨，人们刚开始都对旅游业抱有极大的热情与期待，并投入了大量的人力、物力和财力，但几年热闹之后便开始走向萧条。许多民族村寨的旅游开发，“并不像村民们一开始希望的和上级许诺的那样使他们摆脱贫困，走上富裕道路”[②]。这里面除开发不当以外，还有一个很重要的原因就在于单纯依靠了村寨旅游业的单一发展而忽视了旅游业的带动作用和相关产业的发展。没有产业支撑的民族村寨旅游是不可持续的旅游。那么，如何来培育和夯实民族旅游村寨的产业实力？我们认为必须做好如下三方面工作：

一是要高度重视旅游业的关联带动作用，构建村寨多元化的产业发展格局。旅游业是一个关联带动作用非常强的产业。实践证明，旅游业在带动和催生新的产业业态方面扮演着非常重要的角色，发挥着特殊的作用。还是以恩施伍家台和麻柳溪为例，虽然旅游业对村寨经济的直接贡献率不算太高，但旅游业在催生和培育新的产业形态方面发挥了重要作用。旅游业不仅催生出了特色茶产业、休闲农业和农特产品商贸服务

① 邓辉、郭碧君：《民族旅游村寨精准扶贫的产业形态与经营模式——基于湖北武陵山片区两个典型民族旅游村寨的调查》，《中南民族大学学报》（人文社会科学版）2020年第6期。

② 罗永常：《民族村寨旅游发展问题与对策研究》，《贵州民族研究》2003年第2期。

业，还催生出了以打工为特征的劳务服务业和以民族文化演艺、民族工艺制作为特色的民族文化创意产业，从而形成了包括村寨旅游业、特色农业、农特产品加工与商贸服务业、劳务服务业和民族文化创意产业等多元化产业协同发展的新格局。与此同时，旅游业不仅促进茶特色产业形成了从种植、加工、商贸到观光、展示与体验的完整产业链，而且还促使农特产品迅速转化为旅游商品，大大提高了农特产品的附加值，使当地农民获得了更多的收益，也使村寨经济获得了大幅度提升。在这里，由旅游业带动的特色茶产业对村寨经济的贡献率高达60%以上，成为支撑民族旅游村寨的第一大产业①。因此，发展民族村寨旅游，我们不能仅停留在旅游业之上，仅盯住旅游门票收入的增长，而是要把重心放在产业发展上，放在旅游业关联带动和多元化产业格局的构建上，既注重旅游业的直接效益，更注重旅游业的综合带动效应。只有这样，民族村寨旅游才能获得更大的产业支撑。

二是要大力培育龙头特色产业，并促进特色产业规模化、品牌化和组织化发展。在这里，特色产业既可以是旅游业，也可以是特色农业，还可以是文化创意产业。每一个村寨在丰富自己产业结构的同时，还要集中精力培育好自己的特色产业，并将其做大做强，做出品牌，做大影响。也是在恩施伍家台和麻柳溪，过去这两个村寨都种水稻，产量不高，经济效益也不好。后来在村寨旅游的带动下，这两个村充分利用当地良好的气候条件和茶叶种植传统，全部将水稻田改为优质茶园，并大力发展特色茶产业，并通过“龙头企业+茶叶专业合作社+基地+农户”的多元合作的产业化经营模式，将分散的土地、产业集聚起来，实行了特色产业的规模化和有组织的发展。同时，他们还通过精心培育，分别打造出了“伍家台贡茶”和“麻柳溪有机羌茶”等茶叶品牌，大大提升了村寨的产业效应与品牌影响。另外，在恩施利川的白鹊山，则充分利用当地优美的环境和凉爽的气候条件，大力发展乡村民宿产业，并通过龙头企业的带动和专业合作社的纽带作用，也将一家一户的民宿经营，组织成拥有100多家规模、统一管理、统一经营、统一营销的规模化民宿产业，一举成为湖北恩施“以小民宿带动大产业”的成功典范。

三是要促进农旅文融合发展，提升民族村寨产业素质。首先要促进文旅深度融合。民族村寨旅游本身就是文旅融合的产物。民族文化不仅是民族村寨的根与魂，而且是民族村寨旅游最核心的资源。一方面，我们要通过文化向旅游的引入、渗透，丰富民族村寨旅游产品的内涵，提升旅游产品的品位，增强旅游的参与性与体验感。另一方面，又要通过民族村寨旅游这一载体，来进一步彰显民族文化，传承民族文化，让静态的文化活起来、用起来，并实现产业化发展，尤其要通过文旅融合，进一步催生和促进以民族文化演艺和民族文化工艺为特色的民族文化创意产业的发展。其次要促进农文旅的融合发展。一方面要通过农文融合，进一步增强特色农业的文化含量与品牌价值；另一方面要通过农旅融合，进一步加快农特产品向旅游商品的转化，提高农特产品的附加值，同时提升特色农业的旅游休闲性与体验性，促进村寨旅游的发展。

六　创新机制，强化多元协同

根据利益相关者理论，民族村寨旅游涉及当地政府、村委会、村寨居民、外来投资商、本地经营组织、游客及旅游中介服务机构等众多利益主体。民族村寨旅游发展既离不开这些利益主体的作用，同时也影响着这些利益主体的利益满足。由于这些利益主体的利益诉求不同，他们追求利益的方式也不同。在民族村寨旅游发展中，由于机制不健全或缺乏相应的机制保障，一方面不能很好地激发这些利益主体协同发挥作用，另一方面还会造成这些利益主体在实现各自利益的过程中发生矛盾与冲突，无论哪种情形，都直接影响着民族村寨旅游的发展。因此，“民族村寨旅游的可持续发展，不仅要求生态环境和民族传统文化的保护，还要求协调各利益主体之间的关系”[①]。如何通过健全体制、创新机制，实现多元协同的目标，我们认为急需创新如下三大机制。

一是发展决策机制。决策机制直接关乎着民族村寨旅游发展方向、发展目标和发展方式等战略性问题。追求决策科学与民主，是民族村寨旅游可持续发展的重要诉求。然而，民族村寨旅游发展的决策现实却与

---

①　曹端波、刘希磊：《民族村寨旅游开发存在的问题与发展模式的转型》，《经济问题探索》2008 年第 10 期。

民主决策和科学决策的要求相距甚远，大部分民族旅游村寨尚未建立完整的旅游发展决策机制，“许多对村寨旅游产生影响的决策都是政府和企业制定的，当地村民往往成为旅游开发、规划、管理、获利的局外人”①。旅游发展决策主要表现为当地政府出于所谓政策指引的“主观臆断”“长官意志”或向外学习的“盲目模仿与随意复制”，或出于外来投资商急功近利、急于求成的功利考虑，没有社区参与，没有科学规划的引领，从而导致许多低水平开发甚至破坏性开发的现象发生。要保证民族村寨旅游民主、科学决策，我们认为：一方面，必须坚持民主集中制的原则，广泛征求各利益主体尤其是当地社区居民的意见或建议，充分考虑各利益主体尤其是当地社区居民的利益诉求。必须站在村寨整体利益和长远发展的战略高度来进行决策。必须在优先保护民族村寨生态环境和民族文化的前提下来讨论和决策民族村寨旅游发展问题。另一方面，必须高度重视民族村寨旅游规划的引领与指导作用，用科学的规划来提高决策的科学性。只有这样，我们的决策才能更好地兼顾各方利益与诉求，考虑村寨整体和长远利益，切实守护好民族村寨旅游可持续发展的生态和文化本底与根基。

二是社区参与机制。激励和保障当地社区居民积极参与民族村寨旅游并从中获得公平的收益，既是发展民族村寨旅游的最主要目的之一，也是充分发挥社区促动力，保证民族村寨旅游可持续发展的内在诉求。因为，社区居民不仅是村寨的主体，也是村寨旅游不可或缺的重要因素与中坚力量。民族村寨旅游是一种以民族村寨为载体，以体验民族文化为核心的旅游类型。没有民族文化，就没有民族村寨旅游，民族文化是民族村寨旅游的根基和灵魂。而当地社区居民不仅是民族文化的创造者和演绎者，也是民族文化的保护者和传承者，他们既是民族村寨旅游资源的利用主体，同时又是民族传统文化的“活态”载体，还是民族社区旅游资源的重要组成部分。他们扮演着民族村寨旅游资源本体和民族村寨旅游资源利用主体的双重角色②，是促进民族村寨旅游发展不可或缺的内生动力。一旦离开了当地社区居民的参与，民族村寨旅游就成了

---

① 罗永常：《民族村寨旅游发展问题与对策研究》，《贵州民族研究》2003 年第 2 期。

② 李乐京：《民族村寨旅游开发中的利益冲突及协调机制研究》，《生态经济》2013 年第 10 期。

一种不完整的、缺乏魅力的和不可持续的旅游。因此，创新社区参与机制，保证居民充分参与，是促进民族村寨旅游可持续发展的必然要求。如何来保证？我们认为：①要明晰村寨的各种产权关系，尤其是明确属于全体村民所有的，诸如自然生态和民族文化等公共资源的产权，这部分资源的使用、转让与收益，本应为全体村民所享有，但过去常常被村委会无偿转让，或被投资商和经营户无偿占有，从而导致当地居民无权参与和分享。因此，明晰产权，合理确权是保障村民有权参与村寨旅游的重要前提。②要加强培训帮扶，提高村民参与素质与能力。主要是从当地村民的实际情况出发，通过举办各种培训班和组织各种参观考察活动等，有针对性地开展村民素质教育与专业技能培训，从而保证当地村民有能力参与。③要创新开发模式，拓宽村民参与途径。一方面，要加强统筹融合，大力发展与村寨旅游相关的产业，以吸纳更多的村民参与；另一方面，要通过搭建产业链条完善产业配套，拓宽村寨居民参与旅游的范畴与途径。④要通过制定公平合理的利益分配制度和出台相应的激励、补偿和扶助政策，保证村寨居民能公平地参与村寨旅游。利益分享与社区参与密切相关，有社区参与，就会有利益分享。过去，不少村寨旅游开发“往往只有少数人获益，多数人不仅不获益，反而要承担旅游业所带来的不良后果，从而产生对旅游的不满和对获利集团的嫉妒”①。可见，公平合理的利益分享机制对保障和激发社区居民参与旅游具有重要意义。总之，只有当社区居民有权利、有能力、有渠道和有保障地参与民族村寨旅游，民族村寨旅游才能获得当地社区居民强大的支撑动力。

三是旅游投资机制。民族地区由于经济相对落后，发展民族村寨旅游经常受到资金短缺的困扰与制约。资金问题一直是影响民族村寨可持续发展的重要因素。在有些民族村寨，在民族村寨旅游发展的某些阶段，资金短缺甚至成为影响民族村寨旅游发展的“瓶颈”因素。构建合理而有效的旅游投资机制，对于保障民族村寨旅游健康、有序和可持续发展具有非常重要的意义。针对目前民族村寨旅游发展中存在的资金少、融资难、投资单一、资金投入与旅游项目不相匹配等诸多问题，我

---

① 罗永常：《民族村寨旅游发展问题与对策研究》，《贵州民族研究》2003 年第 2 期。

们认为，必须重点关注和解决三大问题。①要构建多元化协同投资体制。在民族村寨旅游发展初期，来自政府的政策性引导投资成了民族村寨旅游发展的主要资金来源，但单靠政府的单一投资，抑或当地微弱的民间资本，都难以应付民族村寨旅游大规模开发所需要的资金问题。在此情形下，"乡村地区资金的稀缺性，使外来投资商可以获取乡村旅游投资的主要收益"[①]。于是，政府、外来投资商、村寨集体经济组织（村办企业）和村寨民间经济组织（专业合作社、民间企业、个体经营户）等变成了民族村寨旅游开发的主要投资主体。但这些投资主体往往因利益诉求的差异而导致投资取向和投资方式的差异性，很难达到整合资金、协同投资，实现投资效应的最优化。因此，构建多元协同的投资机制，对于整合有限资金，实现资本效应最优化具有特别重要的意义。为此，我们建议各投资主体要本着开放、合作、共赢的原则，通过缔结投资战略联盟、组建合营式公司或组建股份制公司等多种资本运作方式，实现投资主体的合作与协同。在此方面，贵州郎德上寨所践行的"政府+村寨集体经济组织"统一投资经营模式、西江苗寨所采取的"政府+旅游公司+社区居民"合作投资经营模式，以及恩施伍家台所探索的"龙头企业+专业合作社+基地+农户"的多元合作模式等，都是一些成功的典范，值得推广。②要努力做到投资的适宜与适度。在调查中，我们经常发现许多民族村寨发展旅游的资金并不宽裕，但仍然存在资金乱用与浪费的现象，造成最需要资金的时候没资金、最需要投资的项目没资金等不良投资窘境。要扭转此种状况，必须按照科学规划，统筹资金，强化预算，突出重点，把有限的资金，在最合适的时候，选择最合适的项目，以最合适的方式投资下去，以保证资金使用的适宜性，从而提高投资的有效性。③要重视与强化旅游投资的效应问题。很多民族村寨在旅游发展过程中，只讲投入，不讲效应，造成了投入产出不相匹配的问题，影响了投资者的投资热情，也影响了民族村寨旅游的正常发展。因此，加强对旅游投资的资金监管、投资风险评估及投资效应评估就显得尤为必要。我们要通过建立有效的资金使用监管机制，提高投资过程中的资金使用效率。要通过完善的投资风险与效益评估机制，及

① 黄郁成等：《乡村旅游投资主体关系研究》，《旅游学刊》2007 年第 6 期。

时发现和调整不良投资，规避投资风险，同时通过投资绩效评估，激励有效投资，降低不良投资，消除投资障碍，提高投资的综合效应。只有这样，才能确保旅游投资有力度、有适度和有效度，更好地促进民族村寨旅游可持续发展。

第八章

研究总结与展望

第一节　研究总结

一　研究结论

本书坚持政策与问题双导向，坚持理论与实践相结合，以现有文献和民族村寨旅游发展现实为研究基石，充分运用系统论、可持续发展理论、系统动力学理论等多学科理论和文献研究、重点访谈、问卷调查、统计分析及建模分析等多种方法，紧紧围绕“民族村寨旅游可持续发展的必要性”“民族村寨旅游可持续发展的内在诉求与外显标志”“民族村寨旅游发展的影响因素”“民族村寨旅游可持续发展的动力系统”“民族村寨旅游可持续发展的动力机制与保障对策”五大问题开展研究，并获得了相应的研究结论与成果。

1. 民族村寨旅游可持续发展的必要性研究

本书研究以可持续发展理论为指导，通过对民族村寨旅游发展的现状分析与问题揭示，提出了促进民族村寨旅游可持续发展的五大必要性，即脱贫致富和同步小康建设的需要；民族文化保护与传承的需要；生态文明与美丽乡村建设的需要；乡村振兴与农业农村现代化建设的需要；破解困局与村寨旅游高质量发展的需要。

2. 民族村寨旅游可持续发展的内在诉求与外显标志研究

本书研究基于对相关文献的扎根分析和专家意见征询，首先构建起民族村寨旅游可持续发展的内在诉求和外显标志的指标体系，然后运用重点访谈和问卷调查的方法，选择 15 个民族旅游村寨为样本进行了数据采集与相应的实证分析。在研究中，我们选择利益诉求和条件诉求两个维度进行分别揭示与比较。通过实证分析与讨论，得出：民族村寨旅游可持续发展的利益诉求依重要程度大小主要表现为经济增长、社会进步、文化传承和环境优化四大方面，具有明显的功利性与现实性特征。条件诉求依重要程度大小主要表现为观念可持续更新、资源可持续利用、文化可持续传承、外力可持续推动、产品可持续吸引、产业可持续支撑、资本可持续投入、环境可持续保障八个方面，具有明显的理性思维特征。两相比较，条件诉求是最基本的前置性诉求，只有条件诉求满足之后，利益诉求才有可能满足。条件诉求更能反映民族村寨旅游可持续发展的基本诉求。至于外显标志的揭示，通过实证分析与讨论，认为民族村寨旅游可持续发展的外显标志按照受访者感知的敏锐度强弱依次表现为：人气与口碑、规模与效益以及环境与氛围。分析和揭示民族村寨旅游可持续发展的内在诉求与外显标志为进一步分析民族村寨旅游发展的影响因素和揭示民族村寨旅游可持续发展的动力因子提供了基础性信息与依据。

3. 民族村寨旅游发展的影响因素研究

开展本书研究是进一步探寻民族村寨旅游可持续发展的动力因素并构建其动力系统的前提与基础。本书研究中，我们跳出了已有研究的笼统思维或问题揭示的传统视角，引入可持续和非可持续的概念，努力从民族村寨内、外和可持续发展正、逆视角来系统探寻民族村寨旅游发展的影响因素。本书研究基于文本分析，分别从可持续和非可持续的角度，构建起民族村寨旅游发展影响因素指标体系，并选择 10 个民族旅游村寨为样本，进行数据采集。然后分别进行一般性统计分析与层次分析，并用层次分析的结果来纠正统计分析中的偏差，最后得出：影响民族村寨旅游可持续发展的因素依重要程度大小主要表现为：与时俱进的思想观念与创新精神、村寨自然与人文景观丰富且具有特色、民族文化得到有效保护传承与合理利用、不断高涨的人气和源源不断的游客来访、政府政策支持与引导性资金投入、良好的口碑与深刻的旅游体验、社区参与程度、产业发展良好、高效有序的经营与管理、村寨聚落环境优美且有特色、村容村貌整洁卫生、良好的品牌效应与市场影响。影响民族村寨旅游非可持续发展的因素依重要程度大小依次表现为：村寨普遍没有特色与核心吸引物、民族文化得不到保护并遭到破坏、政府关注和支持不够、没有产业支撑、生态环境破坏、村民社区参与程度不高、旅游体验感差、村民思想保守落后、没有外来资本投入或外来资本投入不够、缺乏科学的管理与运营。这些可持续和非可持续影响因素的揭示，为进一步从中探寻影响民族村寨旅游可持续发展的动力因素（动力因子）和阻碍因素（阻力因子）提供了依据。

4. 民族村寨旅游可持续发展的动力系统研究

要研究民族村寨旅游可持续发展的动力机制，必先构建民族村寨旅游可持续发展的动力系统。本书研究中，我们提出了有效动力的观点，认为推动民族村寨旅游可持续发展的真正动力并不是单纯的动力所为，而是动力克服阻力之后的有效动力。构建民族村寨旅游可持续发展的动力系统，不应该只追求由动力因子所构成的动力系统，而应该以构建更加完整、更具价值的有效动力系统为目标。基于此认识，本书研究分别从相关文献和前面有关实证研究中，探寻民族村寨旅游可持续发展的动力因子和阻力因子，并按照“动力因子→动力”“阻力因子→阻力”的生成规律，分别构建起民族村寨旅游可持续发展的动力系统和阻力系统框架结构模型。然后在此基础上，遵循“动力—阻力→有效动力”的基本思维，构建起民族村寨旅游可持续发展的有效动力系统框架结构模型。该模型表明：民族村寨旅游可持续发展的有效动力系统是一个包括了动力和阻力在内的复杂的巨型系统。在该系统中，动力系统主要表现为由来自村寨内外的思想引领力、产品吸引力、文化根基力、思想引领力、产品吸引力、产业支撑力、环境保障力、文化根基力、机制协同力、社区促动力、市场拉动力、政府引导力、中介促进力 10 个子动力交互作用所形成的合动力系统。阻力系统则主要表现为由思想阻力、产品阻力、文化阻力、环境阻力、资金阻力和机制阻力 6 个子阻力所形成的合阻力系统。

5. 民族村寨旅游可持续发展的动力机制与保障对策研究

本书研究以民族村寨旅游可持续发展的有效动力系统框架结构模型为基础，运用系统动力学的基本原理与方法，进一步构建起民族村寨旅游可持续发展动力机制因果互动结构模型，并从结构、功能和因果互动关系三个方面进行了机理分析。认为：从结构上讲，推动民族村寨旅游可持续发展的动力系统是一个包含了动力和阻力在内的巨型复杂系统。在该系统运动中，各种动力和阻力交互作用、彼此制约，形成了相互抗衡、此消彼长的力量作用态势。当动力大于阻力并成功克服阻力时，这种动力方为有效动力。只有有效动力才是推动民族村寨旅游可持续发展的真正动力。反之，当阻力大于动力并抵消动力时，那么这种动力为无效动力。这时各种阻力会成为阻碍民族村寨旅游可持续发展的主要力量。从功能上讲，系统中的各种动力和阻力均扮演着不同的角色，发挥着不同的功能。其中，民族文化根基力是民族村寨旅游发展的一种本底性动力，它构成了民族村寨旅游发展的本底基础。思想引领力是统领和指引民族村寨旅游可持续发展的一种方向性动力，是民族村寨旅游的风向标，具有战略性的引领功能。市场拉动力、产品吸引力、环境保障力、社区促动力和产业支撑力 5 种动力，都属于一种支撑性动力。其中，市场拉动力和产品吸引力是直接影响民族村寨旅游发展的、不可或缺的核心支撑力。政府引导力、中介促进力和机制的协同力则构成了民族村寨旅游可持续发展的一种支持性动力，主要起保障或促进作用。从因果互动上来看，合动力与有效动力之间表现为正强化因果关系，合阻力与有效动力之间表现为负减弱因果关系。合动力与合阻力，以及各子动力与相应的子阻力之间，均表现为负减弱性的互为因果关系。至于各子动力之间、各子阻力之间，或存在“一因一果”“一因多果”正强化因果关系，或存在“一因一果”正强化因果互动关系。基于上述机理分析与揭示，为保证民族村寨旅游可持续发展动力机制的高效运行，我们提出了与时俱进，强化思想引领；突出特色，打造精品名牌；固本强基，善待民族文化；坚守本底，强化环境保障；促进融合，夯实产业支撑；创新机制，强化多元协同六大保障对策。

二　创新之处

本书研究的创新之处主要表现在如下四个方面：

(1) 第一次开展民族村寨旅游可持续发展的内在诉求与外显标志研究。通过实证研究，分别从利益诉求和条件诉求两个维度分析和揭示了民族村寨旅游可持续发展的内在诉求，并通过比较分析，认为条件诉求是最基本的前置性诉求，只有条件诉求满足之后，利益诉求才有可能满足。通过实证研究与讨论，最后揭示出民族村寨旅游可持续发展的

“八大”内在诉求和“三大”外显标志。此方面研究在目前学术界尚属首次，它对于我们进一步把握民族村寨旅游可持续发展的内在要求与发展目标，进一步探寻与揭示民族村寨旅游可持续发展的动力因素具有重要意义。

（2）努力从民族村寨内、外和可持续发展正、逆视角系统探寻影响民族村寨旅游可持续发展的影响因素及动力问题。在探讨民族村寨旅游发展的影响因素方面，引入可持续和非可持续概念，并分别对其影响因素进行实证与揭示。通过对影响民族村寨旅游非可持续发展因素的分析，进一步反证和强化可持续发展因素的重要性。同样，在探讨民族村寨旅游可持续发展的动力问题时，充分运用可持续和非可持续的双重视角，分析和揭示了影响民族村寨旅游可持续发展的动力及动力生成、阻力及阻力生成问题，为进一步构建相对完整的民族村寨旅游可持续发展的动力系统提供了新的视角，奠定了新的基础。

（3）首次提出了有效动力的观点。在构建民族村寨旅游可持续发展动力系统的过程中，通过对动力和阻力的揭示，提出了有效动力的观点。认为推动民族村寨旅游可持续发展的真正动力并不是单纯的动力所为，而是动力克服阻力之后的有效动力。构建民族村寨旅游可持续发展的动力系统，不应该只追求由动力因子所构成的动力系统，而应该以构建更加完整、更具价值的有效动力系统为目标。民族村寨旅游可持续发展的有效动力系统是一个包括动力和阻力在内的复杂的巨型系统。在该系统中，只有当动力大于阻力并克服阻力时，其动力方为有效。反之，则为无效动力。只有构建有效动力系统才能找到推动民族村寨旅游可持续发展的真正动力。基于此认识，我们构建起了民族村寨旅游可持续发展的有效动力系统及动力机制框架结构模型，从理论上进一步丰富和完善了有关旅游发展动力机制的内容。

（4）在研究方法上，本项目跳出了传统的单一的定性研究，坚持了定性与定量相结合、理论思辨与实证研究相结合，将扎根理论、因子分析、层次分析等多种实证方法运用于相关问题研究。尤其在构建民族村寨旅游可持续发展动力机制模型时，尝试将系统动力学原理与方法引入其中，初步构建起民族村寨旅游可持续发展动力机制因果互动结构模型，提高了对动力机制的深层探讨与揭示。

三　研究价值

（一）学术价值

本书研究成果最重要的学术价值在于从可持续和非可持续发展角度分析和揭示了影响民族村寨旅游可持续发展的动力和阻力因素，并遵循“动力—阻力→有效动力”的基本思维，构建一套较为完整的民族村寨旅游持续发展的动力系统及动力机制模型，丰富和完善了旅游发展动力机制的理论分析框架。

（二）应用价值

本书研究成果的应用价值突出表现在能为民族旅游村寨及时破解发展问题并获取新的动能提供有效方案，促进民族村寨旅游又好又快和可持续发展。

四　研究不足

（一）整体感和系统性还有待于加强

由于民族村寨旅游涉及的地区多、发展不平衡，信息数据不完整，很难用同一套标准和方法来进行数据采集与整体分析，从而导致系统性研究的难度与不足。

（二）具体动力机制还有待于深入

对于与民族村寨旅游可持续发展动力问题相关的一些具体机制，如发展决策机制、社区参与机制、利益分享机制、矛盾调节机制等，尚待今后进一步深入研究。

第二节　研究展望

在我国，虽然旅游业已经被确定为国民经济和社会发展的战略性支柱产业和人们更加满意的现代服务业来培育，但旅游业的发展要受到政治、经济、文化、社会、环境等多方面因素的影响与制约。因此，关于旅游可持续发展的问题必将成为学术界长期关注的热点问题。作为旅游可持续发展问题的一个分支，民族村寨旅游可持续发展问题自然也不例外。而作为民族村寨旅游可持续发展的首要和前置性问题，民族村寨旅游可持续发展的动力问题也将在新时期获得更多的关注与研究。

首先，随着 2020 年脱贫攻坚战的胜利和全面小康社会的建成，我国农村发展开始进入乡村振兴和农业农村现代化建设的新阶段。如何让民族村寨旅游继续在民族地区发挥中坚作用？如何让民族村寨旅游更快更好地适应新时代的变化与要求？如何让民族村寨旅游在新的政策指引下获得更多、更强劲的发展动能？等等，要很好地回答上述问题，基于新时代发展要求的民族村寨旅游可持续发展动力问题研究必将成为一个富有现实意义的重要选题。

其次，随着大数据和数字经济时代的到来，如何将先进的数字技术、人工智能技术等先进的技术与手段引入民族村寨旅游可持续发展研究之中，从新的视野、用新的手段来开展民族村寨旅游可持续发展研究，这既是一个崭新的课题，也是一个充满前景的研究领域。

最后，从研究方法上来讲，单纯的实证研究不足以揭示民族村寨旅游可持续发展的整体规律，而单纯的理论思辨又不能使相关研究更加精准。通过本次研究，我们认为，只有坚持政策与问题双导向，坚持理论思辨与实证研究相结合，才能在研究上获得新的启迪，并使研究结论更趋于客观与公允，更有利于研究成果的转化并发挥对实践的指导意义。

附　　录

附录一　样本村寨基本情况

（一）西江千户苗寨

西江千户苗寨位于贵州省黔东南苗族侗族自治州雷山县东北部的西江镇境内，距雷山县城 36 千米、凯里市 33 千米、贵阳市 280 千米。现有居民 1300 余户，5400 多人，其中苗族占 99%以上，是中国乃至世界上最大的苗族聚居地，也是保存苗族原始生态文化最完整的地方。在这里，苗族农耕、服饰、饮食、歌舞、节庆活动等民俗世代相传，苗年、吃新节、牯藏节等节日闻名四海。

早在 20 世纪 80 年代初期，西江千户苗寨就开始发展旅游，但当时寨子里只有零星几家农家乐，经营主体是村委会和村民，到访游客寥寥无几。2002 年，在当地政府的大力支持下，西江千户苗寨成为苗年文化周的主会场，知名度大大提升。2005 年，西江千户苗寨修缮了吊脚楼、风雨桥等特色建筑，并修建博物馆，开始深度挖掘苗族文化资源。期间，到访游客大幅增长。2008 年，当地政府斥资 4.4 亿元建设景区，旅游配套设施不断完善。2009 年，组建贵州省西江千户苗寨文化旅游发展有限公司，专门负责产品打造、经营管理及市场拓展，实现了景区从社区自营到企业市场化运作的转变，并在此发展中逐步形成了“苗族文化博物馆+景区观光”的旅游发展模式。其核心景点主要有梯田、吊脚楼、观景台、千户灯、西江苗族博物馆等。

西江千户苗寨旅游扶贫效果显著。2017 年，景区全年接待游客 606

万人，实现旅游收入近50亿元，仅农家乐和公益性摊位的经营就让当地近500个家庭受益。村民通过出租房屋、田地，或是在景区就业，每人每年大约可以获得3万—5万元不等的收益。此外，当地政府每年会将门票收入的18%以奖励金的形式返还给村民，2011—2017年，户均累计收入达8万元。民族村寨旅游的发展，不仅加快了当地脱贫致富和建成小康社会的步伐，而且也给西江千户苗寨带来了诸多获殊荣，先后荣膺“中国乡村旅游‘飞燕奖’暨最佳民俗文化奖”“中国最美十佳小镇”“世界十大乡村度假胜地”等奖项，并于2022年正式获批成为国家4A级旅游景区。

西江千户苗寨整体发展趋势较好，但也存在产品结构单一、同行恶性竞争、利益分配不均以及管理成本剧增等问题。

（二）肇兴侗寨

黎平肇兴侗寨位于贵州省黔东南苗族侗族自治州黎平县东南部，占地270亩，距厦蓉高速出口洛香站和贵广高铁从江站5千米，距黎平县城46千米。现有居民1000余户，4000多人，是全国最大而又古老的侗寨，素有“侗乡第一寨”之美誉。寨内侗族风情浓郁，村民至今仍讲侗话、穿侗衣、唱侗歌、过侗节、守侗俗。

肇兴侗寨是“鼓楼之乡”，其中全为陆姓侗族，分为五大房族并分居五个片区，当地称之为“团”。仁、义、礼、智、信五个“团”各建有鼓楼1座，风格迥异，蔚为大观，在其他侗寨中绝无仅有，被载入吉尼斯世界之最。肇兴侗寨还是“歌舞之乡”，尤以歌类最为闻名，侗族大歌、蝉歌、踩堂歌等声调婉转悠扬，旋律优美动听。肇兴侗寨先后获评为“中国最美的六大乡村古镇”“全球最具诱惑力的33个旅游目的地”“全国乡村旅游扶贫重点村”等，并于2014年被列入国家4A级旅游景区。

肇兴侗寨发展较早，整体发展趋势较好。2000—2002年，当地政府投资600万元，积极支持侗寨景点打造和旅游发展。2003年，当地政府提出“旅游兴县”发展战略，并积极对外招商引资。同年，贵阳世纪风华旅游公司进驻肇兴，截至2010年，共计投资4000余万元，修整了景区的游步道、停车场以及两个大型宾馆，成立了侗族大歌表演队。同时，2008—2010年，当地政府又投入4.8亿元改造提升了景区环境，完善了旅游基础及配套设施，并探索出了“侗族风情+景区观光”的旅游发展模式。一时间，游客规模迅速增长，旅游收入首次突破100万元大关。然而好景不长，在外部交通阻隔和内部利益冲突的双重压力下，世纪风华旅游公司业绩不断下滑，最终被迫退出景区经营。

值得庆幸的是，随着厦蓉高速、贵广高铁和黎平机场的建成使用，极大提高了肇兴侗寨的可进入性。2012年，当地政府又组建景区管委会和旅游开发公司全面负责景区的各项事宜，景区迎来第二次飞跃发展的“黄金期”。2017年，景区全年接待游客452万人，实现旅游收入38亿元。

目前，肇兴侗寨存在的主要问题体现在规划未能很好实施，专业人才的规模与素质亟待提升，以及各利益相关的利益尚需调整与优化等。

（三）郎德上寨

郎德上寨位于贵州省黔东南苗族侗族自治州雷山县西北部，距凯里市27千米、雷山县城13千米、贵阳市160千米。寨内仅有居民百余户，不足千人，只有陈、吴两个姓氏，全为苗族。

朗德上寨依山傍水，四面绿林青蔓，有铜鼓坪、吊脚楼、风雨桥、美人靠等古建筑群。在这里，苗族服饰多达30种，无论是便装还是盛装，都是纯手工制作，技艺精湛。苗家12道拦路酒、芦笙演奏、苗族歌舞、传统节日等均是当地特色，还有以“住苗家楼、吃苗家菜、赶苗家情”为核心的“苗家乐”。

郎德上寨被誉为“中国民间歌舞艺术之乡”“芦笙之乡”，先后获得“中国露天民俗博物馆”“世界级乡村旅游村寨”等称号，并于2017年正式成为国家4A级旅游景区。2017年，景区全年接待游客76.95万人次，实现旅游收入6.54亿元，带动42户166人贫困人口实现了脱贫。

凭借得天独厚的自然条件以及源远流长的苗族文化，郎德上寨于20世纪80年代初期成为贵州省首个开放的民族旅游村寨，发展效益长期位于前列。朗德上寨的旅游发展模式以“侗族风情+景区观光”为主，且非常依赖当地村民的力量。在村委会的组织和带领下，当地村民积极参与到旅游接待服务、工艺品制作和销售、经营农家乐、旅游资源与环境保护等各项事宜之中。而当地政府仅在旅游规划、形象宣传、旅游市场规制及基础设施建设等方面发挥主导作用。

2008 年，朗德上寨成为全国唯一的传递奥运火炬的村寨，名气大增，国内外游客纷纷慕名而来。2011 年，朗德上寨成立朗德文旅公司，支持和鼓励村民参与旅游发展。2014 年，朗德上寨成立合作社，村民们自愿加入，以按劳分配为原则，对参加演出的村民进行记分。每月将表演收入的 75%分给合作社村民，每户收益依据工分数来确定。

朗德上寨发展虽好，但问题亦较多，可持续发展受到一定制约。一方面，尽管是“家家参与，家家受益”，但为了追求公平，难免要牺牲一些效率，因而在经济增长上缺乏足够的推动力。另一方面，由于资金匮乏，没有能力开发更多的体验性项目和进一步开拓市场。

（四）大槟榔园

大槟榔园村位于云南省玉溪市新平彝族傣族自治县戛洒镇，距昆明市 262 千米、新平县城 65 千米，交通便捷，通达性好。全村占地 3446 亩，现有居民 79 户，400 余人。

大槟榔园是云南地区花腰傣文化的集中展示区，主要有生态景观类、民族文化类以及休闲娱乐类三大旅游资源。在生态景观方面，土掌房历史悠久、雄伟壮观，河谷风光美不胜收、无与伦比，江滩与植被遍布四周，沁人心脾。民俗文化体验包括富有特色的演艺活动，如《花腰宴舞》《朗娥与商洛》等，还有花街节、赶花节、汤钢美食节等节庆活动。每逢节庆和演艺活动，村民都会身着传统的民族服饰，载歌载舞，大宴宾客，展示他们的特色歌舞与风味美食。休闲娱乐活动则主要有农家乐、垂钓等活动。

20 世纪 90 年代，大槟榔园在当地政府的支持下开始发展旅游。2001 年，“中国云南（新平）花腰傣文化国际学术研讨会”的举办使大槟榔园进入公众视野。当地政府抓住契机，加大扶持力度，完成了村主干道的道路硬化工程，修建了花腰傣歌舞广场和文化休息长廊等公共配套设施。

2012 年以来，当地政府投资千万元，对大槟榔园村进行整体规划和布局，并进行村内环境的整治和旅游设施的改建。后又通过招商引资，引入新平中恒文化旅游有限公司进行专业化开发，以大槟榔园为核心，将其他六个花腰村寨纳入规划范围，建设美食街、原始歌舞演艺厅、度假村、文化产业园、花腰风情花街等旅游吸引物。同时，在当地政府组织下，村民积极参与旅游发展，主要包括展演花腰傣文化习俗、制作和售卖传统工艺品与美食、经营农家乐等。村寨旅游的发展，在给当地带来较为可观的收益外，还极大地促进了花腰傣特色文化的保护、传承与发展。

不过，从整体来看，大槟榔园仍存在一些影响和制约其可持续发展的问题，突出表现在：以观光游览为主，缺乏深度体验性项目；旅游配套设施不够完善；村民参与旅游的层次较低、范围较窄、能力较弱等。

（五）麻柳溪

麻柳溪位于湖北省恩施土家族苗族自治州咸丰县黄金洞乡，西与小村乡接壤，北与利川毛坝毗邻，省道咸（咸丰）利（利川）线与其擦身而过，距黄金洞集镇 4 千米，是唐崖河景区重点打造的三大核心景区之一。现有居民 365 户，近 1500 人，是以羌族、土家族、苗族为主的少数民族聚居村寨，享有“中国中部最后的一个香格里拉”的美誉。

麻柳溪平均海拔 800 米，国土绿化率 86%以上，环境优美，空气清新。村内有茶园 1650 亩，村民“依山居之、垒石为室”“立木为架、编竹为墙”，营造出具有独特风格的羌式土家吊脚楼。

由于当地的土壤、气候条件十分有利于茶叶生长，麻柳溪在旅游发展初期就有了以“茶”兴“旅”的发展思路。1987 年，麻柳溪开始发展茶特色产业。2003—2004 年，全村水田全部改种优质无性系茶叶。随后又建立生态茶叶基地，村、支两委引导村民与茶叶专业合作社构建利益联结机制，利益共享、风险共担。凭借茶产业带来的经济支撑，麻柳溪积极投入发展村寨旅游。2009 年，湖北唐崖河风景区旅游公司成立后，积极寻求与麻柳溪合作，共同推进麻柳溪羌寨旅游开发。与此同时，村民也纷纷参与到村寨旅游发展之中，兴办农家乐、宾馆或民宿，主动参与民族歌舞的编演。2011 年，当地政府投资 600 余万元，进行民居改造和基础设施建设，麻柳溪逐渐走出了一条以“景区带动+羌族风情+茶产业发展”为特色的景村同建、文旅融合的新路子。

伴随村寨旅游的发展，麻柳溪声名鹊起，旅游收益稳步提升。2018 年，景区全年接待游客 15 万人次，实现旅游收入 400 余万元。麻柳溪先后获评为“全国首个有机农业（茶叶）示范基地”“湖北省宜居村庄”“湖北省十佳特色村寨”等荣誉称号。

麻柳溪发展较快，效益较好，正处于旅游发展的成长期。目前存在的主要问题是投资主体单一、产品创新不足、市场化程度较低等。

（六）杨梅古寨

杨梅古寨位于湖北省恩施土家族苗族自治州来凤县三胡乡黄柏村，距来凤县城20余千米，是国家4A级旅游景区。景区规划面积3750亩，分为“北部古文化体验区、中部民俗风情体验区、南部观光休闲区”三个功能区，涵盖山寨迎客、巴盐古道、十娘子桥、雄狮观瀑等景点。

寨内拥有保存完好的古井、古庙、古戏台和古杨梅群落等，以明末清初的木屋为主，多为土家吊脚楼风格，还有藤茶、绿茶等产业基地。杨梅古寨现有百年以上的杨梅百余株，树龄最长的古杨梅达1200年以上，被誉为“亚洲第一杨梅树”。2014年，杨梅古寨举办开园节。2016年，武陵山区首届杨梅文化旅游节也在当地隆重召开，多家媒体报道，宣传效果显著，吸引了大量游客来访。目前，景区内有35家农家乐，日均接待能力3000人左右，户年收入最高达10万元以上。杨梅古寨先后获评为“湖北省旅游名村”“湖北省少数民族十佳特色村寨”“中国最美乡村”等。

杨梅古寨旅游发展模式以“土家风情+村寨景观+特色产业”为主。发展旅游期间，来凤县旅投公司投资上亿元打造景区，修建水上娱乐中心、特色民宿、花海、土家传统油坊等。杨梅古寨的杨梅种植面积和年产量均占湖北省的90%以上，是武陵山区唯一无公害绿色杨梅产业生产基地。在这里，人们除了采摘杨梅外，还可以品尝杨梅酒、杨梅干等杨梅衍生产品。

杨梅古寨虽然整体发展较好，但仍存在体验方式单一、品牌定位模糊、配套设施不足、专业人才匮乏等问题，村寨旅游可持续发展仍面临较为严重的挑战。

（七）彭家寨

彭家寨位于湖北省恩施土家族苗族自治州宣恩县沙道沟镇两河口村，距恩施机场、恩施火车站90千米、宣恩县城70千米。现有人口50余户，350多人，均为彭姓土家族。彭家寨山川秀美，风光旖旎，依傍龙潭河，与河流上游的曾家寨，河流下游的汪家寨以及对门的唐家坪相互依托，四者构成了极富冲击力的土家族传统村落景观。寨内有数十栋造型优美的吊脚楼，还有以跳耍耍、摆手舞为代表的土家歌舞和色彩丰富的土家服饰。彭家寨被先后被定为“湖北省级文物保护单位”“全国重点文物保护单位”“中国历史文化名村”等。

20 世纪 90 年代末，华中科技大学建筑学专家张良皋因研究吊脚楼文化前往彭家寨考察，进而发现了其独特的旅游资源。2001 年起，彭家寨特色村落保护工作在当地政府的主导下拉开序幕。2004 年，宣恩县民族宗教事务局募集 8 万元资金，请来工艺匠人对彭家寨的吊脚楼建筑群进行整修。2005 年，当地政府投入资金进一步完善彭家寨基础设施，包括改造水电、修整路面等，并鼓励村民发展乡村旅游。同年，彭家寨被命名为“民族文化生态村”。2010 年，当地政府投入 370 万元修建乡村公路，提高了彭家寨的可进入性。2011 年，当地政府投入 140 万元修建保障旅游安全的河堤及周围 750 米的传统石栏杆，消除了河沟带来安全隐患。在旅游基础及配套设施进一步完善的条件下，当地村民也开始投入资金，开办农家乐以及旅游餐馆等。2016 年以后，宣恩县政府高度重视彭家寨的保护与开发，并将彭家寨定位为“中国土家泛博物馆”来统筹规划与建设，先后建起了旅游集散中心、耍耍街、中意？国际建筑研学营、墨客廓桥、摩宵楼、舍巴田园、地仙桥等景观与设施，真正实现了景村同建、整体提升的目标。经过改造提升后的彭家寨，已经初步形成了以全国重点文物保护单位彭家寨吊脚楼群为核心，以建筑艺术和土家文化为灵魂，以传统村落和旅游为载体，集土家文化研究、建筑艺术展示、国际学术交流、农耕文化体验、沉浸式演艺等于一体，通过活化、再生和展示土家人原真生产生活场景为显著特色的文化生态博物馆和特色文化型景区。目前正在积极创建国家 4A 级旅游景区。

（八）枫香坡

枫香坡位于湖北省恩施土家族苗族自治州芭蕉侗族乡高拱桥村，距恩施市区约 10 千米，现有 200 余户，1000 多人，其中 60%以上的居民皆为侗族，享有“湖北侗乡第一寨”的美誉。

2006 年以来，枫香坡在恩施市政府的大力支持下，借助其迤逦的茶园风光、悠久的茶叶文化、浓郁的侗族风情以及毗邻市区的地理优势发展民族村寨旅游。通过精心规划和大胆探索，枫香坡实行“景村同建”，以独特的侗族风情为依托，借助“恩施玉露”茶叶品牌，广辟茶园，大力发展茶特色产业。同时，修建侗族风雨桥、寨门、鼓楼、萨岁庙等侗族标志性建筑，修缮侗寨民居，引资辟建侗寨美食街区。景区现有生态茶园 500 余亩、景点 20 余处、农家乐 11 户、旅游民宿 8 家以及侗寨美食街区 1 条，形成了以“侗族风情+茶园观光+美食体验”为主的村寨旅游发展格局。

2013 年，枫香坡获批成为国家 3A 级旅游景区。2015 年，枫香坡实现整体脱贫，迈向小康，现为“全国农业旅游示范点”“湖北省首批新农村建设示范村”以及“湖北省旅游名村”。2019 年，枫香坡全年接待国内外游客达 25 万人次，实现旅游综合收入超过 1000 万元。

枫香坡起步较早，发展较快，但目前仍面临着旅游产品转型升级、旅游人才相对不足，以及经营管理不够规范、统一等影响村寨旅游可持续发展的困境与挑战，亟待破解与解决。

（九）二官寨

二官寨位于湖北省恩施土家族苗族自治州恩施市西南的盛家坝乡，是国家 3A 级旅游景区，距恩施市约 42 千米，现有居民 800 余户，3000 多人。其中，土家族人口占 80%以上。二官寨下辖 5 个自然村，即二官寨、小溪、洞湾、旧铺和圣孔坪，5 个村各有特色，又以小溪、旧铺 2 个古村落最具盛名。

二官寨生态环境良好，森林覆盖率达 85%，是名副其实的“天然氧吧”。寨内有保存完好的、以土家族干栏式吊脚楼为主要特色的古建筑群，文化底蕴深厚，被誉为“原始古村落，现代桃花源”。

2013 年以来，二官寨充分利用得天独厚的自然资源和老屋、老村落等文化资源，大力发展民族村寨旅游，逐步形成以“民宿引领”为主的旅游发展模式。目前，二官寨共有民宿 220 家、农家乐 20 余家，每年接待游客超 10 万人次，带动了 300 多人就近就业，实现旅游综合收入超 1000 万元。此外，二官寨茶叶种植面积超过 3000 亩，年产值达 1000 万元。

通过发展旅游，二官寨于 2016 年实现整村脱贫，先后获得“湖北少数民族特色村寨”“湖北省旅游魅力名村”“国家森林乡村”等殊荣。

二官寨开发稍晚，但发展较快，民宿发展具有一定的特色。目前，二官寨产业结构正由单一向多元转变，业态不断丰富。

（十）五峰山

五峰山位于湖北省恩施土家族苗族自治州恩施市东郊舞家坝街道，距恩施市约 3 千米，区位优越。全村占地 3750 亩，下辖 5 个村民小组，现有 900 余户，3000 多人，是典型的土家族传统村寨。

五峰山是恩施州海拔最高的山，约 1420 米，山上有连珠塔、烈士陵园等。五峰山原为荒山，后经改造，在山上种植了茶叶、蔬菜和水果等，使其有了“花果山”的美称。

2003 年，五峰山开始发展农家乐。2006 年，五峰山农家乐推出腊肉、山野菜等土家族特色菜肴，吸引了众多游客。经过一段时间的探索，五峰山逐渐成为了一个以土家特色美食农家乐为主、以蔬菜种植为补充、以特色美食休闲而闻名的民族旅游村寨。目前，五峰山拥有农家乐 20 余家，每家经营收入一般为 30 万—50 万元/年。同时，五峰山先后建成了花果山观光园、花卉观光园、水果采摘园、农事体验园等景区点，休闲娱乐和度假康养等功能也开始逐步显现。

（十一）白鹊山

白鹊山位于湖北省恩施土家族苗族自治州利川市东部，318 国道横贯境内，距利川市区约 10 千米，距国家 5A 级旅游景区腾龙洞和恩施大峡谷分别为 12.8 千米和 30.3 千米，区位十分优越。全村现有 13 个村民小组，常住人口 1800 余人，土家族占 60%以上。

白鹊山于 2015 年开始发展民宿，以精品民宿为抓手，着力打造特色鲜明的“四季观花、夏季避暑、秋季采摘”的休闲观光游和“住民宿赏民歌、吃农家饭、观农事”的文化体验游等产品，形成了以“土家风情+民宿引领”为主要特色的发展模式。白鹊山现有优质民宿 69 户，可同时接待游客 1700 余人。2016 年，白鹊山被纳入全市乡村民宿旅游扶贫示范村。2018 年，白鹊山全年共接待游客 4 万余人次，实现旅游收入超 300 万元，带动周边 7 个村庄发展民宿近 300 家。

白鹊山开发较晚，发展较快，且整体发展较好，但发展过程存在旅游用地不足、资金匮乏、经营管理不当、民企利益冲突等问题，可持续发展受到一定影响。

（十二）营上村

营上村位于湖北省恩施土家族苗族自治州利川市南坪乡，距南坪集镇4.5千米、利川城区18千米、恩施城区47千米。现有15个村民小组，500余户，2000多人，以土家族为主。

营上村位于国家5A级旅游景区恩施大峡谷附近，区位优势显著。近年来，营上村在旅游企业和经营能手的示范、带动下，抢抓发展机遇，调整产业结构，深度推进文旅、农旅融合，形成了以“景区带动+民宿引领+有机果园+土家风情”为主的发展模式，推出了以休闲避暑、农事体验、娱乐聚会等为主要特色的旅游项目。

营上村现有旅游从业人员150人，民宿38家，种植冬桃、冬梨、黄金梨、车厘子、李子等6000余亩，产品质优价廉，备受青睐。2018年，营上村全年接待游客10万人次，实现旅游收入270万元，村民参与旅游发展获得的人均年收入为1.1万元。2019年，营上村入选首批“全国乡村旅游重点村”。

营上村开发稍晚，发展较快，整体发展较好，但发展过程中仍存在资金匮乏、村民观念落后、民企利益冲突等问题，可持续发展受到一定影响。

（十三）伍家台

伍家台位于湖北省恩施土家族苗族自治州宣恩县东北部，距宣恩县城18千米、恩施机场55千米、恩施火车站60千米、安来（陕西安康至湖北来凤）高速椒园出口15千米。现有人口550余户，2000多人，以土家族、苗族为主。

伍家台贡茶名扬天下，乾隆皇帝曾御赐“皇恩宠锡”牌匾。伍家台现有机茶园3600余亩，特色民居250户以及农家乐20余家。在龙头企业和专业合作社的带动下，伍家台以“贡茶第一寨，仙游养生地”为主题，推出贡茶文化游、土家风情休闲游以及养生避暑居家游，实现了特色茶产业与民族村寨旅游的深度融合，形成了以“茶产业+土家风情”为主的发展模式。

伍家台山水秀丽、资源丰饶，森林覆盖率达80%，贡茶畅销海内外，先后获得“国家级地理标志保护产品”“全国文明村”“中国美丽休闲乡村”等荣誉头衔，并已获批成为国家4A级旅游景区。2019年，伍家台全年国内外游客接待量达 100 万人次，直接和间接经济收益超过亿元。以伍家台为中心，吸纳 600 多名农民就业；鲜叶收购辐射周边 16 个村、9000 余户茶农，每亩优质茶园年增收 1200 多元；合作社带动村民增收 8000 万余元，累计盈利返还社员 300 万余元。

伍家台开发稍晚，但发展快，效益好，产业联动性强，目前正处于旅游发展成长期。

（十四）小西湖

小西湖位于湖北省恩施土家族苗族自治州建始县花坪乡境内，占地 12000 余亩，距恩施机场 88 千米、建始火车站 50 千米、318 国道和沪渝高速 20 千米。建始小西湖平海拔 1000 米以上，平均气温 20℃—23℃，冬暖夏凉，是武汉、重庆等周边地区游客的避暑胜地，享有“康养金地，仙居花坪”之美誉。

近年来，当地政府大力支持建始小西湖发展旅游，投入 500 余万元修建道路、治理湖堤、保护湿地等，并积极招商引资。外来投资商先后斥资上亿元，修建旅游接待中心、文化广场等，进一步完善了核心景点和配套设施。同时，当地政府还通过以奖代补的方式鼓励村民参与旅游。逐渐形成了以“土家风情+休闲度假”为主的发展模式。

建始小西湖群山环绕，环境优美，森林覆盖率达 87%。有黄鹤峰林、飞拉达户外攀岩运动基地、朱和中故居、关口葡萄长廊、周唐玫瑰等众多景点，有小西湖大酒店和大批农家乐与特色民宿，还有《赶山号子》《黄四姐》等富有民族特色的歌舞表演。

目前，建始小西湖每年能吸引游客近 50 万人次。2015 年，建始小西湖被列入全国特色景观旅游名镇名村。2021 年，建始小西湖成功创建省级旅游度假区。

建始小西湖开发稍晚，发展较快，且整体发展较好，但发展过程中仍存在规划滞后、人才匮乏、利益分配不均等问题，可持续发展受到一定影响。

（十五）中廖村

中廖村位于海南省三亚市吉阳区东北，西接 G224 国道，南邻三亚绕城高速和东线高速，交通便利，距三亚海棠湾约 10 千米、亚龙湾约 12 千米，距三亚中心城区约 25 千米。中廖村占地 6810 亩，下辖 8 个自然村，共有9个村民小组，800余户，3400多人，是一个纯黎族村寨。

中廖村以山兰稻、山兰酒、鹧鸪茶为代表的黎族传统饮食深受游客喜爱。同时，《捡螺歌》《久久不见久久见》等传统民歌，“黎族小年”“三月三”等节庆活动，层次分明、造型古典的民族服饰，以“船型屋”和“金字屋”为典型的特色民居，都是当地独一无二的民俗风情。

中廖村是三亚市首个“五星级”美丽乡村。在当地政府和村民的共同努力下，中廖村的基础设施得到很大的提升，这也为旅游开发奠定了基础。2017年，三亚市引进深圳华侨城（海南）投资有限公司，与中廖村合作开发旅游。同年，中廖村美丽乡村游（示范区）正式开园。截至2019年，华侨城（海南）投资有限公司已投资3000多万元，建成景观花海、阿爸茶社、花瓣咖啡厅、李家院子民宿休闲园、黎埃特色民宿、黎家小院等项目。2017年，中廖村人均年收入超过1.2万元。

2016年，中廖村荣获“中国休闲乡村”“中国少数民族特色村寨”“海南省五星级美丽乡村”等称号。2019年，中廖村被评为“全国乡村旅游重点村”。

中廖村开发稍晚，但发展快，效益好，目前正处于旅游发展成长期，主要问题体现在专业人才不足、产品吸引力不够、社区参与不高等方面。

（十六）桃坪村

桃坪村位于四川省阿坝藏族羌族自治州理县桃坪乡，距理县40千米、汶川县15千米、成都市约150千米，全村有近1000人，羌族占99%以上。桃坪村分为老寨和新寨，2008年汶川大地震使老寨受损，当地政府在老寨东侧修建了占地面积约120亩的新寨，涵盖古羌文化演艺中心、古羌历史博物馆、古羌文化传习所等。

桃坪村有迷宫式建筑群、神秘地下水网和鱼脊背碉楼等景观，被誉为“羌族建筑艺术活化石”和“神秘东方古堡”。羌族的语言、饮食、服饰、节庆活动，还有以羌笛、羊皮鼓舞、羌族释比戏等为代表的文化遗产，生动形象地展现了百余年来在此生活的羌族人民的智慧和情趣。转山会和羌历年是桃坪村最隆重的节日，每年都会吸引大量游客莅临。

桃坪村先后入选为“四川省乡村旅游重点村”“全国乡村旅游重点村”“全国重点文物保护单位”等。

早在20世纪90年代，桃坪村就尝试依托保存完整的羌式建筑和古朴浓郁的羌族风情来发展旅游，但收效甚微，到访游客较少。1998年，当地政府成立旅游开发委员会和旅游开发公司，对桃坪村进行有计划的开发和管理。其间，游客数量有所增长，村民也开始自主参与旅游发展。

2004年，当地政府决定在寨外选择新址，修建新寨。2006年，桃坪羌寨旅游开发有限责任公司成立，与当地政府共同投资近2000万元，在以博物馆的形式保护老寨的同时开发新寨。2007年，桃坪村全年接待游客15万人，门票收入达200多万元，使得村民参于旅游发展的积极性更加高涨。

汶川大地震后，桃坪村受影响较大，游客人数骤降，直接或间接造成的经济损失达300万元。同时，有投资商选择撤资，旅游发展陷入停滞阶段。2010年，国家文物局拨款8000万用于老寨修复，当地政府也争取到湖南省对口支援1.3亿多元援建新寨，桃坪村旅游业得以重振。2011年，新寨建设完成，各项设施进一步完善。景区初步形成“老文化游（感受羌族文化内涵）+新区休闲游（集食宿、娱乐于一体）”的分区格局。

桃坪村开发较早，发展较快，但在发展过中也存在产品同质化严重、利益分配不均、土地纠纷、旅游从业人员素质低等问题，一定程度上影响了村寨旅游的可持续发展。

附录二　民族村寨旅游可持续发展调查问卷

尊敬的先生/女士：

您好！我们是国家社科基金项目“民族村寨旅游可持续发展的动力机制研究”的调研团队。本次调查仅用于学术研究，将对所填写信息严格保密，请放心填写，请您在认可或赞同的选项上打“√”，感谢您的支持与配合！

（一）被调查者人口学特征

1. 您的性别

□男　　　　□女

2. 您的年龄

□20 岁及以下　　□21—30 岁　　□31—40 岁

□41—60 岁　　□61 岁及以上

3. 您的学历

□小学及以下　　□初中　　□高中/中专

□大专　　□本科及以上

4. 您的家庭年收入

□2 万元以下　　□2 万（含）—3 万元

□3 万（含）—4 万元　　□4 万（含）—5 万元

□5 万元以上

5. 您是否从事旅游相关工作

□是　　□否

（二）民族村寨旅游可持续发展的内在诉求

1. 您希望民族村寨旅游能给您和您的村寨带来怎样的变化？（请您从如下选项中按非常同意、基本同意和不同意进行选择和评判，您也可以根据您的想法对下面的选项进行新的补充）

序号	希望带来的变化	同意	基本同意	不同意
1	对于村寨整体			
1.1	带动产业发展、增强经济实力			
1.2	加快脱贫致富和小康建设			
1.3	改善基础设施和公共服务设施			
1.4	促进民生改善			
1.5	扩大就业渠道			
1.6	促进开放开化			
1.7	提升社会治理			
1.8	促进乡风文明			
1.9	增进社会和谐			
1.10	保护、传承和合理利用民族文化			
1.11	增强民族自尊心、认同感和凝聚力			
1.12	促进文化交流与传播			
1.13	保护和优化原生态聚类环境			
2	对村寨居民			

续表

序号	希望带来的变化	同意	基本同意	不同意
2.1	增加收入，改善生活			
2.2	扩大经营规模			
2.3	提高经营管理能力			
2.4	提高参与机会			
2.5	谋求更好职位，参与村寨管理			
2.6	增强主人翁意识，获得更多尊重			
2.7	扩大视野，增长见识			
2.8	增强民族自尊心和自豪感			
2.9	平安和谐			
2.10	主客友好			
3	需要补充的选项			

2. 您认为民族村寨旅游发展给您和您的村寨带来了哪些实际的变化?（请您从如下选项中按非常同意、基本同意和不同意进行选择和评判，您也可以根据您的判断对下面的选项进行新的补充）

序号	村寨旅游实际带来的变化	同意	基本同意	不同意
1	对于村寨整体			
1.1	带动产业发展、增强经济实力			
1.2	加快脱贫致富和小康建设			
1.3	改善基础设施和公共服务设施			
1.4	促进民生改善			
1.5	扩大就业渠道			
1.6	促进开放开化			
1.7	提升社会治理			
1.8	促进乡风文明			
1.9	增进社会和谐			
1.10	保护、传承和合理利用民族文化			
1.11	增强民族自尊心、认同感和凝聚力			
1.12	促进文化交流与传播			
1.13	保护和优化原生态聚类环境			

续表

序号	村寨旅游实际带来的变化	同意	基本同意	不同意
2	对村寨居民			
2.1	增加收入，改善生活			
2.2	扩大经营规模			
2.3	提高经营管理能力			
2.4	提高参与机会			
2.5	谋求更好职位，参与村寨管理			
2.6	增强主人翁意识，获得更多尊重			
2.7	扩大视野，增长见识			
2.8	增强民族自尊心和自豪感			
2.9	平安和谐			
2.10	主客友好			
3	需要补充的选项			

3. 您认为要保证民族村寨旅游可持续发展，必须要满足哪些条件？（请您从如下选项中按非常不同意、不同意、中立、同意、非常同意进行选择和评判，您也可以根据您的判断对下面的选项进行新的补充）

序号	需要满足的条件（内在诉求）	非常不同意	不同意	中立	同意	非常同意
01	村寨景观极具特色和吸引力					
02	旅游资源能够迎合大众需求					
03	有标志性景观或核心吸引物					
04	有政府的关注和支持					
05	有源源不断的游客到访					
06	有旅游中间商的强力推介					
07	有充足的资金保障					
08	有多元化的融资渠道					
09	合理有效地使用资金					
10	有主题和标志性产品					
11	旅游产品具有持续的品牌影响力					

续表

序号	需要满足的条件（内在诉求）	非常不同意	不同意	中立	同意	非常同意
12	产品适时转型升级					
13	业态多样，充满活力					
14	文旅、农旅等融合程度高					
15	村寨主人翁意识强，有大规模的社区参与					
16	拥有特色产业					
17	民族文化的保护和传承					
18	民族风情多姿多彩，富有特色					
19	合理利用民族文化					
20	村寨生态环境保持良好					
21	整洁优美的村容村貌					
22	和谐平安的社区环境					
23	热情好客，主客友好相处的环境					
24	发展理念与时俱进，具有前瞻性					
25	经营模式不断创新，具有高效性					
26	管理方式切实有效，具有科学性					

（三）民族村寨旅游可持续发展的外显标志

您认为要保证民族村寨旅游可持续发展有哪些主要标志？（请您从如下选项中按非常不同意、不同意、中立、同意、非常同意进行选择和评判，您也可以根据您的判断对下面的选项进行新的补充）

序号	外显标志	非常不同意	不同意	中立	同意	非常同意
01	持久旺盛的旅游人气					
02	良好的旅游口碑					
03	游客良好的旅游体验感受					
04	优质的生态环境					
05	整洁优美的村容村貌					
06	强烈的主客和谐氛围					

续表

序号	外显标志	非常不同意	不同意	中立	同意	非常同意
07	持续增长的旅游规模					
08	持续客观的经济效益					
09	强劲兴旺的产业发展势头					

问卷到此结束。对于您能在百忙之中填写我们的问卷再次表示感谢！

附录三　民族村寨旅游可持续发展访谈提纲

（一）村寨基本概况

1. 村寨人口情况、居民受教育程度、社会经济发展状况（旅游开发前与旅游开发后的社会经济发展状况对比、居民经济收入提升状况及生活水平改善程度）。

2. 村寨主要采取何种发展模式、主要产品及特色项目、游客到访状况、政府支持力度及企业推介强度。

3. 当地村民参与旅游发展状况（当地村民参与旅游人数、参与比例、主要参与事务、在参与旅游发展过程中遇到过哪些问题、主要通过哪些途径来解决）。

（二）旅游发展态势

1. 您是否支持您所在的村寨开发旅游？你这样选择的原因是什么？

2. 您和家人是否从事旅游相关工作？主要从事哪些事务？对该工作内容和收益状况是否满意？

3. 您认为您所处的村寨具有哪些特色？发展旅游的最大优势是什么？

4. 您认为民族村寨旅游的发展是否有利于民族文化的保护、传承和弘扬？具体表现在哪些方面？

5. 您认为旅游开发给村寨带来了哪些好处？造成了什么影响？具体表现在哪些方面？

6. 您能否结合您目前所掌握的信息，谈谈民族村寨旅游发展主要存在哪些方面的问题？

7. 您认为民族村寨旅游实现可持续发展需要具备哪些基本条件？为什么？

8. 您能否结合您目前所了解的村寨状况，谈一谈民族村寨旅游如何实现可持续发展？您将会采取何种措施或者说主要从哪些方面来着手改进？

9. 您认为您所处的村寨旅游发展的整体趋势如何？主要通过哪些方面来进行判断？

10. 您认为民族村寨旅游可持续发展的主要特征是什么？为什么？

11. 您在到访村寨之前是否对该地有所了解？您主要通过哪些形式了解当地情况？

12. 您为什么会选择到该地旅游？

13. 你对在该地的旅游体验感到满意吗？您觉得让您印象最深刻的景点或者感受是什么？

14. 您如何看待当前村寨的旅游发展情况？您主要从哪些方面来判断当前村寨旅游发展状况的好坏？为什么？

15. 如果您对当前村寨比较满意，您在将来可能还会选择到该地来旅游吗？您会向亲朋好友推荐该地吗？

附录四　民族村寨旅游发展影响因素调查问卷

尊敬的先生/女士：

您好！我们是国家社科基金项目《民族村寨旅游可持续发展的动力机制研究》的调研团队。本次调查仅用于学术研究，将对所填写信息严格保密，请放心填写，请您在认可或赞同的选项上打“√”，感谢您的支持与配合！

（一）被调查者人口学特征

1. 您的性别：

A. 男　　B. 女

2. 您的年龄：

A. 20 岁及以下　　B. 21—40 岁　　C. 41—60 岁

D. 61 岁及以上

3. 您的文化程度：

A. 小学及以下　　　　B. 初中至高中（含中专）

C. 大学及以上

4. 您的职业是否与旅游业直接相关：

A. 是　　　　B. 否

5. 您的家庭年收入：

A. 3 万元以下　　　　B. 3 万（含）—5 万元

C. 5 万元以上

（二）影响民族村寨旅游可持续发展因素调查（请在您认为最恰当的评价下打“√”并排序）

序号	影响因素	非常重要	比较重要	一般	不重要	非常不重要	重要程度排序
村寨内部							
01	村寨自然与人文景观是否丰富且具有特色						
02	民族文化是否得到有效保护、传承与合理利用						
03	民族风情是否浓郁并富有特色						
04	村寨聚落环境是否优美且有特色						
05	村容村貌是否整洁卫生						
06	产业发展是否良好						
07	旅游产品是否具有很强吸引力						
08	村寨旅游的综合效益是否明显						
09	完善的基础设施与旅游配套服务设施						
10	强烈的主人翁意识与民族自尊心、自豪感						
11	社区参与程度						
12	高素质的从业人员和高品质的服务						
13	强有力的旅游营销与宣传推广						

续表

序号	影响因素	非常重要	比较重要	一般	不重要	非常不重要	重要程度排序
14	高效有序的经营与管理						
15	良好的社区治安环境						
16	和谐友好的社区氛围						
17	强烈的好客态度与主客友好相处的环境						
18	与时俱进的思想观念与创新精神						
19	科学民主的决策机制与不断完善的规划保障						
村寨外部							
20	政府政策支持与引导性资金投入						
21	外来资本的积极参与和投资						
22	旅游中间商高度关注与积极推广						
23	广泛的对外交流与合作						
24	不断高涨的人气和源源不断的游客来访						
25	良好的品牌效应与市场影响						
26	良好的口碑与深刻的旅游体验						
27	强烈的旅游愿望与美好期待						
28	期望与当地居民友好相处的愿望与态度						

（三）影响民族村寨旅游非可持续发展因素调查（请在您认为最恰当的评价下打“√”并排序）

序号	影响因素	非常认同	比较认同	一般	不认同	非常不认同	认同程度排序
村寨内部							
01	村寨普遍没有特色，没有核心吸引物						

续表

序号	影响因素	非常认同	比较认同	一般	不认同	非常不认同	认同程度排序
02	民族文化得不到保护并遭到破坏						
03	民族文化过度商业化利用						
04	村寨生态环境遭到破坏						
05	没有产业支撑，经济缺乏活力						
06	资金困难，不能保障村寨旅游发展						
07	旅游产品对游客没有吸引力						
08	配套设施与服务落后，旅游从业人员严重不足						
09	村民主人翁意识不强，民族自尊心、自豪感弱						
10	村民社区参与程度不高，参与面窄						
11	思想保守，观念落后，不能与时俱进						
12	缺乏科学管理与规范运营						
13	旅游营销不力，没有效果						
14	社区治安环境不好，对游客不友好						
	村寨外部						
15	政府关注和支持不够						
16	没有外来资本投入或外来资本投入不够						
17	缺乏对外交流与合作						
18	没有旅游品牌或品牌影响力不够						
19	不能激发强烈的旅游愿望与动机						
20	旅游体验感差						

附录五　民族村寨旅游发展影响因素访谈提纲

（一）针对村民

1. 您认为村寨真正吸引游客的东西是什么？

2. 您认为村寨旅游发展是保护了传统文化还是破坏了民族文化？如果破坏了民族文化，原因是什么？

3. 您是否支持村寨旅游发展？如果是，原因是什么？如果不是，原因是什么？

4. 您和家人是否参与村寨旅游发展？具体是以怎样的形式参与？您对目前的旅游收益是否满意？

5. 您认为村寨旅游发展对村寨环境有什么影响？（积极/消极）

6. 您认为目前阻碍村寨旅游可持续发展的因素是什么？

（二）针对相关政府人员、村支书及旅游从业人员等

1. 村寨基本情况

（1）村寨人口，教育，社会经济情况。（着重旅游经济收入比重）

（2）当地有多少人参与旅游经济活动？参与哪些项目？

（3）村民在参与旅游活动的过程中遇到过哪些问题？都是通过哪些途径解决？

（4）村寨旅游采取了怎样的发展模式？

2. 旅游发展情况

（1）您认为村寨发展旅游最大的优势是什么？请评价一下村寨旅游整体的发展状况。

（2）您认为旅游产业的发展对村寨可持续发展必须吗？如果必须，原因是什么？

（3）您认为本村寨旅游可持续发展依赖哪些要素？最重要的是哪些因素？这些要素有没有随时间发生改变？

（4）您认为当前阻碍村寨旅游可持续发展的因素有哪些？最重要的是什么？该因素有没有随时间发生改变呢？

（5）村寨未来将采取哪些措施推进村寨旅游可持续发展？

参考文献

一　中文文献

（一）著作类

［美］爱德华·布鲁纳：《民族旅游：一个族群，三种场景》，载杨慧等《旅游、人类学与中国社会》，云南大学出版社 2001 年版。

保继刚等：《旅游开发研究原理·方法·实践》第 2 版，科学出版社 2003 年版。

［美］贝塔朗菲：《一般系统论基础发展和应用》，清华大学出版社 1987 年版。

邓永进：《民族旅游研究》，南开大学出版社 2009 年版。

甘枝茂、马耀峰：《旅游资源与开发》，南开大学出版社 2000 年版。

高振荣、陈以新：《信息论　系统论　控制论》，解放军出版社 1987 年版。

黄海珠：《民族旅游村寨建设研究》，中国经济出版社 2009 年版。

霍绍周：《系统论》，科学技术文献出版社 1988 年版。

［美］莱切尔·卡逊：《寂静的春天》，科学出版社 1979 年版。

李金早主编：《当代旅游学》，中国旅游出版社 2019 年版。

李天翼：《贵州民族村寨旅游开发模式研究》，西南交通大学出版社 2014 年版。

李天元：《中国旅游可持续发展研究》，南开大学出版社 2004 年版。

刘孝蓉：《文化资本视角下的民族旅游村寨可持续发展研究》，中国旅游出版社 2018 年版。

马林：《民族地区可持续发展论》，民族出版社 2006 年版。

马林、孙丽坤：《民族地区旅游业发展论》，民族出版社 2007 年版。

潘顺安：《中国乡村旅游驱动机制与开发模式研究》，经济科学出版社 2009 年版。

沈祖祥主编：《旅游文化学》，福建人民出版社 2011 年版。

世界旅游组织：《旅游业可持续发展——地方旅游规划指南》，旅游教育出版社 1997 年版。

孙丽坤：《民族地区文化旅游产业可持续发展理论与案例》，中国环境科学出版社 2011 年版。

唐德彪：《民族文化旅游资源产权制度研究》，湖南大学出版社 2009 年版。

王继庆：《中国乡村旅游可持续发展问题研究》，黑龙江人民出版社 2008 年版。

王兆峰：《民族地区旅游扶贫研究》，中国社会科学出版社 2011 年版。

吴必虎：《区域旅游规划原理》，中国旅游出版社 2001 年版。

吴明隆：《SPSS 统计应用实务：问卷分析与应用统计》，科学出版社 2003 年版。

吴忠军：《中国民族旅游研究》（2014 卷），旅游教育出版社 2015 年版。

肖琼著：《民族旅游村寨可持续发展研究》，经济科学出版社 2013 年版。

谢彦君、梁春媚：《旅游营销学》，中国旅游出版社 2008 年版。

杨建春：《基于系统视角的民族村寨旅游发展研究》，科学出版社 2017 年版。

杨维军、李文瑞：《西部民族经济可持续发展研究》，民族出版社 2005 年版。

杨艳辉：《民族地区区域营销研究》，经济科学出版社 2014 年版。

杨主泉：《基于社区参与的生态旅游可持续发展研究》，旅游教育出版社 2013 年版。

叶文：《旅游规划的价值维度：民族文化与可持续旅游开发》，中国环境科学出版社 2006 年版。

张超、喇明清主编：《民族旅游研究与旅游资源调查》，民族出版社 2010 年版。

张河清：《区域民族旅游开发导论》，中国旅游出版社 2005 年版。

张建萍：《生态旅游理论与实践》，中国旅游出版社 2001 年版。

（二）文章类

《120 个自治县（旗）经济社会发展形势如何？大数据告诉你》，2018 年 6 月 8 日，搜狐网，https：//www. sohu. com/a/234610286_100017691，2020 年 12 月 28 日。

保继刚：《历史城镇的旅游商业化研究》，《地理学报》2004 年第 3 期。

蔡菲：《中美医院信息公开体系研究》，硕士学位论文，华中科技大学，2017 年。

蔡礼彬、宋莉：《旅游者幸福感研究述评：基于扎根理论研究方法》，《旅游学刊》2020 年第 5 期。

曹承娥：《民族村寨旅游发展动力机制研究》，硕士学位论文，中南民族大学，2013 年。

曹端波、陈菓：《西部民族地区乡村旅游中的环境问题与可持续发展》，《生态经济》2008 年第 10 期。

曹端波、刘希磊：《民族村寨旅游开发存在的问题与发展模式的转型》，《经济问题探索》2008 年第 10 期。

曹希敬：《系统论视角下的科研项目管理研究》，《科研管理》2020 年第 9 期。

曹兴平：《民族村寨旅游社区参与内生动力实证研究》，《贵州民族研究》2016 年第 3 期。

陈宏辉：《企业的利益相关者理论与实证研究》，博士学位论文，浙江大学，2003 年。

陈佳等：《乡村旅游开发对农户生计和社区旅游效应的影响——旅游开发模式视角的案例实证》，《地理研究》2017 年第 9 期。

陈坤秋等：《乡村旅游发展动力机制研究》，《特区经济》2014 年第 8 期。

陈莉莉等：《少数民族特色村寨开发村民受益机制研究——以西江千户苗寨为例》，《民族论坛》2011 年第 20 期。

陈香香：《乡村振兴视野下的民族村寨旅游发展研究——以贞丰县纳孔村为例》，《大众文艺》2019 年第 24 期。

陈燕：《不同生命周期阶段民族旅游地居民对旅游影响的感知与态度——基于傣族、哈尼族村寨的比较研究》，《黑龙江民族丛刊》2012 年第 4 期。

陈燕利：《乡村振兴视野下民族特色村寨的品牌传播策略探析——以来凤县杨梅古寨为例》，《传播与版权》2020 年第 2 期。

陈志永等：《关于少数民族村寨旅游开发中的几个问题》，《黑龙江民族丛刊》2011 年第 3 期。

陈志永等：《贵州乡村旅游开发天龙模式和郎德模式的比较》，《贵州农学》2009 年第 6 期。

陈志永、梁玉华：《民族村寨旅游地衰落研究：以贵阳市镇山村为例》，《云南社会科学》2007 年第 1 期。

谌文：《主客关系研究：乡村旅游研究新视角》，《产业与科技论坛》2008 年第 7 期。

楚永生：《利益相关者理论最新发展理论综述》，《聊城大学学报》（社会科学版）2004 年第 2 期。

崔玉范：《关于民族文化旅游资源收益权问题的思考》，《黑龙江民族丛刊》2009 年第 2 期。

崔玉范：《赫哲族传统文化与民族文化旅游可持续发展研究》，博士学位论文，山东大学，2009 年。

邓超颖、张建萍：《生态旅游可持续发展动力系统研究》，《林业资源管理》2012 年第 6 期。

邓辉、郭碧君：《民族旅游村寨精准扶贫的产业形态与经营模式——基于湖北武陵山片区两个典型民族旅游村寨的调查》，《中南民族大学学报》（人文社会科学版）2020 年第 6 期。

邓辉、刘素：《民族村寨旅游中社区参与状况的调查与思考——基于武陵山区两个民族旅游村寨的比较研究》，《中南民族大学学报》（人文社会科学版）2017 年第 1 期。

邓辉：《生态家园：文化遗产型特色民族村寨发展的有效模式——基于武陵山区彭家寨的调查》，《中南民族大学学报》（人文社会科学版）2014 年第 5 期。

邓辉、王健：《我国民族村寨旅游研究综述——基于 CITESPACE 软件和 CNKI 数据库》，《武汉商学院学报》2017 年第 3 期。

邓辉：《转变发展方式背景下特色民族村寨发展模式的调整与转型——以湖北省恩施市枫香坡侗族村寨为例》，《中南民族大学学报》（人文社会科学版）2012 年第 5 期。

丁健、彭华：《民族旅游开发的影响因素分析》，《经济地理》2002 年第 1 期。

丁敏、李宏：《旅游社区增权理论研究综述》，《首都师范大学学报》（自然科学版）2016 年第 3 期。

丁义旺：《乡村旅游开发中存在的问题与对策》，《旅游纵览（下半月）》2019 年第 2 期。

丁运超：《我国乡村旅游业的发展现状与前景》，《安徽农业科学》2009 年第 3 期。

丁政钧：《HSL 旅游公司景区经营中利益相关者协调机制构建研究》，硕士学位论文，安徽大学，2019 年。

杜江、向萍：《关于乡村旅游可持续发展的思考》，《旅游学刊》1999 年第 1 期。

范莉娜等：《精准扶贫战略下民族传统村落居民旅游支持中的特性剖析——基于黔东南三个侗寨的实证研究》，《贵州民族研究》2019 年第 8 期。

付俊文、赵红：《利益相关者理论综述》，《首都经济贸易大学学报》2006 年第 2 期。

方行明等：《可持续发展理论的反思与重构》，《经济学家》2017 年第 3 期。

方堃等：《广西民族地区民族村寨旅游开发主要利益相关者利益诉求研究》，《旅游纵览（下半月）》2017 年第 8 期。

方仁：《西双版纳傣族园村寨旅游景观浅析》，《广东园林》2007年第6期。

费广玉、陈志永：《民族村寨社区政府主导旅游开发模式研究——以西江千户苗寨为例》，《贵州教育学院学报》2009年第6期。

冯卓、刘元晨：《促进辽宁旅游业发展的财政支持及对策建议》，《沈阳大学学报》2016年第3期。

高必美：《乡村振兴背景下彝区旅游发展问题思考——以威宁县板底乡民族特色村寨建设为例》，《广西质量监督导报》2019年第10期。

高宇：《民族地区旅游资源开发融资与民营资本进入研究》，硕士学位论文，中南民族大学，2013年。

龚娜：《贵州民族地区乡村旅游可持续发展探析》，《贵州民族研究》2010年第2期。

龚伟：《国内城市旅游驱动机制研究综述》，《桂林旅游高等专科学校学报》2006年第3期。

顾佳琪：《贵州少数民族村寨智慧旅游发展研究》，硕士学位论文，贵州大学，2014年。

顾涛：《中国民俗旅游的可持续发展研究》，硕士学位论文，广西师范大学，2002年。

《关于促进乡村旅游可持续发展的指导意见》，2018年12月31日，中国政府网，http：//www.gov.cn/zhengce/zhengceku/2018-12/31/content_5433069.htm，2020年12月28日。

《关于进一步促进旅游投资和消费的若干意见》，2015年8月11日，中国政府网，http：//www.gov.cn/zhengce/content/2015-08/11/content_10075.htm，2020年12月28日。

光映炯：《旅游人类学再认识——兼论旅游人类学理论研究现状》，《思想战线》2002年第6期。

《贵州西江千户苗寨："用美丽回答一切"》，2020年7月4日，中国新闻网，https：//baijiahao.baidu.com/s?id=1673098427230733418&wfr=spider&for=pc，2020年12月28日。

郭晶、郭立格：《湘西德夯等民族村寨旅游发展研究》，《怀化学院学报》2008年第3期。

郭焕成、韩非：《中国乡村旅游发展综述》，《地理科学进展》2010年第12期。

郭绍均：《系统学理论在思想政治教育中的应用研究》，硕士学位论文，兰州大学，2014年。

郭纹廷：《西部少数民族地区脱贫攻坚的困境及对策研究》，《天津师范大学学报》（社会科学版）2019年第5期。

《国家民委关于印发少数民族特色村寨保护与发展规划纲要（2011—2015年）的通知》，2012年12月7日，中华人民共和国国家民族事务委员会，https：//www.neac.gov.cn/seac/xwzx/201212/1003273.shtml，2020年12月28日。

《国务院办公厅关于促进全域旅游发展的指导意见》，2018年3月22日，中国政府网，http：//www.gov.cn/zhengce/content/2018-03/22/content_5276447.htm，2020年12月28日。

《国务院关于促进旅游业改革发展的若干意见》，2014年8月21日，中国政府网，http：//www.gov.cn/zhengce/content/2014-08/21/content_8999.htm，2020年12月28日。

韩娜：《青山关景区旅游产品生命周期分析及结构优化研究》，硕士学位论文，燕山大学，2013年。

何景明：《边远贫困地区民族村寨旅游发展的省思——以贵州西江千户苗寨为中心的考察》，《旅游学刊》2010年第2期。

何景明：《国外乡村旅游研究述评》，《旅游学刊》2003年第1期。

何景明、李立华：《关于“乡村旅游”概念的探讨》，《西南师范大学学报》（人文社会科学版）2002年第5期。

何来晨：《国内外旅游可持续发展文献综述》，《旅游纵览（下半月）》2016年第1期。

何雷、朱创业：《原生态村寨旅游可持续开发策略研究——以泸定县岚安乡为例》，《技术与市场》2012年第11期。

何梅青：《民族旅游村寨传统文化利用—保护预警的比较研究——以青海小庄村和拉斯通村为例》，《湖北民族学院学报》（哲学社会科学版）2017年第6期。

何敏：《基于增权理论的民族旅游地区贫困人口受益机制研究》，

硕士学位论文，西南科技大学，2015 年。

何明：《当下民族文化保护与开发的复调逻辑——基于少数民族村寨旅游与艺术展演实践的分析》，《云南师范大学学报》（哲学社会科学版）2008 年第 1 期。

贺丹：《民族文化村寨旅游开发建设对策探讨——以贵州省为例》，《广西民族研究》2009 年 4 月。

贺能坤：《旅游开发中民族文化变迁的三个层次及其反思——基于贵州省黎平县肇兴侗寨的田野调查》，《广西民族研究》2009 年第 3 期。

侯宇阳：《山东省 G 县 Y 镇农民宅基地换楼意愿研究》，硕士学位论文，中国地质大学（北京），2019 年。

胡海军：《基于可持续发展理论的乡村旅游发展模式及策略研究》，硕士学位论文，浙江海洋学院，2015 年。

《胡锦涛在中国共产党第十八次全国代表大会上的报告》，2012 年 11 月 17 日，新华社，http：//www.gov.cn/ldhd/2012-11/17/content_2268826.htm，2020 年 12 月 28 日。

胡艳华：《系统论方法在思想政治教育中的应用》，硕士学位论文，遵义医学院，2012 年。

胡艳丽：《民族村寨旅游可持续发展的路径研究——基于贵州“西江千户苗寨”的调查报告》，《民族论坛》2012 年第 24 期。

黄成华：《旅游驱动下民族村寨的文化认同研究》，《贵州民族研究》2016 年第 1 期。

黄海珠：《民族旅游村寨建设研究》，博士学位论文，中央民族大学，2007 年。

黄亮：《浅析少数民族村寨旅游发展理念》，《资源开发与市场》2009 年 7 月。

黄萍、王元珑：《创建四川民族文化生态旅游可持续发展模式研究》，《西南民族大学学报》（人文社会科学版）2005 年第 8 期。

贾娜：《产权理论研究综述》，《法制与社会》2010 年第 21 期。

贾玉成：《旅游区域一体化动力机制研究》，《改革与战略》2005 年第 6 期。

姜钰、贺雪涛：《基于系统动力学的林下经济可持续发展战略仿真分析》,《中国软科学》2014 年第 1 期。

蒋焕洲:《贵州民族村寨旅游发展现状、问题与对策研究》,《广西财经学院学报》2010 年第 2 期。

蒋艳:《关于欠发达地区社区参与旅游收益分配的探讨》,《重庆交通学院学报》(社会科学版)2004 年第 3 期。

金红磊、和慧英:《社会组织参与少数民族特色村寨保护:实践价值与应对策略》,《黑龙江民族丛刊》2020 年第 4 期。

金颖若:《试论贵州民族文化村寨旅游》,《贵州民族研究》2002 年第 1 期。

靳诚等:《长三角区域旅游合作演化动力机制探讨》,《旅游学刊》2006 年第 12 期。

寇晨欢等:《物流基础设施与人力资源驱动区域经济发展的实证》,《统计与决策》2019 年第 6 期。

雷世敏:《少数民族村寨旅游开发面临的困境及治理措施——以四川阿坝州理县桃坪羌寨为例》,《大连民族学院学报》2013 年第 2 期。

李承来:《村寨生态旅游可持续发展研究——以黔东南苗侗村寨建筑为例》,《黑龙江民族丛刊》2010 年第 1 期。

李德明、程久苗:《乡村旅游与农村经济互动持续发展模式与对策探析》,《人文地理》2005 年第 3 期。

李东和等:《区域旅游发展中目的地居民参与问题研究》,《人文地理》2004 年第 3 期。

李甫:《贵州少数民族村寨旅游业发展的困境与对策研究——以花溪区镇山村为例》,《贵州民族研究》2016 年第 2 期。

李江帆等:《旅游业的产业关联和产业波及分析——以广东为例》,《旅游学刊》2001 年第 3 期。

李金发:《旅游经济与民族村寨文化整合——以云南红河州慕善彝村为例》,《西南民族大学学报》(人文社会科学版)2011 年第 3 期。

李乐京:《民族村寨旅游地利益主体分析及协调策略初探》,《贵阳学院学报》(社会科学版)2013 年第 4 期。

李乐京:《民族村寨旅游开发中的利益冲突及协调机制研究》,《生态经济》2013 年第 11 期。

李林岭等：《民族旅游村寨空间生产及地方意义研究综述》，《旅游纵览（下半月）》2018 年第 20 期。

李培英：《基于增权理论的民族地区村寨旅游发展研究——以元阳哈尼梯田景区为例》，《学术探索》2017 年第 6 期。

李强：《贵州少数民族村寨文化保护思考——基于过度开发视角的分析》，《贵州民族大学学报》（哲学社会科学版）2015 年第 3 期。

李秋成等：《社区人际关系、人地关系对居民旅游支持度的影响——基于两个民族旅游村寨样本的实证研究》，《商业经济与管理》2015 年第 3 期。

李涛：《中国乡村旅游投资发展过程及其主体特征演化》，《中国农村观察》2018 年第 4 期。

李天翼、孙美璆：《“工分制”民族村寨旅游开发模式成因的文化生态学探析——以贵州省雷山县上郎德村为个案》，《黑龙江民族丛刊》2010 年第 6 期。

李天翼：《镇山村“家庭主导型”民族村寨旅游开发模式成因分析》，《安徽农业科学》2011 年第 17 期。

李溼：《谈民族村寨旅游社区利益保障制度系统的研究结构》，《旅游纵览（下半月）》2015 年第 4 期。

李燕妮、王嘉：《关于渝东南民族村寨旅游发展的几点思考》，《经济视角（中旬）》2012 年第 4 期。

李忠斌等：《基于产权视角下的民族文化旅游可持续发展研究》，《中南民族大学学报》（人文社会科学版）2016 年第 5 期。

李忠斌、郑甘甜：《论少数民族特色村寨建设中的文化保护与发展》，《广西社会科学》2014 年第 11 期。

梁爱文、周灿：《非物质文化遗产保护与传承下的民族村寨旅游发展探究——以云南三台山德昂族乡出冬瓜村为例》，《黑龙江民族丛刊》2014 年第 2 期。

梁玉华：《少数民族村寨生态旅游开发与旅游可持续发展探讨——以贵阳花溪镇山村旅游开发为例》，《生态经济》2007 年第 5 期。

廖军华：《民族村寨旅游环境问题探析》，《湖北农业科学》2011 年第 13 期。

廖军华、余三春：《基于“绿色+”理念的民族地区村寨旅游转型升级研究》，《生态经济》2018 年第 1 期。

林菁：《广西少数民族村寨旅游可持续发展对策探析》，《旅游纵览（下半月）》2015 年第 14 期。

林龙飞：《环境哲学与旅游可持续发展理论研究综述》，《求索》2006 年第 10 期。

刘洪丽：《基于利益相关者的村寨旅游开发模式研究》，《消费导刊》2008 年第 17 期。

刘晖：《民族旅游开发与非物质文化遗产的保护和传承——以青海互助土族自治县小庄村为例》，《中南民族大学学报》（人文社会科学版）2013 年第 4 期。

刘涛、徐福英：《新农村建设中乡村旅游可持续发展动力研究》，《安徽农业科学》2010 年第 4 期。

刘旺等：《少数民族村寨旅游开发中的“公地悲剧”及其对策研究——以丹巴县甲居藏寨为例》，《开发研究》2008 年第 1 期。

刘孝蓉：《文化资本视角下的民族旅游村寨可持续发展研究》，博士学位论文，中国地质大学，2013 年。

刘云等：《家庭主导型民族村寨旅游现状调查研究分析——以雅安宝兴跷碛藏寨为例》，《旅游纵览》（下半月）2013 年第 1 期。

刘韫：《困境与选择：民族村寨旅游的社区参与研究》，《青海社会科学》2008 年第 2 期。

刘宗坤：《乡村旅游发展中地方政府职能研究》，硕士学位论文，河南师范大学，2016 年。

龙江智、保继刚：《城市旅游发展的动力：理论分析与案例研究》，《中国人口·资源与环境》2005 年第 1 期。

卢宏：《我国民族村寨旅游综述》，《贵州民族研究》2008 年第 1 期。

罗剑宏、叶卉宇：《民族旅游村寨可持续发展困境及路径探讨》，《中华文化论坛》2016 年第 10 期。

罗守贵、曾尊固：《可持续发展研究述评》，《南京大学学报》（哲学·人文科学·社会科学版）2002 年第 2 期。

罗阳：《振兴乡村旅游服务脱贫攻坚》，《贵州日报》2020 年 5 月 20 日第 9 版。

罗永常：《合理增权、有效参与与利益协调——基于多理论场域的民族村寨旅游发展再思考》，《贵州民族研究》2020 年第 8 期。

罗永常：《民族村寨旅游发展问题与对策研究》，《贵州民族研究》2003 年第 2 期。

罗永常：《民族村寨社区参与旅游开发的利益保障机制》，《旅游学刊》2006 年第 10 期。

罗永常：《黔东南民族文化旅游资源开发现状分析与对策研究》，《贵州民族研究》2004 年第 3 期。

罗永常：《试论民族村寨旅游的特征与开发原则》，《黔东南民族师范高等专科学校学报》2005 年第 6 期。

罗永常：《乡村旅游社区参与研究——以贵州雷山县郎德村为例》，《贵州师范大学学报》（自然科学版）2005 年第 4 期。

吕秋琳：《增权理论视角下社区参与乡村旅游可持续发展研究》，硕士学位论文，山东大学，2012 年。

马德明：《欠发达地区政府行为公共性弱化探析》，《青海民族研究》2007 年第 3 期。

马东艳：《民族村寨旅游发展中主要社会问题研究》，《贵州民族研究》2015 年第 6 期。

马静、田利红：《民族村寨深度旅游资源的开发与对策研究——以台江县施洞镇为例》，《贵州师范学院学报》2018 年第 2 期。

马晓京：《西部地区民族旅游开发与民族文化保护》，《旅游学刊》2000 年第 5 期。

孟娇娇：《乡村旅游发展动力机制研究》，《经济研究导刊》2009 年第 8 期。

苗红：《民族地区社区参与旅游发展系统研究》，《桂林旅游专科学校学报》2003 年第 2 期。

苗涛：《农村隔代家长的陪读困境及小组工作的介入》，硕士学位论文，山东大学，2016 年。

年四锋、李东和：《国内关于旅游发展动力机制研究述评》，《资源开发与市场》2011 年第 2 期。

聂欣晗：《智慧旅游视角下民族村寨旅游提升策略研究》，《贵州民族研究》2018 年第 2 期。

牛文元：《中国可持续发展的理论与实践》，《中国科学院院刊》2012 年第 3 期。

潘顺安：《中国乡村旅游驱动机制与开发模式研究》，博士学位论文，东北师范大学，2007 年。

彭华：《关于城市旅游发展驱动机制的初步思考》，《人文地理》2000 年第 1 期。

彭华：《旅游发展驱动机制及动力模型探析》，《旅游学刊》1999 第 6 期。

朴宁：《民族地区旅游投资中的制度和机制创新》，《西部法学评论》2008 年第 1 期。

齐昊、孙诚钰：《乡村振兴战略背景下我国边疆民族地区旅游业发展问题研究——基于云南省两个民族村寨的分析》，《中共郑州市委党校学报》2019 年第 3 期。

《黔东南：乡村旅游助推乡村振兴》，2020 年 10 月 6 日，《贵州日报》，http：//whhly. guizhou. gov. cn/xwzx/szdt/202010/t20201016_64131996. html，2020 年 12 月 28 日。

屈斐：《西方产权理论研究综述》，《知识经济》2013 年第 6 期。

任友：《民族村寨旅游可持续发展研究》，《合作经济与科技》2018 年第 24 期。

任耘：《基于利益相关者理论的民族村寨旅游开发研究——以四川理县桃坪羌寨为例》，《贵州民族研究》2013 年第 2 期。

沈建芳、姚华锋：《关于产权理论的研究综述》，《沿海企业与科技》2005 年第 5 期。

石玉昌：《侗族村寨旅游开发的文化风险与对策研究》，《民族论坛》2015 年第 9 期。

舒伯阳、黄猛：《体验链条产业化：旅游吸引物构建的一种系统方法——基于新疆博尔塔拉温泉县的个案研究》，《人文地理》2013 年第 4 期。

宋子千：《也论区域旅游合作的动力机制——兼与靳诚等同志商榷》，《旅游学刊》2008 年第 2 期。

孙九霞、保继刚：《从缺失到凸显：社区参与旅游发展研究脉络》，《旅游学刊》2006 年第 7 期。

孙九霞、保继刚：《社区参与的旅游人类学研究：阳朔遇龙河案例》，《广西民族学院学报》（哲学社会科学版）2005 年第 1 期。

孙九霞、刘相军：《生计方式变迁对民族旅游村寨自然环境的影响——以雨崩村为例》，《广西民族大学学报》（哲学社会科学版）2015 年第 3 期。

孙九霞、吴丽蓉：《龙脊梯田社区旅游发展中的利益关系研究》，《旅游论坛》2013 年第 6 期。

孙田雨：《推拉理论视角下的“洋高考”热研究》，硕士学位论文，华中师范大学，2019 年。

孙向前：《困境与路径：民族村寨旅游社区参与的问题研究》，硕士学位论文，广西民族大学，2014 年。

孙云娟：《少数民族地区生态文化旅游发展——以恩施土家族吊脚楼村寨为例》，《社会科学家》2020 年第 4 期。

覃江华：《旅游地生命周期研究综述》，《中南民族大学学报》（人文社会科学版）2005 年第 1 期。

谭双英：《基于增权理论的三亚西岛渔村旅游发展对策研究》，硕士学位论文，海南热带海洋学院，2019 年。

唐欢：《民族旅游村寨文化景观真实性感知比较研究》，硕士学位论文，四川师范大学，2016 年。

唐杰锋：《湘西民族地区村寨旅游利益相关者利益分配研究》，《商场现代化》2013 年第 6 期。

唐玲萍：《少数民族地区旅游发展与社区参与的互动研究》，《玉溪师范学院学报》2006 年第 2 期。

陶玉霞：《旅游的空间公平问题与乡村旅游的三级概念》，《河南师范大学学报》（哲学社会科学版）2009 年第 2 期。

田敏、邓小艳：《近十年国内民族村寨旅游开发与民族文化保护和传承研究述评》，《中南民族大学学报》（人文社会科学版）2012 年第

6 期。

田艳：《民族村寨旅游开发中的利益补偿制度研究》，《广西民族研究》2010 年第 4 期。

万维维：《基于系统论的新疆乡土地理教学资源开发研究》，硕士学位论文，石河子大学，2020 年。

汪俊、朱晓辉：《以企业为主体的民族村寨旅游开发模式的思考——以云南省西双版纳傣族园景区为案例》，《经济研究导刊》2012 年第 5 期。

王彩霞：《基于居民感知的少数民族特色村寨旅游发展实证研究》，硕士学位论文，西北师范大学，2019 年。

王冬丽：《社会主要矛盾的变化对民族地区精准扶贫工作提出新要求》，《中国民族报》2018 年 8 月 17 日第 7 版。

王富玉：《可持续旅游的理论与实践》，《管理世界》1999 年第 4 期。

王虹等：《民族村寨文化空间保护与旅游可持续发展新探》，《湖北民族学院学报》（哲学社会科学版）2011 年第 5 期。

王洪涛等：《民族村寨旅游开发中社区利益补偿问题研究》，《南宁师范大学学报》（哲学社会科学版）2019 年第 6 期。

王洁：《旅游业可持续性发展理论与西部旅游发展对策》，《求实》2004 年第 4 期。

王凯军：《现代西方产权理论研究综述》，《合作经济与科技》2015 年第 20 期。

王宁、沈青青：《图书馆创客空间可持续发展驱动因素识别及模型构建——基于扎根理论的实证分析》，《图书馆工作与研究》2020 年第 5 期。

王琼英、冯学钢：《乡村旅游研究综述》，《北京第二外国语学院学报》2006 年第 1 期。

王汝辉：《巴泽尔产权模型在少数民族村寨资源开发中的应用研究——以四川理县桃坪羌寨为例》，《旅游学刊》2009 年第 5 期。

王文倩：《甘肃省连片贫困地区地域分异特征下的贫困影响因子分析》，硕士学位论文，兰州大学，2019 年。

王雯雯：《广西少数民族村寨旅游可持续发展对策研究》，《科技资讯》2006 年第 18 期。

王秀芬：《可持续发展由来与涵义研讨之述评》，《内蒙古社会科学》（汉文版）2000 年第 4 期。

王旭科：《城市旅游发展动力机制的理论与实证研究》，博士学位论文，天津大学，2008 年。

王兆峰、杨琴：《基于产权理论的民族文化旅游产业品牌发展研究》，《贵州民族研究》2010 年第 1 期。

韦鑫、王小辉：《基于社区参与理论的西安乡村旅游经营模式选择研究》，《科技展望》2015 年第 6 期。

魏玉芝等：《基于扎根理论的网红旅游目的地旅游体验质量评价研究》，《资源开发与市场》2020 年第 6 期。

文晓国等：《论特色村寨建设中社区居民利益保障机制及实现方式》，《贵州民族研究》2016 年第 5 期。

吴必虎、余青：《中国民族文化旅游开发研究综述》，《民族研究》2000 年第 4 期。

吴昌良等：《影响民族村寨旅游业持续发展因素综合分析——以黎平肇兴侗寨为例》，《贵州教育学院学报》2008 年第 3 期。

吴国琴：《乡村旅游引导美丽乡村建设研究——以河南省信阳市郝堂村为例》，《信阳农林学院学报》2015 年第 1 期。

吴倩：《民族地区大中型旅游企业上市融资问题研究——以贵州省为例》，《贵州民族研究》2012 年第 5 期。

吴莎：《贵州乡村旅游发展现状分析及对策研究——以典型村寨发展为例》，《贵州大学学报》（社会科学版）2009 年第 2 期。

吴宣恭：《马克思主义产权理论与西方现代产权理论比较》，《经济学动态》1999 年第 1 期。

吴学成等：《民族村寨旅游发展的动力机制系统研究》，《生态经济》2014 年第 1 期。

吴忠军等：《民族社区旅游利益分配与居民参与有效性探讨——以桂林龙胜龙脊梯田景区平安寨为例》，《广西经济管理干部学院学报》2005 年第 3 期。

吴忠军、潘福之：《基于产权理论的乡村旅游与农民增收研究——以贵州天龙屯堡为例》，《广西师范大学学报》（哲学社会科学版）2014年第1期。

吴忠军、潘福之：《民族旅游开发中农民利益问题研究——以龙脊梯田平安壮寨为例》，《安徽农业科学》2013年第13期。

武晓英、李伟：《从社区参与层面探讨民族旅游的可持续发展问题——以云南省西双版纳为例》，《资源开发与市场》2012年第6期。

《西江千户苗寨驻贵阳办事处揭牌　2018年景区游客达600万》，2019年1月22日，中新网贵州，http：//www.gz.chinanews.com/content/2019/01-22/88032.shtml，2020年12月28日。

《习近平：决胜全面建成小康社会　夺取新时代中国特色社会主义伟大胜利——在中国共产党第十九次全国代表大会上的报告》，2017年10月27日，新华社，http：//www.gov.cn/zhuanti/2017-10/27/content_52 34876.htm，2020年12月28日。

《习近平：在决战决胜脱贫攻坚座谈会上的讲话》，2020年3月6日，新华社，http：//www.gov.cn/xinwen/2020-03/06/content_54881 75.htm，2020年12月28日。

向明：《基于社区居民感知与态度的民族村寨旅游发展研究》，硕士学位论文，陕西师范大学，2008年。

肖琼：《民族村寨旅游环境困境及路径选择》，《广西民族研究》2009年第4期。

肖琼：《我国民族旅游村寨经济类型研究》，《广西民族研究》2011年第3期。

肖琼：《我国民族旅游村寨研究综述》，《西南民族大学学报》（人文社会科学版）2009年第6期。

肖琼、赵培红：《我国民族旅游村寨利益相关者行为分析》，《西南民族大学学报》（人文社会科学版）2012年第9期。

谢萍、朱德亮：《论人类学视角下民族村寨旅游可持续发展模式》，《贵州民族研究》2014年第6期。

谢志敏：《民族村寨旅游品牌塑造研究》，硕士学位论文，吉首大学，2018年。

《新华社受权发布2013年中央一号文件》，2015年1月31日，新华社，http：//www.gov.cn/jrzg/2013-01/31/content_2324293.htm，2020年12月28日。

邢雅楠：《旅游投资研究》，硕士学位论文，天津大学，2011年。

熊礼明、薛其林：《社区参与民族村寨旅游发展的困境和思路》，《长沙大学学报》2018年第3期。

熊礼明、周丽洁：《乡村振兴背景下我国民族村寨旅游发展探讨》，《长沙大学学报》2019年第6期。

徐福英：《滨海旅游可持续发展的基本框架与典型类型研究》，博士学位论文，青岛大学，2015年。

徐林强、童逸璇：《各类资本投资乡村旅游的浙江实践》，《旅游学刊》2018年第7期。

徐燕等：《民族村寨乡村旅游开发与民族文化保护研究——以黔东南苗族侗族自治州肇兴侗寨为例》，《贵州师范大学学报》（自然科学版）2012年第4期。

徐燕、石秀莲：《不同旅游开发阶段民族村寨民族文化保护及影响因素研究——以贵州省肇兴侗寨和三宝侗寨为例》，《安徽农业科学》2019年第15期。

徐永志：《民俗风情：民族村寨旅游可持续发展的着力点》，《旅游学刊》2006年第3期。

许建：《湘西民族村寨旅游发展问题与对策》，《合作经济与科技》2011年第20期。

《严金明：脱贫攻坚与乡村振兴有序推进的三大关键》，2020年11月26日，中宏网，https：//www.zhonghongwang.com/show-279-188717-1.html，2020年12月28日。

颜燕：《基于互联网+民宿的村落发展新模式研究——以海南中部地区少数民族村落为例》，《现代商业》2016年第30期。

杨昌儒、潘梦澜：《贵州民族文化村寨旅游发展问题与对策研究》，《贵州民族学院学报》（哲学社会科学版）2004年第5期。

杨传鸣：《基于旅游感知的黑龙江省森林旅游可持续发展研究》，博士学位论文，东北农业大学，2017年。

杨汇敏：《基于产业投资基金的旅游投融资模式研究》，硕士学位论文，对外经济贸易大学，2017 年。

杨军辉、李同昇：《民族旅游地游客民族文化补偿认知与支付意愿——以贵州西江千户苗寨为例》，《干旱区资源与环境》2016 年第 5 期。

杨军：《中国乡村旅游驱动力因子及其系统优化研究》，《旅游科学》2006 年第 4 期。

杨磊：《基于产品生命周期理论的济南植物园营销策略研究》，硕士学位论文，山东建筑大学，2019 年。

杨秀平等：《城市旅游环境系统韧性的系统动力学研究——以兰州市为例》，《旅游科学》2020 年第 2 期。

杨杨昇等：《近十年国内外民族旅游研究综述》，《广西民族大学学报》（哲学社会科学版）2008 年第 1 期。

杨洋等：《乡村旅游发展动力机制研究——黄山市实证分析》，《资源开发与市场》2011 年第 10 期。

杨乙元、张昌爱：《农村“三变”改革与民族特色村寨体育旅游融合发展路径研究》，《六盘水师范学院学报》2020 年第 32 期。

杨媛媛：《基于文化传承视角的三宝千户侗寨旅游可持续发展研究》，硕士学位论文，华北水利水电大学，2018 年。

杨正文：《民族文化生态村——传统文化保护的云南实践》，《中国民族文博》2010 年第 3 辑。

姚海琴：《乡村旅游业发展对农村劳动力就业的影响研究》，博士学位论文，浙江大学，2014 年。

姚旻等：《散居型村寨旅游“共生”发展机制与培育路径》，《贵州民族研究》2019 年第 12 期。

姚治国等：《国外乡村旅游研究透视》，《经济地理》2007 年第 6 期。

叶春、陈志永：《基于耗散结构理论的民族村寨旅游业可持续发展研究》，《安徽农业科学》2008 年第 24 期。

叶春等：《民族村寨社区参与旅游可持续发展的规划行动方案设计》，《贵州农业科学》2009 年第 8 期。

叶春等：《社区参与视角下民族村寨旅游可持续发展评估》，《生态经济》2009年第9期。

叶红：《乡村旅游发展的动力机制研究——以成都市乡村旅游发展为例》，《农村经济》2007年第10期。

于会霞：《民族村寨旅游可持续发展研究》，《旅游纵览》（下半月）2012年第9期。

余达忠、陆燕：《原生态文化资源的旅游开发——兼论民族旅游的发展》，《凯里学院学报》2015年第1期。

袁国宏等：《旅游动力系统的状态与权变管理》，《软科学》2008年第10期。

袁国宏、郭强：《旅游动力系统结构研究》，《商业研究》2011年第3期。

袁尧清等：《民族村寨旅游发展问题及对策探讨——以靖州苗族侗族自治县地笋苗寨为例》，《商业经济》2020年第8期。

臧运洪等：《贫困大学生积极心理品质量表的结构验证》，《心理学探新》2017年第5期。

张波等：《系统动力学简介及其相关软件综述》，《环境与可持续发展》2010年第2期。

张城铭、张涵：《基于Logistic模型对TALC模型各阶段的定量划分——兼论美国十大国家公园的旅游生命周期模式》，《旅游学刊》2017年第6期。

张春香、刘志学：《基于系统动力学的河南省文化旅游产业分析》，《管理世界》2007年第5期。

张鸽娟：《系统动力学视角下陕西传统村落营建的多方参与机制及效应分析》，《城市发展研究》2020年第10期。

张莞：《乡村振兴战略下羌族村寨旅游发展困境与对策研究——基于对四川省茂县坪头羌寨和牟托羌寨的村民感知调查》，《世界农业》2018年第8期。

张海燕、李岚林：《基于和谐社会建设的西南民族地区旅游产业利益相关者利益冲突与协调研究》，《贵州民族研究》2011年第6期。

张宏梅、陆林：《近10年国外旅游动机研究综述》，《地域研究与开发》2005 年第 2 期。

张华明、滕健：《民族村寨旅游开发的 CCTV 模式——以西双版纳“中缅第一寨”勐景来为例》，《贵州民族研究》2006 年第 3 期。

张洁、杨桂华：《社区居民参与旅游积极性的影响因素调查研究》，《生态经济》2005 年第 10 期。

张俊、程励：《旅游发展与居民幸福：基于系统动力学视角》，《旅游学刊》2019 年第 8 期。

张丽丽等：《基于系统动力学的新疆旅游业可持续发展研究》，《管理评论》2014 年第 7 期。

张美英：《区域旅游可持续发展及其评价研究》，博士学位论文，中国科学院研究生院（广州地球化学研究所），2006 年。

张奇：《旅游投资效益指标体系分析》，《旅游纵览（下半月）》2014 年第 3 期。

张晓等：《民族地区旅游扶贫多主体参与模式探析——以四川省马边彝族自治县为例》，《地域研究与开发》2018 年第 2 期。

张亚芳：《基于社区参与的西北民族村寨旅游开发——以扎尕那为例》，《社科纵横》2019 年第 1 期。

张英等：《民族地区旅游就业效应研究——以湖南凤凰县为例》，《湖南社会科学》2012 年第 3 期。

张月雯等：《乡村旅游发展研究综述》，《现代化农业》2019 年第 12 期。

张运生：《旅游产品生命周期理论研究》，硕士学位论文，河南大学，2006 年。

张振晓：《基于推拉理论的俄罗斯游客来琼旅游影响因素研究》，硕士学位论文，海南大学，2019 年。

张中奎：《预警原则：民族村寨旅游预开发的实证研究》，《财经理论与实践》2015 年第 3 期。

赵书虹、陈婷婷：《民族地区文化产业与旅游产业的融合动力解析及机理研究》，《旅游学刊》2020 年第 8 期。

郑万军、周伍阳：《绿色减贫助推民族村寨产业振兴的逻辑与路径》，《云南民族大学学报》（哲学社会科学版）2020 年第 4 期。

《中共中央关于制定“十一五”规划的建议（全文）》，2005 年 10 月 19 日，新华社，http：//www. gov. cn/ztzl/2005-10/19/content_79386. htm，2020 年 12 月 28 日。

《中共中央国务院关于打赢脱贫攻坚战的决定》，2015 年 12 月 7 日，中国政府网，http：//www. gov. cn/xinwen/2015-12/07/content_5020963. htm，2020 年 12 月 30 日。

《中共中央国务院关于落实发展新理念加快农业现代化实现全面小康目标的若干意见》，2016 年 1 月 27 日，新华社，http：//www. gov. cn/zhengce/2016-01/27/content_5036698. htm，2020 年 12 月 28 日。

《中共中央国务院关于实施乡村振兴战略的意见》，2018 年 2 月 4 日，新华网，http：//www. gov. cn/zhengce/2018-02/04/content_5263807. htm，2020 年 12 月 28 日。

《中央农村工作会议举行　习近平、李克强作重要讲话》，2013 年 12 月 24 日，新华社，http：//www. gov. cn/ldhd/2013-12/24/content_2553842. htm，2020 年 12 月 28 日。

钟洁：《基于游憩体验质量的民族村寨旅游产品优化研究——以云南西双版纳傣族园、四川甲居藏寨为例》，《旅游学刊》2012 年第 8 期。

钟韵等：《经济发达地区旅游发展动力系统初步研究：概念、结构、要素》，《地理科学》2003 年第 1 期。

周常春等：《政府主导型扶贫模式对乡村旅游发展的影响研究——以云南 3 个民族村寨为例》，《南京财经大学学报》2019 年第 4 期。

周纯燕、易慧玲：《少数民族特色村寨文化保护与旅游开发互动机制研究——以广西程阳八寨为例》，《农村经济与科技》2020 年第 31 期。

周会敏：《增权理论与传统社会工作理论之比较与反思》，《东华大学学报》（社会科学版）2008 年第 4 期。

周杰等：《少数民族村寨社区参与旅游发展的特征及内涵解析》，《黑龙江民族丛刊》2013 年第 5 期。

周静等：《乡村旅游发展的起源及研究综述》，《资源开发与市场》2007 年第 8 期。

周连斌：《低碳旅游发展动力机制系统研究》，《西南民族大学学报》（人文社会科学版）2011 年第 2 期。

周连斌、罗琳：《民族村寨社区旅游可持续发展评价研究》，《湖南财政经济学院学报》2015 年第 3 期。

周林刚：《激发权能理论：一个文献的综述》，《深圳大学学报》（人文社会科学版）2005 年第 6 期。

周明生等：《马克思与科斯产权理论在中国改革进程中的运用》，《江海学刊》2009 年第 1 期。

周娜娜：《民族旅游开发与可持续发展研究》，《贵州民族研究》2013 年第 1 期。

周晓宏、郭文静：《探索性因子分析与验证性因子分析异同比较》，《科技和产业》2008 年第 9 期。

周效东：《论云南少数民族特色村寨旅游开发策略》，《四川民族学院学报》2016 年第 5 期。

周媛等：《基于扎根理论的旅游志愿服务行为影响因素研究》，《旅游学刊》2020 年第 9 期。

左冰、保继刚：《从“社区参与”走向“社区增权”——西方“旅游增权”理论研究述评》，《旅游学刊》2008 年第 4 期。

二　英文文献

（一）著作类

Freeman, R. E., *Strategic Management: A Stakeholder Approach*, 1984.

Leiper, N., *Tourism Management*, Collingwood, VIC: TAFE Publications, 1995.

Turgut Var, Clare Gunn, *Tourism Planning: Basics, Concepts, Cases*, Philadelphia: Taylor & Francis, 2020.

（二）文章类

Akama, John S., “Western Environmental Values and Nature-based Tourism in Kenya”, *Tourism Management*, Vol. 17, No. 8, December 1996.

Dann Graham, M. S., “Anomie, Ego-enhancement and Tourism”, *Annals of Tourism Research*, Vol. 4, No. 4, 1977, pp. 184-194.

Edith Brown Weiss, “The Planetary Trust: Conservation and Intergenerational Equity", *Ecology Law Quarterly*, Vol. 11, No. 4, January 1984.

Everett S. Lee, "A Theory of Migration", *Demography*, Vol. 3, No. 1, January 1966.

John L. Crompton, "Motives of Visitors Attending Festival Events", *Annals of Tourism Research*, Vol. 24, No. 2, 1997.

Ravenstein, E. G. , "The Laws of Migration", *Journal of the Statistical Society of London*, Vol. 48, No. 2, June 1885.

Reichel Arie, et al. , "Rural Tourism in Israel: Service Quality and Orientation", *Tourism Management*, Vol. 21, No. 5, 1999.

Zimmerman, M. A. , "Taking Aim on Empowerment Research: On the Distinction between Psychological and Individual Conceptions", *American Journal of Community Psychology*, Vol. 18, No. 1, February 1990, pp. 169-177.

后　记

经过五年多的艰辛研究，我的拙著《民族村寨旅游可持续发展的动力机制研究》终于要付梓出版了。在这里，我想说说与本书相关的一些事、一些人和一些经历，算作是对近些年来我研究工作的一种回顾与总结。

本书是我2015年获准立项的国家社会科学基金一般项目“民族村寨旅游可持续发展的动力机制研究”（批准号：15BMZ053）的最终研究成果。该研究选题起始于2012年，缘自乡村旅游、民族旅游和扶贫攻坚的大背景，经过连续三年申报终获批准立项。项目立项后，我们本着理论指引与实践求证相结合的宗旨，坚持政策导向与问题导向相结合的原则，从文献入手，从实践着手，聚焦问题，系统探究，开展了紧张而有序的研究工作。首先，我们通过参阅大量文献，了解了相关研究动态，把握了相关政策导向，并完成了与课题相关涉及民族村寨旅游发展的基础理论、发展特点、内在诉求、影响因素、发展模式、存在问题等12个专题的读书笔记。其次，在此基础上，我们从2016年开始，几乎每年都利用寒暑假和出差、开会的机会，深入民族地区进行实地调研，足迹遍及贵州、云南、四川、重庆、广西、海南、湖南、湖北、甘肃、青海、内蒙古等10余个省（市、区）。并在广泛调研的基础上，我们最终确定以民族村寨旅游发展较早或较好的贵州黔东南州和湖北恩施州作为本课题调研的重点地区，同时选定湖北恩施州恩施市的枫香坡、五峰山、二官寨，宣恩县的伍家台、彭家寨，咸丰县的麻柳溪，利川市的白鹊山、营上村，来凤县的杨梅古寨，贵州黔东南州雷山县的西江千户苗寨、朗德上寨，黎平县的肇兴侗寨，云南西双版纳州的傣族园，四川理县的桃坪村和海南三亚市的中廖村 15 个民族旅游村寨作为本课题研究的样本村寨，予以重点关注与跟踪调查，收集了近 50 万字的第一手资料，并开展了相关的专题研究。先后发表了《我国民族村寨旅游研究综述——基于 CITESPACE 软件和 CNKI 数据库》（2017）、《民族村寨旅游中社区参与状况的调查与思考——基于武陵山区两个民族旅游村寨的比较研究》（2017）、《民族村寨旅游扶贫中性别差异问题的调查与思考——以恩施州麻柳溪村为样本》（2019）、《民族旅游村寨精准扶贫的产业形态与经营模式研究》（2020）等学术论文。同时，作为课题负责人，我还结合研究生培养工作，先后指导研究生完成了与本课题相关的 4 篇硕士论文，分别是：《民族村寨创意旅游研究》（2016）、《民族村寨旅游共享发展模式研究》（2017）、《政府引导性投资对民族村寨旅游可持续发展的影响》（2019）和《外来资本投资与民族村寨旅游可持续发展》（2019）。

在上述研究的基础上，从 2020 年武汉疫情之后，我即着手开展研究报告的撰写工作。大约从那年 5 月初开始，一直到 11 月底，除了暑假作过两次短暂的补充调研之外，我的工作轨迹几乎沿着居家—办公室—食堂三点一线运行，不管酷暑和节假日，无一例外。经过半年多的艰苦努力，我终于按照国家社科基金项目的结题要求于 12 月 1 日如期上报了研究成果，接受成果鉴定。在整个课题研究期间，我的研究生郑惠、谢峰、邓子辉、彭丹丹、温舒晴等跟随我做了大量的实地调研、资料整理、数据分析和部分专题的研究工作。他们的协助与付出，是本研究得以顺利完成的重要保证。另外，我的研究生刘素、郭碧君、张婷、李岩等围绕本课题所开展的相关硕士论文的写作，也为本课题研究的深入开展奠定了基础。在这里，对他们的辛勤付出表示衷心感谢！

2021 年 5 月，我收到了全国哲学社会科学工作办公室颁发的结项证书，我的国家社科基金项目成果鉴定等级为“良好”。这一鉴定结果在我校同一批次结题鉴定的项目中，是唯一一个“良好”等级。这一结果不仅是对我研究工作的肯定，也是对我几年来辛勤付出的一种莫大安慰！

2021 年下半年，在中国社会科学出版社刘晓红编辑的大力支持下，我的研究成果被顺利纳入该出版社的年度出版计划。我和刘晓红编辑虽没谋面，但从多次的电话和微信沟通中得知，刘晓红编辑是一位非常谦和、热心、率直和有责任心的编辑。本书出版过程中，从图书出版申请到出版合同签订，从书稿修改建议到书稿文字校勘，每一个环节都得到了刘编辑无私的帮助和大力的支持，没有她的努力和付出，本书也不可能如期完成付梓。在这里，我要特别感谢刘晓红编辑！同时，我还要再一次感谢我的研究生邓子辉，他虽然已于 2022 年 6 月毕业并走上了工作岗位，但他依然像学生一样念及着我们之间的师生情谊，顾及着我受伤的眼睛和微弱的视力，积极帮助我完成了对书稿的校对工作，保证了本书的顺利出版。在本书即将出版之际，我要感谢所有为本课题研究和本书出版付出辛勤汗水的各位朋友、家人和学生。

本书的出版虽是对我近几年相关学术研究的一种检验和展示，但我深知，由于受学识、功底的局限，我对民族村寨旅游的研究还不太成熟，也不太系统，书中不可避免地会存在这样和那样的缺陷与错误，还请各位同仁不吝赐教！

作为一种特殊的乡村旅游，民族村寨旅游在促进民族地区脱贫致富和建成小康社会的过程中曾扮演着非常重要的角色，发挥了非常重要的作用。在当今大力推进乡村振兴和农业农村现代化的新征程中，民族村寨旅游也必将与时俱进扮演新的角色，发挥新的更大作用。正因为如此，探索民族村寨旅游可持续发展的问题也必将继续深入下去。而作为该领域研究的一个探路者，我也将再接再厉，一直走下去，贡献我的绵薄之力。

邓辉癸卯正月谨识于武汉汤逊湖

2023 年 2 月